市场力

MARKET POWER

广东农产品『12221』市场体系建设理论与实践

广东省农业农村厅『12221』工作小组 南方农村报社 编著

南方日报出版社
NANFANG DAILY PRESS
中国·广州

图书在版编目（CIP）数据

市场力：广东农产品“12221”市场体系建设理论与实践 / 广东省农业农村厅“12221”工作小组，南方农村报社编著. --广州：南方日报出版社，2022.4（2023.7 重印）
ISBN 978-7-5491-2506-7

Ⅰ.①市… Ⅱ.①广… ②南… Ⅲ.①农产品市场－市场体系建设－研究－广东 Ⅳ.①F323.7

中国版本图书馆 CIP 数据核字（2022）第 024008 号

SHICHANG LI:GUANGDONG NONGCHANPIN “12221”SHICHANG TIXI JIANSHE LILUN YU SHIJIAN

市场力：广东农产品“12221”市场体系建设理论与实践

编　　著：广东省农业农村厅“12221”工作小组　南方农村报社
出版发行：南方日报出版社
地　　址：广州市广州大道中 289 号
出 版 人：周山丹
责任编辑：刘志一　郭海珊
装帧设计：邓晓童
责任校对：肖　颖
责任技编：王　兰
经　　销：全国新华书店
印　　刷：广东信源文化科技有限公司
开　　本：787mm×1092mm　1/16
印　　张：20.5
字　　数：412 千字
版　　次：2022 年 4 月第 1 版
印　　次：2023 年 7 月第 3 次印刷
定　　价：68.00 元

投稿热线：（020）87360640　　读者热线：（020）87363865
发现印装质量问题，影响阅读，请与承印厂联系调换。

广东农产品“12221”市场体系建设参与单位

海关总署广东分署 ◆ 中国国际贸易促进委员会广东省分会 ◆ 广东省邮政管理局 ◆ 广东省政务服务数据管理局 ◆ 广东省农垦集团公司 ◆ 中国南方航空集团有限公司 ◆ 中国邮政集团有限公司广东省分公司 ◆ 中国移动通信集团广东有限公司

中国中央电视台广东记者站 ◆ 新华网广东有限公司 ◆ 农民日报 ◆ 南方日报 ◆ 南方农村报 ◆ 南方都市报 ◆ 南方周末 ◆ 南方杂志 ◆ 南方网 ◆ 广东广播电视台 ◆ 珠江经济台 ◆ 羊城晚报 ◆ 粤省事 ◆ 腾讯微信 ◆ 新浪微博

华南农业大学 ◆ 仲恺农业工程学院 ◆ 广东省农业科学研究院

广州腾讯科技有限公司 ◆ 广东今日头条科技有限公司 ◆ 阿里巴巴集团控股有限公司 ◆ 字节跳动广州农财大数据科技股份有限公司 ◆ 广东一人一亩田网络科技有限公司 ◆ 广东春丰天集网络科技有限公司 ◆ 咪咕文化科技有限公司 ◆ 漫云科技

广东京邦达供应链科技有限公司 ◆ 顺丰速运（集团）有限公司 ◆ 广东薛航集团有限公司
广州市德邦物流服务有限公司 ◆ 厦门建发集团有限公司 ◆ 滴滴出行

上海直浦农产品发展有限公司 ◆ 华润万家有限公司 ◆ 广东胜佳超市有限公司 ◆ 正大集团 ◆ 深圳百果园实业（集团）股份有限公司 ◆ 广东南方优品运营有限公司 ◆ 深圳点筹互联网农业控股有限公司 ◆ 广东中荔农业集团有限公司

美团优选 ◆ 多多买菜 ◆ 橙心优选 ◆ 万果联 ◆ 东方优农（北京）科技有限公司 ◆ 盒马鲜生 ◆ 每日优选 ◆ 本来生活网 ◆ 卜蜂莲花 ◆ 钱大妈 ◆ 拼多多 ◆ 苏宁易购 ◆ 胜佳超市 ◆ 肉联帮 ◆ 叁拾加

乌鲁木齐农副产品批发交易市场 ◆ 北京新发地农副产品批发市场 ◆ 河北新发地农副产品批发市场 ◆ 西安雨润农副产品全球采购中心 ◆ 上海西郊国际农产品交易中心 ◆ 浙江嘉兴水果批发市场 ◆ 四川雨润国际农产品交易中心 ◆ 重庆双福水果批发市场 ◆ 长沙红星农副产品批发市场 ◆ 广州江南批发市场 ◆ 深圳臣虹扬进出口贸易

注：尚有未列参与单位一并鸣谢。

广东农产品“12221”市场体系

1 推出“1”个农产品大数据平台。

2 组建销区采购商和培养产区经纪人“2”支队伍。

2 拓展销区和产区“2”大市场。

2 策划采购商走进产区和农产品走进大市场“2”场活动。

1 实现品牌打造、销量提升、市场引导、品种改良、农民致富等“1”揽子目标。

目录 CONTENTS

“通商兴农”的启示

这次有机会应邀访问粤西的徐闻县和高州市，聚焦当地菠萝和荔枝产业“通商兴农”实践，让我看到，把传统农业导向现代化，使之成为乡村振兴可靠的产业之基，有效路径就是动员方方面面力量，建立一个打通城乡、连接内外的市场体系。做这件事的抓手，就是现已上升为广东省农业政策的广东农产品“12221”市场体系。

“12221”以通商为抓手，路向对头

徐闻县是我国最早引进原产南美洲菠萝的地方。当地菠萝种植有上百年历史，现在全县35万亩菠萝，占据全国菠萝种植量的大半江山。据说有一年北大前辈厉以宁教授访问此地，看到色彩斑斓大片菠萝地，点赞一句“菠萝的海”，让徐闻天下知名。不过种菠萝还是很辛苦的。在现场看，由于机械化水平尚低，菠萝农要双腿绑上麻袋片，在叶子带刺的菠萝地里作业。问题是如此辛辛苦苦种出来的菠萝，在某些年份和某些季节，还卖不出去。鲜果不易存放，时鲜一过，大批烂在地里，成为严重问题。

在这种压力下，徐闻从2018年开始探索出一套解决办法。经过实践检验，当地首创的这套后来被称为“12221”的综合对策，出发点正确，选择路径对头，实践效果可圈可点。

问题是徐闻果农提出来的，为什么新鲜美味的菠萝居然就是卖不动？出来响应的，首先是当地政府。不过，徐闻县可没有也不可能把党政机关变成菠萝的市场营销，而是广辟商道，“把市场挺到生产的前头”。具体做法，就是大家熟知的“12221”。

高效商道至关紧要

徐闻首先是问对了一个问题，菠萝卖不动，是不是真的没市场？是不是消费者真的不需要？如果消费者真不需要，产品真没市场，那也无话好讲，停产也罢，另谋其他。我们生活中多少物品，消费者不再需要，最后还不是停产拉倒？

但正是近几年，我国水果消费增长非常快。跟收入水平和收入增长相比，水果市场的需求总量还远远得不到满足。仅2019年这一年，中国就进口了729万吨水果。从价值上看，中国一年要进口1700亿美元农产品。出口多少呢？700亿美元，就是农产品净

进口1000亿美元。论到菠萝，我看到上海的数据，那里47%的菠萝靠进口，全国进口的菠萝也与日俱增。分明市场有需求，但产地确实卖不动，问题在什么地方？徐闻找到了答案，问题在路上。什么路？商路——农产品的通商之路。

这些年，我们国家修了很多高速公路、乡村公路。这在世界上都出了名，叫作基础设施驱动的经济增长。商道离不开物理上的道路。但是仅有物理通道还不够，还要有大量市场主体非常活跃的商务活动，才足以把生产和消费有效地连接起来。“商道”要在物理通道上加载来来往往的从商行为，加载支撑商业活动的种种设施，更要积累商业经验，汇聚信任信用，处理商业契约执行中的种种麻烦。

涉及商道的问题面很广，也需要多种专业知识，打磨多年，才知道怎么把果农和其他农民辛辛苦苦生产出来的产品，恰当地卖到那些合适点位，卖给那些真有需要，还愿意出价来享用这些农产品的消费者那里去。

政府应民所呼：尊重规律，收到实效

民有所呼，政府有所应，是为政的正道。但是政府应民之乎，还要讲究从实际出发，尊重规律。果农卖不掉菠萝，民间“卖难”声浪很急的时候，党政干部上阵叫卖推销，或用行政手段摊派消费，也不失为一种呼应的办法，总比不管不顾的官僚主义要好。但那样做非治本之策。因为党政机关和官员既不是市场主体，也并没有经商方面的比较优势。就算干部们带头吃菠萝，又能消化多少？

徐闻的办法不是这样。他们分析广东的市场化改革多年，有那么多商业企业和商贩要在市场里赚钱，本来有动力来收购水果、销售水果。新问题是中国作为一个超级大市场，运行中不免发生诸多信息成本、打交道成本、缔约履约成本。这些市场摩擦系数日渐增高，道上的车不免跑不动、跑不畅、跑不多，甚至连跑的意愿也下降。徐闻的对策，不是政府亲自上商道，而是发挥政府之长，服务市场，降低商道上各类摩擦系数，通商兴农。

徐闻采取了几项实招。第一招是大数据开道，请数据服务商摸清楚徐闻菠萝的产供销现状，特别是商道状况——全中国菠萝经销商的分布、各地果品批发市场的分布、各市场里的菠萝档口的分布，他们各自通道的能力和经销数量，再加上果农、合作社和生产企业的情况——在一张网上展示出来。然后精准发力，邀约名列前茅的各路英雄豪杰到徐闻来，以优等营商环境吸引之、服务之，让全国果商到徐闻大展身手。

第二招直点穴位——培养本地菠萝产业的经纪人。采购商家来徐闻之后，要与大量分散的本地生产者对接，面临可观的信息与缔约成本。本地“菠萝经纪人”发挥长才，凭借对生产侧果农和果品的信息优势，助推本地菠萝顺畅进入商道。

最可圈可点的是第三招，那就是奋力拓展销区。对产出菠萝的徐闻来说，通商就是通天下买家，通天下消费者。过去搞菠萝营销活动、办菠萝节等等，多在原产地办，重心还是在产区打转转。“12221”实现战略重点转移，产区主动打销区的主意，大手做销区的文章，实行通商兴农的“外线作战”。他们把“广东菠萝广场”开到京津冀、长三角和大西北，成为多地果品批发市场的网红打卡点。他们组织“广东菠萝甜蜜中国行”，开出高铁专列到全国11个大城市展示徐闻菠萝。

第四招，在日渐活跃的菠萝商道上，用种种新商业技术，动员新生代人群加入菠萝营销，线上线下、云里云外，原来当地社会中蕴藏着如此众多的通商长才。

实招收实效。据当地介绍，2018年徐闻菠萝均价五角还卖不动，推出“12221”以来，全县菠萝连续量增价涨，2020年经历了新冠肺炎疫情的挑战，2021年更创历史新高。政策通商，市场兴农，实践证明这套办法管用。

荔枝是果中极品：大年不够卖，小年卖疯才正常

在高州访问荔园，座谈时提到荔枝大小年。小年还好，但遇到大年，卖单压力突出。我就问，荔枝作为世界果品中的上品和珍品，应该供不应求才对头，为什么也出现“卖难”和滞销？荔枝问题与菠萝不同，当有更为独特的原因。

广东荔枝一年一百几十万吨产量，全世界其他地方的替代不多，品质上敌得过高州的更寥寥无几。即使在中高收入人群当中，很多人也没有尝过上好荔枝。如果我们给荔枝的消费画个像，全中国有多少人吃过，多少人没吃过？全世界呢？或者有多少人听说过但还没有吃过，多少人吃过，但没吃过上好品种？

这里有一个值得研究的问题，是怎样认识并开发潜在的消费需求。要是你发问卷，问不知荔枝为何物之辈要不要吃荔枝，要不要花钱买荔枝，那人家恐怕不知所云。但如果能把荔枝——特别是高州荔枝——摆到他们面前，让人家看得到荔枝的形与色，闻得到荔枝香味，还能亲口尝一尝，那恐怕就没几个会拒绝的。

2021年，广东省茂名市、高州市等地积极尝试了一把，用几十个航班飞机把荔枝运到日本、美国等国家，以及欧洲、中东等地区，第一次这样做，到哪里都受欢迎。2021年本来是荔枝的大年，从产量看，多出来很多，但由于新商道开辟，价高又走量。为什么大年不大？秘诀就是商道大开，把增加的产出顺利导入市场和潜在市场。

这样看，通往潜在消费市场的商道文章，还大有可为。

优质农产品在世界上永远抢手，人类对好吃的从来交口称赞

要看到优质农产品在世界市场上永远抢手，人类对好吃的食物总是喜闻乐见。问题是市场体系落后，优质农产、优质食品的价值被掩盖、受抑制。

有一年在悉尼，当地人说日本人来采买澳洲龙虾，是把空白支票放到供应商面前，只要你供龙虾，价钱随便你写。我当时想，搞农产品要搞到这么个地位，才算过瘾。此次访高州，觉得当地早在唐代就名扬天下的妃子笑，将来也有机会过这把瘾。

不但如此，产出优质农产品的乡村地方，不少还是人间胜境。1985年我第一次跟

杜老出访，到过克罗地亚，那一片无边无尽的葡萄园中间，建有一个葡萄酒厂。如此美轮美奂的乡村，一辈子也难忘。法国普罗旺斯葡萄园、日本北海道、意大利中部丘陵大片橄榄树，也包括我们新疆种薰衣草的大田，其实都有极高的美学价值。前提当然农产是顶级，高收入不亚于任何其他行当，从业者享有地位和尊严。徐闻和高州的农村，有希望向那个方向发展。

商道是双向的

今天的市场是大市场。我国十几亿人口一半是城镇人口，靠市场供应食品。另一半是农村常住人口，也有很大比例靠市场满足吃的需要。中国城乡家庭消费开支当中，最大一项还是吃。像上海那么一个超级别城市，每天消费蔬菜1.6万吨，水果6000吨，水产5000吨，粮油1万吨，干货2000吨，还加4万头猪。推到全国，每天要多少农产品应市?!

吃吃喝喝还是所谓高频消费？买套房子很贵，但用来住起码可以三十年。买辆车几万几十万元，但五年十年才一回。手机论千元，总也要一两年再更新。可是食品消费，每天少不得，每餐不可少。别看单价不高，消费的频率是非常高的。

这带来一个商业特点，做农产生意的现金流一般都好。不论批发、零售、制成品、半制成品还是餐饮，现金流都好。市场总量大，消费频率高，现金流稳定，说明农业农产走市场化之路，是非常不错的生意。麻烦之处是亿万食客的消费偏好不易把握，产供销要对得上，有不小的难度。

因此选定通商兴农路径之后，宜把农产商道看作双向通道，就是不单是农民种什么、养什么，商道上就卖什么、销什么，还要特别注意反向运动，即把商道那端消费者的偏好，及时传递回生产端，不断更新产品、更新技术、更新流程。传统农业的现代化改造，是商道上双向活动的结果。

我觉得农民和农村不那么了解城镇居民的消费习惯，特别是不了解消费升级对农产品品质的要求，很吃亏的。缺乏了解和体验，怎么让产品对路，怎么挣得到钱？所以通商之策要特别注意市场需求信息的回流，不断传导回生产端，改造传统农业。

在徐闻，当地介绍近几年小菠萝卖得好，带起一股种小个子菠萝的新潮流。起因是城镇居民多为小家庭，三几人切开那老大一个，根本吃不了。还有，切菠萝难度太大，历来让城里的消费者诟病，可不可以改一改？我看有引入“台农4号”（“手撕凤梨”）新品种的，很容易手撕开来就食用。

这也带来一个启发，产品研发绝不只研究物，还要研究人，研究人的消费习惯、消费动作，研究怎么让产品更适应人的要求。生产端要比消费端还更懂消费者，更能挖掘价值点，才能让产品更受欢迎。

（本文作者为北京大学国家发展研究院教授周其仁）

广东农产品“12221”市场体系建设思考与实践

民族要复兴，乡村必振兴。2021年中央一号文件指出，全面建设社会主义现代化国家，实现中华民族伟大复兴，最艰巨、最繁重的任务依然在农村。乡村如何振兴？习近平总书记指出：“产业兴旺，是解决农村一切问题的前提。”广东深入贯彻落实习近平总书记重要指示精神，大力实施乡村振兴战略，提出抓好产业、市场、科技、文化“四张牌”，创建广东农产品“12221”市场体系，推动乡村特色产业高质量发展，以“实干”出“实绩”，朝着农业强、农村美、农民富的目标不断迈进。

一、农产品市场体系建设是乡村振兴的迫切需要

2018年至2020年，全国居民消费价格分别同比上涨2.1%、2.9%、2.5%，但大宗水果品种总体价格处于季节性下降通道，节庆对水果价格拉升作用有限，水果月度平均批发价格起伏波动明显。数据显示，中国果园面积逐年扩张，由2016年10 916.64千公顷增至2020年13 333.33千公顷，增长22.14%，2021年可达13 698.46千公顷。我国水果产量由2016年24 405.2万吨增至2020年28 692.4万吨，增长17.57%，2021年可达29 505.7万吨。同时，2018年至2020年，我国农产品贸易逆差持续扩大，农产品进出口额保持增长。2018年，广东农产品进出口贸易总额1994亿元，同比增长6.7%，其中，出口678.6亿元。2019年，广东农产品进出口贸易总额2160.81亿元，同比增长8.37%，其中，出口680.6亿元。

广东大宗水果种植面积整体平稳，菠萝、荔枝、龙眼、柚子、柑橘、香蕉等产量均居全国前列，水果基本盘体量较大。2021年广东菠萝种植面积约为59万亩，同比增长1.7%，约占全国总面积的55%；产量约为122万吨，同比增长1.8%，约占全国总产量的64%。2021年广东省荔枝投产面积394.93万亩，产量约为147.31万吨，约占全国一半。不容忽视的是，农业发展不平衡不充分的问题仍然存在。面对国内外市场竞争，农产品出现积压滞销的情形不时见诸媒体；另外，农产品价格的超出消费者心理预期，“卖难买贵”的现象反映了农产品生产销售的“两难”局面。

二、农产品的多重价值与农产业高质量发展规律

1.农产品的市场化价值

党的十九大报告指出，使市场在资源配置中起决定性作用，更好发挥政府作用。相当一段时期内，农产品总体处于买方市场，农业的“痛点”在市场，“难点”在销售，将抓市场摆在重要位置，破解农业发展不平衡不充分的问题，让“有形之手”与“无形之手”合力共舞，通过“卖得好”推动“种得好”，最终通过市场标准倒逼实现生产调节。

2.农产品的地缘化价值

农业是地缘化较强的产业。物以稀为贵，物以远为贵。比如热带难以生产寒带的农产品，寒带难以生产温带的农产品，地缘差异为不同农产品跨空间打开市场提供更多可能。农产品地缘化价值在促进产业致富方面效果显著，稀缺性也决定了农产品在距离产地的远端市场，包括在全球贸易中获得较高的价值实现。中国海关总署数据显示，2020年全年，中国进口樱桃（车厘子）21.04万吨（其中智利占比达92.49%），较2012年增长405%。进口总额首超100亿元人民币，达到113.58亿元。

3.农产品的品牌化价值

经济学“微笑曲线”理论认为，曲线的两端一边是技术、创新，一边是品牌、市场。就农产品而言，微笑曲线的中间是生产，即直接出售初级农产品的所得是最低的，高附加值集中在价值链的两端。品牌建设对于农产品而言是向高附加值工业品看齐的必经之路。通过工业化流程，保持标准统一、品质均等、品牌强化，最终获得工业品市场地位，让特色农产品卖出工业品乃至奢侈品的价格，从而实现高度品牌化。农产品的直接价值是物质性，间接价值体现在文化性，它是地域特色的载体、文化传播的符号。国际上，具有品牌的农产品常常价格高企。央视报道，日本宫崎县特产芒果名品“太阳之子”2019年首次竞拍，两个一盒装拍出50万日元（约合人民币3万元）。

4.农产品的食品化价值

农产品加工业一头连着农业、农村和农民，一头连着工业、城市和市民，沟通城乡，亦工亦农，是国民经济的重要产业。以加工促进农产品食品化，有效解决了鲜活农产品存在的运输限制、储存不便、食用烦琐等痛点。在国外，通过将葡萄加工为葡萄酒，以“葡萄+”模式实现农旅文等产业融合发展。预制菜适应现代人生活方式的改变，成为农产品加工业的升级版“通吃”全球，并衍生出万亿级大市场。网红食品螺蛳粉在国内圈粉无数，一袋螺蛳粉的食品化串联起螺蛳养殖、豆角种植、木耳生产、酸笋加工等多个链条，让小米粉成为大产业。2020年，广东省渔业经济总产值达3840.71亿元，位居全国第二，其中罗非鱼年产量超74万吨，占全国一半。广东支持农业企业变水产品加工为海洋食品制造，同步打造为餐饮企业服务的预制菜中央厨房，

风味烤鱼预制菜扩大了罗非鱼的销售市场，在产业链环节实现原料价格5至7倍增值。

5.农产品的国际化价值

2021年是中国加入世界贸易组织（WTO）二十周年。广东作为中国“南大门”，农业领域对外开放不断迈上新台阶，广东农产品年出口额约占全国农产品出口总额的10%，多年位居全国前三。“入世”二十年间，广东农产品年进出口总额增长537.4%，出口额增长247.4%，进口额增长834.9%。2020年区域全面经济伙伴关系协定（RCEP）协议签署，RCEP成员国是广东进出口农产品的重要市场，其成员国农产品总产量约占全球的20%，广东农产品出口到RCEP成员国约占全国农产品出口总额的24%，农产品从RCEP成员国进口约占进口总额的34%。一方面，基于RCEP发展中国家成员在农业投入、机械、技术等方面具备优势，广东或将产生较强的“贸易创造”效应和“贸易转移”效应，促进广东农产品外贸企业以低成本参与区域农业链重构与优化建设。另一方面，农产品出口竞争愈发激烈，进口成本下降将威胁本土农产品市场。

6.农产品的数字化价值

数字农业是农业发展的高级形态，也是我国由农业大国向农业强国跨越的重要途径。当前以“新业态、新功能、新技术”为主要特征的数字农业蓬勃兴起，通过对传统农业赋能，催生了大量新业态，进而推动农业经营增收、流通效率提高、产品质量提升。2019年广东提出数字农业“3个创建、8个培育”要求，开展“数字销售—数字供应链服务—数字生产”实践探索，增强产业发展动能，全力打造数字农业高地。一是全产业链数据平台。打破农产品产销信息壁垒，促进农产品“适销对路”，让交易双方心中有“数”。二是农产品数字化营销。打造数字化平台，开展网络营销，做强电商物流，培育数字人才，让农产品搭上“互联网”快车走进千家万户。

三、广东农产品“12221”市场体系建设实践

广东农业深刻把握发展规律，创造性提出构建广东农产品“12221”市场体系，突破过去重生产、轻市场的“一条腿长、一条腿短”状况，实现生产与市场“两手抓”“两手硬”，通过“12221”从观念到行动的小切口改革，实现农业产业大变化，推动农业高质量发展。

1.什么是“12221”

广东以农产品市场体系建设促进产业兴旺，提炼出一套经验做法。它就是“12221”，即“1”个农产品大数据平台，组建销区采购商和培养产区经纪人“2”支队伍，拓展销区和产区“2”大市场，策划采购商走进产区和农产品走进大市场“2”场活动，实现品牌打造、销量提升、市场引导、品种改良、农民致富等“1”揽子目标。

2.为什么是“12221”

2018年，徐闻菠萝、广东荔枝双双出现大面积滞销，徐闻菠萝滞销面积达到10万

余亩，半数以上菠萝种植户受影响，当时0.15元/斤的价格还是无人问津，种植户亏损严重。广东迅速组建徐闻菠萝工作组开展专题研究，率先在徐闻启动农产品"12221"市场体系建设。省委、省政府高度重视乡村特色产业高质量发展工作，全省一盘棋，扎实推进农产品"12221"市场体系建设。三年来，"12221"从一地到多地，从一品到多品快速推开。

3."12221"模式十大着力点

（1）建立农产品大数据平台。2019年起，徐闻菠萝大数据平台投入运营，果农不出门，买家不下地，便知菠萝事。一图读懂、日日更新、每周总结，产区销区实现"千里姻缘一线牵"。在2021年菠萝销售季结束前，徐闻菠萝大数据平台涵盖农户数据1.5713万条、全国水果市场档口数据1.0576万条、全网水果电商数据4486条。茂名建成中国（广东）荔枝产业大数据中心，涵盖荔枝生产、销售、物流、产业四大领域数据，推动广东荔枝实现"适销对路"。

（2）成立广东农产品采购商联盟。通过采购商组织化搭建产区与销区的桥梁。联盟成员单位来自全国各地，涵盖全球大型连锁超市、农产品批发市场、流通企业、电子商务、餐饮连锁企业等。2018年11月，广东农产品采购商联盟成立后，先后在湛江、茂名、梅州等地，通过线上线下组织开展产销对接活动；还通过细分销区、产区、作物组建联盟，包括广东优质农产品京津冀采购商联盟、广东荔枝采购商联盟等。疫情发生以来，联盟发起"保供稳价安心"的十条倡议、广东农企驰援湖北爱心公益捐赠行动等。

（3）做优采购商服务。广东农产品上市期间，通过为采购商提供住宿保障、防疫物资、大数据信息服务等配套服务，优化营商环境，促进产销对接，实现"栽得梧桐树，引得凤凰来"。2021年3月1日至4月30日，徐闻为外地菠萝采购商提供暖心免费住宿服务；4月25日，高州荔枝采购商服务中心成立，职能部门"政务服务员"团体公开亮相；9月26日，德庆"碧舍乡里"成功试运营并迎来首批贡柑采购商体验入住等。三年来，徐闻累计吸纳全国超13个省市的大型采购商超过400人。

（4）建设"六新"示范基地。"六新"示范基地即具备新品种、新技术、新装备、新模式、新营销、新农人的现代广东农业生产基地，其建设是广东农产品"12221"市场体系建设中一揽子目标的升级版。通过"六新"示范基地建设，生产及产业链与市场端无缝对接，既能以市场需求引领生产，又能以产业创新引领市场，创造市场新需求。在市场指引下，以建设"六新"示范基地为抓手，对生产端提质升级，既解决市场端对品质的需求，也有效解决生产端高质量供给。

（5）打造广东农产品（菠萝/荔枝）销区广场。作为"12221"品牌推广市场营销系列举措之一，广东菠萝/荔枝广场入驻全国多个核心城市的大型农产品批发市场，形成广东菠萝/荔枝的全国"连锁"展销中心。在采购商云集的广东菠萝/荔枝广场，商家不仅能品尝和采购到不同品种、规格的广东菠萝、荔枝，还能获取到广东菠萝、荔枝的供应信息，无缝对接产区一线资源。产地供应商可借助这一“据点”，与当地采购商达成合作。

（6）举办“网络节+云展会”。“网络节+云展会”是由惠来县首创并在全省的推广实践中不断丰富完善的数字农业探索。通过发力云端营销，探索线上农交会新模式，汇聚多平台资源，提升数据能级，紧抓产销市场，畅通农产品销售新通道。2020年“惠来凤梨节”推动凤梨收购价格提升30%以上，在全国打开了惠来凤梨的知名度。2021年凤梨被抢订一空，3元/斤的田头保底价令农民早早地“入袋为安”。

（7）组织十万电商卖农产品。利用互联网将品牌营销与电商销售相融合，联结“农产品＋电商＋旅游＋网红直播带货”营销平台，全方位、多渠道的特色农产品新营销模式。“网红”“大V”在线打call带货，新农人在直播基地推介，主流电商平台举办购物节……2021年京东“6·18”全球年中购物节上，广东荔枝开售5分钟售出5万斤，“6·18”全天售出200万斤，成交额同比分别增长600%、120%。

（8）建设田头智慧小站。广东由试点县规划布局建设，率先提出在全省建设“十个一”功能的田头智慧小站，高州田头智慧小站成为全省仓储冷链体系的第一个示范点。2021年3月，田头仓储冷链物流联盟成立，从化在已有20多个田头冷库基础上新增6个田头智慧小站，梅州、增城、惠来等地将建设田头智慧小站纳入2021年重点工作计划。田头小站使新鲜农产品“最先一公里”难题得到纾解，延伸了广东荔枝等农产品的生命周期和销售半径。

（9）培育“网红”及数字农业人才。“12221”培育一批农产品推介人才成为产业IP（知识产权），“菠萝姐姐”吴建连和“菠萝妹妹”王小颖、高州新农人“荔枝天团”、南方农村报带货主播“蓝朋友”、德庆贡柑新农人陈慧等。广东还通过“保供稳价安心”数字平台，打造“线上农讲所”实施“广东百万农民线上免费培训工程”，培育农村数字化人才。

（10）成立“12221”工作专班。2019年初，广东省农业农村厅针对“生产条件最好、生产份额最大的地区却增产不增收”的问题，组成徐闻菠萝专题调研组。专题调研组深入产区，结合产业发展实际，具体问题具体分析，一个阶段一个重点，一年拿出一份研究报告、一份工作建议上通下达，担当起发展问题的调研者、政策设定的促进者、市场体系建设的推动者等多种角色。2019年，发力产销对接，破解滞销困局；2020年，插上互联网翅膀与疫情抢市场；2021年，提质增效，加快推进产业升级。专班逐渐成为推进广东农产品“12221”市场体系建设的主力军，其经验扩大到地市（县），汇聚社会力量推动“12221”复制推广。

四、“一线总指挥”主抓确保“12221”制度化长效化

为加快高质量建设全省农产品“12221”市场体系，广东省委农村工作领导小组办公室、省农业农村厅、省乡村振兴局发出《关于进一步加强广东农产品“12221”市场体系建设工作的通知》，要求全省各地农业农村部门在队伍建设、资金保障、任务落实跟踪评价机制等方面进行加强保障措施。文件强调，各地要健全政策保障和工作协同机制，充分发挥各地党委、政府和农业农村部门的主体作用，形成长效机制。

一要强化组织领导。强化责任担当，安排充足人力，建立统筹协调工作机制，形成主要领导亲自抓、分管领导具体抓、各有关单位齐抓共管的工作格局。二要强化队伍建设。各地市、县农业农村部门在现有部门中充实力量，成立市场体系建设工作专班。三要提前谋划，做好工作的全局性谋划和系统性推进。四要强化资金保障。各地要统筹资金，像抓生产一样，在各级涉农资金中统筹安排农产品市场体系建设工作经费，切实做好资金保障。五要形成任务落实跟踪评价机制。各地农业农村部门要切实发挥统筹牵头作用，建立健全任务清单和实施台账制度，建立季度通报总结反馈机制，把市场体系建设成效纳入乡村振兴考核。

继续加强广东农产品“12221”市场体系建设，推动农业高质高效，绝不是市场主体“唱独角戏”，也不是政府“包打天下”，更不是农民“自弹自唱”，需要的是多方联动、共同努力。产业振兴必定是全产业链的振兴，是前端、中端、后端的共同发力、同步振兴。习近平总书记强调，要把乡村振兴作为“一把手”工程，坚持五级书记抓乡村振兴。作为乡村振兴“一线总指挥”，县委书记须当好“少数中的关键”，懂市场、聚资源、育人才、建平台、闯国际，举起全面推进乡村振兴的大旗，带活一个产业，发展一方水土，致富一方百姓。

【本文根据广东省农业农村厅副厅长陈东（正厅职）在广东农产品“12221”市场体系探索与实践研讨会上的发言整理】

第一章

破局

直面挑战

徐闻是中国最大的菠萝产地，被誉为“菠萝的海”。

在徐闻，菠萝种植面积达35万亩，常年产量近70万吨，年菠萝鲜果总产值15亿元。

面积及产量超过全国的1/3，中国每10个菠萝，就有3个产自徐闻。

建立起13个菠萝标准化种植示范基地，引入的新品种有金菠萝、神湾菠萝、金钻凤梨、甜蜜蜜凤梨、手撕凤梨、西瓜凤梨等10个品种。

“徐闻菠萝”“愚公楼菠萝”是国家地理标志保护产品。

2021年，徐闻县主要菠萝加工产品年加工量在22万吨左右，产值约14.6亿元。

徐闻菠萝产区	所占份额
曲界镇	
锦和镇	
下桥镇	
下洋镇	
前山镇	
和安镇	
龙塘镇	

广东农产品“12221”：破解农民“增产不增收”怪圈

◎ 郭芳　叶石界　温柔　史成雷

徐闻菠萝成为“明星果”，广东荔枝畅销全球，梅州柚成为“金柚”，翁源兰花、遂溪火龙果、澄海狮头鹅、惠来鲍鱼等特色农产品成功“出圈”。它们为何能跳出“屡生产屡滞销，增产不增收”的丰收悖论？

这个春天，徐闻菠萝迎来了历史上的高光时刻。

三年前，湛江市徐闻县前山镇村民彭德灿因菠萝滞销损失惨重。2021年，他收获到了丰收的喜悦，“徐闻菠萝田间收购价创近三十年历史记录，从2018年低于0.5元/斤飙升至2021年春节期间超过3元/斤。”这三年，随着菠萝市场行情的一路走高，曾经踌躇不已的彭德灿重拾信心，将菠萝种植面积从40亩扩张到300多亩。

徐闻县，位于中国大陆最南端。这里是中国最大的菠萝产区：中国平均每10个菠萝，就有3个产自徐闻。在徐闻，从事菠萝种植的农户有5万户，菠萝种植、加工、流通、电商等上下游产业链从业人员超14万人。徐闻县有一半的乡镇，几乎家家户户都靠种植菠萝为生，2021年平均每户果农收入增加1.2万元。

习近平总书记指出，产业兴旺是解决农村一切问题的前提。其中，能否破解农产品“卖难”问题，直接关系着农民的钱袋子。三年来，徐闻菠萝成为“明星果”，广东荔枝畅销全球，梅州柚成为“金柚”，翁源兰花、遂溪火龙果、澄海狮头鹅、惠来鲍鱼等特色农产品成功“出圈”。

“粤字号”农产品成功“出圈”的背后，离不开广东农产品“12221”市场体系的探索。

◎振兴难题

“徐闻菠萝滞销事件”引发的市场之思

一问：近年来，广东乃至全国农产品滞销事件时有发生，农民陷入了“丰收的悖论”：屡生产屡滞销，增产不增收。农产品滞销，从何破题？

在徐闻县，当地农民已经有近百年种植菠萝的历史。1926年，徐闻籍华侨漂洋过海带回来的巴厘菠萝，在这块土地上世代延续。当地漫山遍野的菠萝颇为壮观，被外界称为“菠萝的海”。

三年前的春天，正值徐闻菠萝上市高峰，但销售遭遇了前所未有的“寒冬”。

当年多次寒潮来袭，导致徐闻菠萝集中上市。生产品种单一、销售渠道不畅等多重因素叠加，每斤菠萝的收购价从一两元，迅速跌到六七角、两三角，甚至五六分钱也无人问津。中国菠萝第一镇——徐闻县曲界镇政府在网上发出倡议书，呼吁帮助果农渡过难关，在朋友圈里引发了上百万的点击量。

彭德灿告诉笔者，家里40亩菠萝中有一半白白烂在地里，“每斤菠萝卖7角才能回本，平均每亩菠萝的生产成本五六千元，一下子就亏损了10多万元。”在随之而来的菠萝种植季，彭德灿和许多损失惨重的果农一样有些踌躇：还要不要继续种菠萝？

徐闻是典型的农业大县。据统计，当时徐闻菠萝种植面积大约30万亩，滞销前每年菠萝产值有12亿元，占了徐闻农业产值的将近四成。许多农民因此建起了漂亮的“菠萝楼”。当年滞销的菠萝面积有10万亩左右，半数以上菠萝种植户受影响，少则亏损几万元，多则损失几十万元乃至上百万元。

笔者在徐闻调研时发现，菠萝滞销潮在当地每隔一两年都会上演。徐闻农民陷入了“丰收的悖论”：屡生产屡滞销，增产不增收。事实上，徐闻面临的农业发展痛点并非个案。近年来，广东乃至全国农产品滞销事件时有发生，果贱伤农的事件屡屡上演，严重影响农业发展、农民增收。

广东是经济大省，也是农业大省。统计数据显示，2018年，全省农林牧渔业总产值达6318.12亿元，位居全国第5位。这意味着广东在占全国1.9%的土地面积上，生产约占全国4.7%的蔬菜、6.5%的水果、5.2%的肉类和13%的水产品，实现占全国5.6%的农林牧渔业总产值。

产业兴旺是解决农村一切问题的前提。能否破解农产品“卖难”问题，直接关系着农民的钱袋子。广东省委、省政府高度重视特色乡村产业发展。省委书记李希多次就荔枝、菠萝等特色产业发展作出批示。省长马兴瑞多次作出部署，统筹各行业各部门力量推进特色乡村产业发展。

菠萝经常性滞销，从何破题？2019年2月，广东省农业农村厅针对如何解决“生产条件最好、生产份额最大的地区却增产不增收”这一难题，组成徐闻菠萝专项工作组开展专题研究。调研发现，徐闻菠萝产业存在市场体系建设不足、区域性公共品牌培育不足、大数据研究利用不足等问题。

要解决这一痛点，必须重构农产品市场机制。

对症下药，广东启动了徐闻菠萝“12221”行动，即推出“1”个菠萝大数据，组建销区采购商和培养产区经纪人“2”支队伍，拓展销区和产区“2”大市场，策划采购商走进徐闻和徐闻菠萝走进大市场“2”场活动，实现品牌打造、销量提升、市场引导、品种改良、农民致富等“1”揽子目标。

广东荔枝，是继徐闻菠萝之后试行“12221”市场体系的第一个农产品。实践证明，这个市场体系在荔枝这种岭南佳果上取得的成功，不亚于菠萝。

◎解放思想

告别“重生产、轻市场”的传统农业思维

二问：农业要实现高质量发展，既要抓生产又要抓市场，要改变过去重生产、轻市场的现象。从传统农业走向现代农业，怎样创新性地打破市场信息不对称的壁垒？

许多经济学家喜欢用“微笑曲线”理论，来解析珠三角乃至全中国制造的转型升级。“微笑曲线”的两端，左边是技术、创新，右边是品牌、市场，中间是制造。在产业链条中，附加值更多隐藏在两端。

作为中国菠萝第一县，徐闻为何微笑不起来？湛江徐闻菠萝滞销事件，折射出销售渠道不畅等当前农业发展普遍面临的市场困境。“12221”模式的诞生，抓住了问题的主要矛盾，在广东乡村产业掀起了一场深刻的思想解放。

过去，农业就生产抓生产，现在看来已经行不通。“农业要实现高质量发展，必须促进生产与市场‘两手抓、两手硬’：既要抓生产又要抓市场，要改变过去重生产、轻市场，‘一条腿长、一条腿短’的现象。”广东省农业农村厅有关负责人表示。

建立高效的市场体系，则需要敢于创新，敢于打破固有的产销模式和思维。

徐闻菠萝协会会长吴建连被当地农民亲切地称为“菠萝姐”。吴建连带头创办的曲界镇菠萝交易市场，号称中国最大的菠萝交易集散地。往年丰收季，每天会有几千名农

户将田间地头采摘下的菠萝运往这里，等待着采购商上门交易。信息不对称，有可能导致农户盲目生产，或是贱价卖果。

“我们希望引导农业从业者的观念，逐渐由‘以产待销’向‘以销促产’转变。”徐闻菠萝专项工作组负责人表示。

大数据链接产销，让这一转变成为可能——“12221”中的第一个“1”，即1个全产业链数据平台，为破解产销信息不对称这个最大的掣肘提供了解决方案。通过数字化平台，将原来的从产到销的单向输出，变为产销紧密互动的模式。

自2019年菠萝大数据系统上线以来，徐闻将菠萝供应信息上云，签约全国数千个档口，建立市场行情大数据，定期发布菠萝市场价格指数和采购商指数。大数据的使用，给了徐闻农民底气：菠萝卖到哪，哪里价格高，市场在哪里……他们心中有“数”。

在徐闻县县长罗红霞看来，菠萝大数据系统使政府部门了解产销情况，农户掌握市场信息，采购商对接和组织供需市场，从而带动整个菠萝市场体系良性发展。大数据还走进了田间地头，茂名高州的田头小站装上了“数据大脑”，高州市根子镇何建和果蔬专业合作社负责人表示，该数据中心共分为荔枝大数据、冷库信息、产销对接、商情日报等九大板块，可即时查看当天的物流信息、价格走势、销售区域等，农户和企业在田头就能掌握大市场。2021年荔枝销售季结束，龙眼接棒登场，大数据继续发力。

与此同时，新冠肺炎疫情的发生倒逼广东数字农业爆发式发展。广东通过做强农产品“保供稳价安心”数字平台，创新云直播、云发布、云签约、云采购、云消费、云旅游等数字营销模式，实施“广东百万农民线上免费培训工程”，打造“线上农讲所”等平台，以数字化撬动市场变革。

特别是2020年以来，直播带货、短视频促销、网络会客室等数字农业矩阵发力，使得徐闻菠萝成为“超级网红”。2021年，徐闻菠萝屡屡占据热搜榜，全网总阅读数超30亿，瞬间让这个农产品大IP“燃爆”全国；“徐闻县县长上直播推介徐闻菠萝”创下央视收视人数7000万人、拼多多直播间超30万人观看的纪录；菠萝节、“菠萝姐姐”在网络走红，成为徐闻菠萝这个大IP背后爆发的能量。

2021年，广东荔枝19次登上热搜，全网曝光超20亿次，成为继菠萝后的又一“超级网红”。广东荔枝电商崛起，其中茂名荔枝电商销量8万吨，销售额约20亿元，同比增长60%；从化、增城荔枝电商销售额均过亿元。

以数字化为基础，进一步构建广东农产品“12221”市场体系，组建采购商和经纪人两支队伍，让更多采购商走进产地，也让更多农业企业、合作社、种植大户走进销区——让小农户与大市场无缝对接，重构供应链模式，激活了广东关注“三项工程”促振兴、幸福在家的菠萝、荔枝等市场体系。

◎有为政府

“有形之手”和“无形之手”共舞

三问：光靠农民单打独斗，解决不了市场问题，有可能会出现“生产出好产品，卖不了好价钱”的尴尬。政府这只“看得见的手”与市场“看不见的手”怎样实现共舞，破解小农户对接大市场的难题？

光靠农民单打独斗，解决不了市场问题。

以徐闻菠萝为例，算下来平均每户的种植面积仅六亩多，大多数农民的种植面积徘徊在几亩、十几亩。华南农业大学教授周建华表示，小农户难以直接对接大市场，有可能会出现“生产出好产品，卖不了好价钱”的尴尬，这需要政府更有力、更精准的支持。

“政府抓市场与不抓市场不一样，系统抓与碎片化不一样，行政部门自己抓与联合市场力量引导市场力量抓不一样。”广东省农业农村厅有关负责人对比了广东农产品“12221”市场体系实行前后三年的变化，得出了这样的结论。

不过，政府这只“看得见的手”与市场“看不见的手”怎样实现共舞，考验着政府的智慧。政府要当好组织者，搭建小农户对接大市场的桥梁。搭建供销对接平台，就是一个重要举措。从2019年3月举办菠萝产销对接大会以来，徐闻当地连续每年举办采购商产地行对接活动。罗红霞介绍，在徐闻菠萝上市季，他们对县外来的采购商还免费提供住宿。

“引进来”的同时也组织生产企业、合作社、种植大户等“走出去”。2021年广东开展菠萝甜蜜中国行活动，走过11个中心城市，广东菠萝大篷车发往全国核心批发市场，五大“广东菠萝广场”落地，越来越多优质采购商直达田间地头，农民有了更多的话语权。

从徐闻成立菠萝采购商联盟，组织并引入一批优质采购商资源，到开展广东百万农民线上免费培训工程，培训优秀产地采购商助理，广东在努力组建采购商和经纪人2支队伍，显著提升了菠萝、荔枝等供需对接的规模。

政府要当好宣传者，向全国乃至全球讲述广东故事。2021年5月20日，“广东喊全球吃荔枝”发出响亮邀约，广东荔枝在不同时区不同国家的十大城市地标大屏亮相，6月起，中国广东荔枝全球分享品鉴活动在美国旧金山、法国巴黎、加拿大温哥华、阿联酋迪拜等全球多城举办，在国内外发起一波波宣传热潮。

“‘广东喊全球吃荔枝’活动，向世界讲述中国故事。海外消费者可以更加全面地感知广东荔枝，加深对中国的认识。”广东省农业农村厅相关负责人说。2021年，广东荔枝的市场半径越来越大，全球舞台越来越广阔，成为国际国内双循环的典型样本。从全省来看，2021年，有近2万吨荔枝出口至20多个国家和地区，出口量分别达到2020年的4倍、2019年的6倍。

政府要当好服务者，培养良好的产业环境。“推动农业市场体系建设，打造良好的营商环境是政府部门的必选项。”中央党校（国家行政学院）经济学教研部教授徐祥临说，政府应当打通制约市场的堵点。

2021年，因新冠肺炎疫情，航班的大面积取消使荔枝运输受阻，在广东省农业农村厅的对接协调下，短短4天时间，南方航空急调162架次航班搭起广东绿色通道，护荔出省。南方航空货运物流公司相关负责人表示：“6月以来，南航已在珠三角地区运输荔枝6718吨，广州飞往阿姆斯特丹、法兰克福、伦敦、迪拜等国际航线承运超过54吨的荔枝，助力广东荔枝‘走出去’‘运全球’。”

如果说产业配套是营商环境的“硬件”，那么政府服务这个“软件”同样需要跟上。茂名市政府副市长王小慧回忆道：“2021年夏天，茂名荔枝政务工作组带领荔农到北京、上海、广州、西安等城市推介荔枝，和数百位采购商面对面交流，谈下超4万吨的订单。6月初，因为防疫要求，有荔农反映货物积压。我们第一时间处理，为荔农出具相关防疫证明。”

制定菠萝区域公用品牌Logo（标识），推动从业者签订品控承诺书，制定推动荔枝出口的政策……政府这些举措，不仅让农产品市场更规范，也凝聚成一股合力，推动岭南特色农产品走得更远。

正如湛江市农业农村局副局长王拥军所言，要种得好，更要卖得好。广东农产品“12221”市场体系的逻辑，就是重点打造对接更高效、流通更通畅的系统，让政府与市场关系更为紧密，助力“粤字号”品牌走向全球。

◎市场倒逼

农业，改革生，不改革则死

四问：省委书记李希在调研时强调，要打好产业、市场、科技、文化“四张牌”，以小切口推动农业产业大变化。广东农产品“12221”市场体系建设，对产业、科技、文化带来哪些倒逼和发展？

三年时间，徐闻菠萝两次登上热搜，却是因为截然不同的遭遇，折射出当地市场应对能力之变。这是一个鲜活的样本注解：农业，改革生，不改革则死。

市场像一面棱镜，折射出管理技术落后、品牌屈指可数、产业配套缺失、加工链条短等诸多农业发展困境。通过调研发现，广东农产品“12221”市场体系建设，正在对产业、科技、文化带来倒逼和发展，实现品牌打造、销量提升、市场引导、品种改良、农民致富等“1”揽子目标。

市场的信号传导给生产端，一场农业供给侧结构性改革正在悄然进行。徐闻菠萝的种植暂时还是以单一的“巴厘”品种为主，占种植总面积的95%。而“台农17号”“金菠萝”等优良新品种占比过低。罗红霞表示，产业结构不合理，使得“巴厘”菠萝上市时间集中，容易造成滞销，故徐闻菠萝品种要更新换代，推动优良新品种的示范扩种。

2021年3月，徐闻还结合菠萝“12221”市场体系建设，出台《徐闻菠萝产业高质量发展工作任务分工方案》，围绕品质提升、质量监督、冷链体系等列出28项任务。“我们期待着通过‘28条’，实现徐闻菠萝的‘数字化、国际化、产业化、金融化’，推动徐闻菠萝实现高质量发展，提升优质菠萝有效供给。”罗红霞说。

打好“产业牌”，还要做到稳链补链。“产业链越长，产业的生命力就越强。”在高州市根子镇镇委书记袁海峰看来，只有不断催生新业态，才能让小荔枝变成大产业。该镇元坝、柏桥、茅坡等村及周边地区形成的荔乡产业带，除了种植、加工外，还大力发展民宿、文旅等业态。2020年，该产业带累计接待游客超200万人次，在荔枝季的周末，每天接待游客超3万人次。

打好“科技牌”，能让农民在市场上走得更稳健。过去，荔枝采摘下来后，“一日而色变，三日而味变，四五日外，色香味尽去矣”。标识广东荔枝能否走得更远，第一步要解决冷链物流“最先一公里”的问题。

2021年，高州市探索建设田头小站，补齐贮藏保鲜、分级包装等冷链物流基础设施短板，不断扩大荔枝、龙眼等农产品的销售半径，缩短从田间到舌尖的时间距离，极大地减轻了销售压力。

打好“文化牌”，讲好广东故事。以高州荔枝为例，通过创建“大唐荔乡”的品牌Logo，建成一骑红尘广场、状元道、唐诗主题园等多个文旅景点，开展一系列大唐荔乡嘉年华活动，让荔枝成为文化大IP。如今，这些元素源源不断地为广东历史悠久的荔枝产业注入发展新活力。

“四张牌”有机联动，不断引领着广东农业产业的转型升级。

◎发展之思

从1到N能复制多远

五问：改革不是“栽盆景”，而是“种苗圃”，要探索出更多可复制、可推广的创新经验，以星火燎原之势将苗圃变成参天森林。“12221”方法论在其他特色产业领域能否得到推广，真正以小切口实现大变化?

有生命力的改革，才能走得更远。

徐闻菠萝已成为“明星果”，广东荔枝畅销全球——经过三年实践，广东农产品“12221”市场体系已成为一套激发农产品巨大经济价值的“方法论”，更成为让农民增收致富的“法宝”。

对广东农产品“12221”市场体系的探索，让徐闻菠萝产业划出一条触底反弹、V形反转的漂亮曲线。罗红霞告诉笔者，徐闻菠萝年产值从2018年的9.8亿元，攀升至2021年的22亿多元，这意味着农民的收入节节升高。2019年第一季度，徐闻全县25个邮政储蓄银行网点年增存款共6.8亿元；2020年上半年，徐闻菠萝主产镇曲界镇，仅邮政银行农户存款余额就有12.56亿元。

与此同时，广东荔枝产业关乎180多万农民的收成。广东荔枝产值前十县区，其产值少则两三亿元，多则超过20亿元。这些县区大多分布在粤东西北的欠发达地区，荔枝卖得好不好直接关系农民的生计。

2020年，百万荔农直面新冠肺炎疫情考验，逆势增收直呼“有尊严”。2021年，受荔枝集中“扎堆”上市、省外荔枝价格低迷、贸易运输不畅、新冠肺炎疫情等因素叠加影响，广东荔枝销售遭遇了前所未有的考验。但果农们惊喜地发现自己的荔枝卖到了全世界，纷纷点赞“荔枝卖出了水平”。

茂名高州根子镇元坝村，是千年荔枝村，也是备受瞩目的“网红亿元村”。“2021年原本担心荔枝价格下跌，没想到行情超出预期。”元坝村党总支书记吴勇光表示，元坝村家家户户种荔枝、制干果、酿蜂蜜、做电商，2021年元坝村荔枝产业年产值2.5亿元，村民年人均纯收入5.8万元。

尤其值得注意的是，农村市场的巨大潜力被激活后的连锁反应，便是吸引越来越多新农人投身乡村振兴。“近些年当地陆续有上百名大学毕业的青年人回流到农村创业。祖辈们世世代代挑着大箩大筐卖荔枝，他们用互联网把荔枝卖到全世界。”高州市农业局局长龙国源注意到。

计算机专业出身的何以锋，担任高州市根子镇电商产业的党支部书记。据统计，2020年该党支部联系、服务、带动全镇1200多名电商从业人员，网销荔枝总额超过4亿元。何达为放弃珠三角的金融工作回家乡卖荔枝，他为荔枝、龙眼的生产加工申请了27项国家专利。在龙国源看来，他们是现代化农业发展的底气所在。

改革不是“栽盆景”，而是“种苗圃”。作为改革试验田，要探索出更多可复制、可推广的创新经验，以星火燎原之势将苗圃变成参天森林。从1到N，“12221”方法论能复制多远？

“广东农产品‘12221’市场体系是具有生命力的实践体系，每一个数字都在丰富延伸中。”广东省农业农村厅有关负责人表示。据了解，广东通过一个单品、一个品牌，影响一个产业、一个区域，将广东农产品“12221”市场体系复制推广到越来越多的特色产业。包括广东香蕉、广东龙眼、广东柑橘、梅州柚、韶关兰花、遂溪火龙果、澄海狮头鹅、惠来鲍鱼、化州橘红、阳西程村蚝等特色产品。

在中国社会科学院农村发展研究所农产品贸易与政策研究室主任胡冰川看来，广东农产品“12221”市场体系从1到N，复制到多个农业产业，为全国的优质农产品销售提供了好的经验，也为全国乡村振兴做了很好的示范引领。随着广东农产品“12221”市场体系在更多领域的推广，不仅将使更多农产品“出圈”且出彩，也将强化广大基层干部与农民群众的市场理念和数字化理念，在摸索中提升他们与市场对接的能力。

（作者为南方杂志记者）

徐闻：星火温暖寒冬，“12221”诞生

◎ 赵启旭　整理

三年前，“菠萝堆在路边，卖不好，没人要。”果农心寒。

三年后，“火了！最高卖到3元/斤！”果农展颜。

徐闻菠萝触底反弹，节节攀升。以常年70万吨产量算，2018年徐闻菠萝产值为9.8亿元，2019年产值达15亿元，2020年产值达16.8亿元；2021年菠萝销售开局良好，价格稳定，产值22亿元左右，同比增长30.9%。

三年心血，三年实践，徐闻菠萝成为“明星果”，“菠萝的海”名声大振。滞销“卖难”如何破局？队伍凝聚力从何而来？起源于徐闻县的一串“12221”数字密码给出了答案。

徐闻县，位于中国大陆最南端，是中国最大的菠萝产区，“菠萝的海”在这块土地世代翻涌。2018年春天，徐闻菠萝销售遭遇前所未有的“寒冬”。生产品种单一、销售渠道不畅等因素导致每斤菠萝的收购价从一两元，跌到六七角、两三角，甚至五六分钱。

农产品“卖难”是个普遍性问题。果贱伤农的情形屡屡上演，严重影响农业发展、农民增收，能否破解农产品“卖难”问题，直接关系着农民的钱袋子。“考卷”已出，在广东省委、省政府高度重视下，徐闻率先开始“答题”——时任徐闻县县长吴康秀走进拼多多的助农直播间，当起“主播”，热情推介，吸引7000多万人次聚焦徐闻菠萝；徐闻县建成国家现代农业产业园，农民培训座无虚席，电商创业汇聚力量，邮政运输焕然一新，时任徐闻县副县长李逸坦言“根本在于促进农民增收”；是疫情防控“逆行员”，更是产品流通“推销员”，时任徐闻县农业农村局党委书记、局长黄家团为拓宽徐闻农产品销售渠道，坚持防控生产两手抓，全力以赴推动农产品流通畅销……

要顶层设计，更要群策群力。徐闻菠萝专项工作组成立，对症下药，于2019年启动徐闻菠萝“12221”行动。

一、“1”个菠萝大数据领衔，用大数据指导生产引导销售。2019年，徐闻县开发徐闻菠萝流通大数据系统，在全国设立数千个签约档口，建立市场行情大数据，定期发布菠萝市场价格指数和采购商指数，如今已完成徐闻县七大乡镇集中连片产区大数据采集，共涵盖农户数据15 713个，全国水果市场档口数据10 576个，全网水果电商数据4486个。

二、紧抓3个“2”的核心落脚点，实现产销两端精准对接。2019年，徐闻县召开首届菠萝产销对接大会，组建起菠萝采购商联盟，促成10万吨菠萝销售。2020年，徐闻县精准施策，依托广东农产品“保供稳价安心”数字平台，启动2020年徐闻菠萝网络节。2021年，全国各地的采购商受邀涌进徐闻“菠萝的海”；在京津冀、长三角、西北等销区市场，全国多地批发市场出现了新的网红打卡点“广东菠萝广场”；在菠萝上市高峰期，“广东菠萝甜蜜中国行”走过全国11个城市。三年来，徐闻县累计吸纳来自全国超过13个省（市）的大型采购商超过400人，通过组建联盟稳定采购商队伍。

三、“1”揽子目标持续推进，促进全产业链开发、增值。2021年3月，徐闻县接连推出市场建设实施方案，出台《徐闻菠萝产业高质量发展工作任务分工方案》，压实领导干部任务，全县一盘棋、上下一条心，全面推进电商、分拣、仓储、保鲜、冷链和物流等全产业链的建设。一列跨越大半个中国的“徐闻菠萝”高铁专列出发；主题曲《菠萝的海》上线，“菠萝的海”音乐节甜蜜开场；系列短视频风格化塑造了菠萝产业时代网红IP；徐闻县成立菠萝品控领导小组，全面推动落实有关工作；菠萝“生产+加工+科技”一体化发展，延伸产业链条，培育知名品牌将是未来的发展方向。

星火温暖农产品“寒冬”，映出连续三年的“赢面”。“1”个大数据推动徐闻菠萝由“天公作美”转为“运筹帷幄”，3个“2”将菠萝产业“一枝独秀”变为“多点开花”，“1”揽子目标推动徐闻菠萝从“岭南佳果”变成“网红靓果”。徐闻人敢想敢做，“12221”模式布局巧、落得实，构筑起全国菠萝产业高质量发展的典范。

徐闻菠萝这样火起来

◎ 陈伟光　刘泰山　洪秋婷

前几年，由于信息不对称，广东徐闻县种植的菠萝“屡丰产屡滞销”。为解决这一难题，当地推动产购销一体发力，通过建立大数据库、拓展产销市场等方式助力菠萝销售，实现了成功“突围”。

以此为突破，2020年以来，广东进一步加快数字技术、现代科技与农业发展深度融合，促进传统农业向数字农业转型，推动农业高质量发展。

2021年，徐闻菠萝火起来了！

一到节假日，广东省湛江市徐闻县的游客便骤增，优质菠萝收购价超3元/公斤。《人山人海只为“菠萝的海”》《广东喊全国人民吃菠萝》等网络短视频火爆，累计点击量有数十亿人次。

原先销量平平的徐闻菠萝，为何能够火起来？这要从三年前说起。

小手机，大数据

2018年春，徐闻县菠萝大丰收，但菠萝市场低迷，传统品种“巴厘”的田头收购价跌至0.4元/公斤。

这令徐闻人备感纠结——种植面积35万亩，年产量占全国菠萝市场的1/3，但信息不对称，“屡丰产屡滞销”，菠萝在旺季时常亏本甩卖，很多烂在地里。“增产不增收，一拖拉机菠萝只能卖几十元，很多农民不愿种。”徐闻菠萝协会会长吴建连深有感触。

“产业痛点就是工作发力点！”在广东省、湛江市支持下，徐闻制定菠萝产业三年行动计划——筹建一个大数据库，拓展产销两个市场，成立购销两个联盟，组织“请进来”与“走出去”两地活动，一揽子解决产业堵点，简称“12221”方案。2019年初，广东省农业农村厅成立专项工作组，进驻徐闻，排忧解难。

“政府、农户、采购、经销等多方联合，发布采购商指数和采购价格指数，产购销一体发力。”专项工作组组长、广东省农业展览馆副馆长黎小军说，“一亩田”农产品交易平台、唯品会、京东、每日优鲜等电商纷纷加盟，助力徐闻菠萝的销售。

登录“一亩田”小程序，徐闻菠萝产销趋势、采购热度、每日行情、交通信息等一目了然，还包括全国菠萝主产区采购价、全国主要水果批发市场菠萝销售价。这一招立竿见影！2019年，“巴厘”菠萝收购价企稳1.6—2.2元/公斤，优品达2.6元/公斤。

2020年初，新冠肺炎疫情突袭，徐闻菠萝的销售又遇挑战。广东迅速开发农产品“保供稳价安心”数字平台，采购直通车、短视频促销、网络会客室、直播带货等平台一起上。至2021年第一季度末，徐闻菠萝销量完成全年总产量的一半，未成熟的菠萝也被订购。

“大数据链接产销，产业有了风向标。卖给谁、找谁买、啥价格，大家心中有数，能掌握市场投放节奏。”“一亩田”联合创始人刘志嘉根据对2020年菠萝大宗交易量前三名的分析说，2021年，“徐闻菠萝”高铁专列开通了，重点开拓西北、东北、中部以及东南沿海地区市场。

小农户，大市场

大数据赋能，返乡创业者陈如约精心培育的“金菠萝”如虎添翼，产量逐年递增，种植面积从1.25亩扩张至900亩，产品还卖到了国外。

四年前，陈如约从广州一家公司辞职，回到徐闻县曲界镇，种植杂交品种“金菠萝”，并组建诺香园农产品专业合作社，开设数字农业服务站、储藏冷库和加工厂。2020年，他出口“金菠萝”100吨，2021年计划出口1000吨。“这是2021年出口的第一车，10吨‘金菠萝’，9元/公斤。”说完，陈如约转身忙着指挥工人，搬出一筐筐菠萝，冒雨装上冷柜货车。

显然，小农户与大市场无缝对接，重构供应链模式，激活了菠萝市场体系。徐闻有着近百年菠萝种植史，是全国最大的菠萝产区，但种植标准化程度与产业化水平一直不高，遇到恶劣天气，菠萝极易变质烂掉。而今，每亩菠萝均有“身份”，专人负责，标准种植，品质可控，生产可溯；有了分拣、仓储、保鲜、冷链和物流等全产业链，徐闻菠萝能出村进城，还能漂洋过海，销往“一带一路”沿线国家。

“早上采摘，中午运走，下午就能进商场和家庭。”在徐闻菠萝出口跨境电商发车仪式上，徐闻县委常委、常务副县长陈光力说，品质与品牌相互促进，徐闻菠萝走出了低谷，成了市场抢手货，现在卖1车相当于过去卖10车。

2021年春天，徐闻菠萝更是迎来“高光”时刻。上千家采购商入驻徐闻，外地多个批发市场设立“广东菠萝广场”打卡点。徐闻菠萝产业发展渐入佳境，辐射带动约5万农户、14.5万劳动力。全县菠萝种植户2019年增加存款储蓄9.8亿元，2020年增加存款储蓄12.56亿元，2021年户均增收约1.2万元。

小切口，大发展

从“遭冷遇”到“火出圈”，徐闻菠萝产业的发展调整，让成千上万的农户实现了增收致富。

徐闻连香农产品农民专业合作社会客厅内，菠萝月饼、菠萝罐头、菠萝干以及菠萝叶子制作的袜子、毛巾等一应俱全。旁边的加工厂里，一组妇女在熟练地削皮、挑眼，制作袋装小果菠萝。“我们的业务涉及种植、加工、销售，产业链长，附加值高，还解决了100多人的就业。”50来岁的吴建连是个热心肠，是合作社理事长，有时还直播带货，人称“菠萝姐姐”。

“种得好才卖得好！像这种本地‘巴厘’，九分甜、一分酸，越吃越喜欢。”她端出一盘黄澄澄的菠萝片说，农民观念在变，懂得“放心果”才是“致富果”，重视品种研发、精细种植、病虫害防治。她牵头建起曲界菠萝交易市场，收获旺季，日均交易量达3500吨，占全县菠萝交易量一半。

徐闻菠萝成功“突围”，极大提振了广东发展数字农业的信心。2020年1月，广东颁布“12221”升级版，要求加快数字技术、现代科技与农业发展深度融合，搭建农业产业生产、加工、物流、市场、销售、监管等全链服务平台，帮助各地优势农产品数字化、市场化、现代化、品牌化，构建“线上+线下”“国内+国际”市场新格局。

大数据，大市场，大发展。全省正努力做强广东荔枝、梅州柚子、阳西生蚝、惠来鲍鱼、澄海狮头鹅、英德红茶等“粤字号”名优农产品，为乡村振兴注入后劲，推动农业高质量发展。

（作者为人民日报记者）

广东菠萝大女主“二人传”

◎ 高永彬　赵启旭

天蒙蒙亮，菠萝地里就已是一片忙碌。几十名采摘工一列排开，“人工流水线”将刚采下的菠萝送上货车。人群中，“菠萝姐姐”吴建连热情地向采购商介绍情况，不时被电话打断。而此时，从广州开往徐闻的高铁上，“菠萝妹妹”王小颖在紧张地核对时间表、活动流程单。近日，徐闻菠萝频上热搜，全网总阅读量超11亿，菠萝均价2元/斤，创三十年新高。“菠萝妹妹”的社交媒体账号下面，好多粉丝留言要下单链接。

吴建连和王小颖这两个名字，是广东菠萝产业的大IP。2021年3月5日，她俩搭档完成了“徐闻菠萝”高铁专列甜蜜进京的直播。

海的女儿

广东省湛江市徐闻县，地处大陆最南端，是雷州半岛最远端的一个小县城。热带的红土地上，连片种植基地形成“菠萝的海”的壮观景象。吴建连是“70后”，王小颖是

“95后”，生于斯，长于斯。

“中国菠萝看广东，广东菠萝看徐闻”，全县菠萝种植面积达35万亩，年产量70万吨，每年菠萝产值约12亿元，占了徐闻农业产值的将近四成。

在徐闻县，“菠萝一姐”吴建连这个名字是叱咤风云的代名词。她是曲界镇龙门村连香农民专业合作社理事长、徐闻县菠萝行业协会会长、湛江市人大代表。慷慨、热心，是所有人对她的印象。吴建连自小吃苦，“家里住破房子，连饭都吃不上，吃地瓜”。龙门村支部书记戴妃生说，吴建连逢年过节会给村里人送点油、盐、米等，“她一回村，那些老人、困难户见到就都乐开了花”。

2020年初，新冠肺炎疫情期间，她多次捐赠防疫与生活物资，帮助滞留隔离在徐闻的湖北籍旅客，并拉了2吨鲜菠萝送到酒店，供客人品尝。

“从小胆子就很大。”吴建连这样评价自己，为了改善伙食，儿时经常到野外摸鱼捉虾。有一回，她偷了亲戚的菠萝苗，被母亲结结实实打了一顿。

吴建连说，当年种菠萝用牛犁地，用石块挖坑……现在，尽管开垦种植可用农机辅助，但在采摘、打包、运输等环节，依然大量采取人工作业。

“菠萝妹妹”这个名字，听起来则温柔甜美许多。每一次在镜头前亮相，“菠萝妹妹”王小颖的两道眉总是弯弯的，眼睛灵动，笑容灿烂，隔着手机屏幕都能被她的活力感染。

王小颖父母家在龙塘镇，与吴建连年龄相若。父母种菠萝，就把年幼的小颖带到地里。菠萝果重，叶子带刺，每个担子平均重量达130斤，一个农民一天要挑1万多斤。“他们是为家庭，我真的很心疼。”王小颖说。

王小颖做直播已经停不下来。视频中，“菠萝妹妹”背后是大片的菠萝地，吃菠萝、切菠萝、摘菠萝……动作娴熟，麻利。有人将她比喻成广东的“丁真”“李子柒”，她说自己是个普通人。“如果可以帮助卖好农产品，我就愿意。”网友形容她带着“浓浓的广味，务实”。

菠萝从种植到采收需要16—23个月，种一次只能收一季果，亩产约8000斤。在此过程中，需要经历除草、施肥、打药、除芽、催花等必要的种植管理环节。徐闻总人口约78万，农业人口近八成，其中，有近15万农户从事菠萝产业。

果子种不好，收成不好，果农一整年的生活都会受到影响。王小颖的父母就因此发生过争执，但他们从来没有停止过对女儿的爱。王小颖说：“我希望我的父母、果农们都能卖得好，这样心情就好了，整个家庭就幸福了。”

踏浪闯海

吴建连读完初中便务农了，20世纪90年代初，徐闻县开始大面积发展菠萝种植，当时的吴建连20多岁，种的人多，做收购的人少，在兄长的引导下，她开始从事菠萝代办生意。2000年后，徐闻菠萝的体量逐步扩大，滞销时马路边到处是果农丢掉的菠萝。

为一改“等客上门”的被动局面，吴建连开始频繁奔走于全国各个省份的水果批发市场，只身押车卖果。她说：“以前很乱，不像现在。那些外省市场有老大看场的。”被压价收购的吴建连吃过哑巴亏。后来，吴建连每次外出押果，都会把钱装在丝袜里，贴身捆上，经常夜不能寐。“都是果农的血汗钱，不为自己也为他们啊。”

2008年，吴建连率先在徐闻成立农民专业合作社，同年投资400多万元创办罐头厂。为了让菠萝交易集散更加顺畅，2014年，吴建连又带头筹建起占地面积150多亩，可同时容纳1000多辆货车进场交易的新菠萝交易市场。这段创业经历可谓五味杂陈。

吃过苦，对于今时今日安定的营商环境，吴建连很知足，“现在已经很好了”这句话总挂在嘴边。但与她共事多年的合伙人张宽亮知道，时至今日，还有好几个人欠她钱，“加起来几十万元呢。”吴建连倒也坦然，“知道被骗不好受，就更要诚信对别人才行。”

吴建连给出的收果价格总会比外地代办高一些，接到订单她从不爽约。这化成了农民眼中的“公道”，客商眼中的“可靠”。据了解，每年占总量约一半以上的徐闻菠萝都会在这个市场进行交易。

令人心驰神往的“菠萝的海”，不总是风和日丽。2018年徐闻菠萝大量滞销，引起了省里的关注。在省农业农村部门的推动下，2019年起，徐闻县在全省率先启动了“12221”市场体系建设的探索，吴建连、王小颖是其中的积极参与者。徐闻县完善采购商队伍，抓住产、销两大市场，开展数字化、社会化营销，每斤菠萝价格回升到0.55元的成本价并逐年走高，从1.2元、1.5元，到2021年的2元。

2020年初，抗疫形势最严峻时，直播带货呈现“井喷”现象。身为当地电视台主播的王小颖因出镜经验丰富，且熟悉菠萝行业，频繁出现在直播镜头前。“菠萝妹妹”算是出道了。

王小颖主修音乐教育，因为喜欢主持，她曾往中国传媒大学进修，最终如愿走到了聚光灯下。

人气日涨的“菠萝妹妹”伴随徐闻菠萝“火出圈”，王小颖的生活也发生着改变，她离开电视台到了一家电商企业。“原来基本到点下班，生活规律，现在天天出差，凌晨一两点才睡。”奔波成为王小颖如今生活的常态，她曾一天内独自驱车前往相隔上百公里的两个地方，做了三场直播，半夜回到家还要准备次日的直播材料。

面朝大海

“菠萝妹妹”喊全国人民吃菠萝，徐闻菠萝“出圈”了。“菠萝妹妹”还代言广东各地特色农产品，荔枝、龙眼、香蕉、柑橘、鲍鱼等相继出现在她的直播间。2020年这一年间，王小颖直播带货过百场，2020年她获得了“广东扶贫公益主播”等荣誉。

王小颖也有过“翻车”的时候，由于没有处理好发货环节，寄到消费者手上的荔枝已有不少烂果。“心里特别愧疚。”经过那次教训，王小颖深切体会到，亲自把关选品，熟悉上架、发货、物流等直播电商整个流程，“沉进去”深入了解产业，对一名合格的带货主播有多重要。

徐闻菠萝“12221”市场体系建设进入第三年，如今的菠萝季，订果的客商早早地就涌进了“菠萝的海”，徐闻的果农逐渐找回了“菠萝尊严”。

吴建连有 4 个子女，过天命之年且抱上了孙，但她有自己的奋斗方向。“一开始只是想把菠萝罐头做好，菠萝罐头一做好，又想到要做菠萝干，现在我又想到要做凤梨酥、菠萝酒，以后还要把菠萝叶、菠萝头都加工做成衣服，一步一步，要把我们的菠萝变成全身都是宝。”

笔者看到，新建成的凤梨酥加工厂房就伫立在吴建连创立的连香农民合作社大院里，包括这条新生产线在内，加工厂已有菠萝罐头、果速冻、菠萝干、小菠萝等5条生产线，每天可加工菠萝50吨左右。

车间的生产线上，女工的人数远远超过了男工。吴建连说：“在菠萝加工这一行，女性可是劳动主力，女性细心、耐心，尤其适合加工作业。”

据了解，徐闻菠萝全产业链从业人数约为14.5万人，女性从业者占比60%—70%，其中，加工行业的女性从业者占比接近80%。

“现在菠萝成了致富果，留在家里的女性劳动力也变多了。”徐闻县曲界镇镇长林海珍深切体会到了变化，“一幢幢‘菠萝楼’建了起来，乡村风貌也有了很大的改善。”

那么，十年后的“菠萝妹妹”会怎么样呢？王小颖说：“我可能是个母亲，但我也希望自己成为传授经验的人。”吴建连不忘给小颖打气，“现在环境条件这么好，她又这么努力，她一定会比我更优秀，能耐更大。”

（作者为南方农村报记者）

相关视频请扫描二维码

观察|菠萝姐妹：乡村人才振兴的醒目IP

◎ 元白

"菠萝姐姐"吴建连和"菠萝妹妹"王小颖，是广东菠萝产业的大IP。2021年3月5日，她俩搭档完成了"徐闻菠萝"高铁专列甜蜜进京的直播。

一对没有血缘关系的姐妹，成为2021年菠萝季的最美舞者。这种美，不仅来自她们的容貌，更源于深厚的内涵。二人与徐闻菠萝产业的最大交集区和最强共振点，不仅在于徐闻是她们生于斯、长于斯的故乡，更在于她们心中升腾起的强烈责任意识和深厚乡愁情怀。这种责任，就是让徐闻菠萝产业转型升级、行稳致远的责任；这种情怀，就是让一众乡亲都过上富足、幸福生活的情怀。而孕育这种责任和情怀的，便是她们对于脚下这片土地的深深眷恋，这是一种自然、稳固、难以磨灭的情感维系。

一个"70后"，一个"90后"，两姐妹之所以能够跨越年龄的界限甚至观念的代沟结为"忘年交"，最终在"菠萝的海"的五彩波澜中唱一出配合默契、婉转动听、余音绕梁的产业发展"二人转"，是因为她们在年龄、经历、行业等方面的错位互补，正好拼出了一幅徐闻菠萝产业发展从传统向现代转变的完整图景。

"菠萝姐姐"吴建连在行业内摸爬滚打几十年，对各类堵点、痛点了然于胸，并身体力行，尽其所能，通过搞合作社、办加工厂等方式为徐闻菠萝产业的蝶变构筑支点。在她身上，我们看到了徐闻菠萝从业人员特别是生产群体的转型努力和奋斗精神。"菠萝妹妹"王小颖曾是电视台的主持人，之后投身电商直播行业。她虽然没有"菠萝姐

"菠萝姐姐"吴建连在挑选菠萝

"菠萝妹妹"王小颖在进行网络直播

姐”那样的行业浸润深度和丰富的实战经验，却以年轻人特有的活力、创意，准确把握时代变化的脉搏和青年一代的需求，以让人更加耳目一新的方式讲好乡村土产的时尚故事。在她身上，我们看到了徐闻菠萝产业“后浪”们和新消费群体的蓬勃朝气和旺盛需求。姐妹俩一唱一和，既串联起徐闻菠萝的今昔岁月，也贯通了产业链条的前后环节。

一个产业的兴衰，关联的不仅仅是产量、产值、收入等方面冷冰冰的数字，还有像吴建连、王小颖这样一个个出彩的人生，一个个普通的家庭悲欢。菠萝卖不上好价，农户过去一两年的汗水就会白流；当遇上2021年这样的好年景，看看那一桩桩“菠萝楼”，听听农户们发出的由衷笑声，就更能深切感受到乡村产业振兴的真正力量。

产业振兴最终是为了人，它在推进过程中必须依靠人、成长人。乡村振兴事业越向前推进，越需要像“菠萝姐妹”这样本土人才的支撑，只因为她们对脚下这片土地爱得更加深沉，更能够将自己人生价值的实现与父老乡亲的期盼紧紧联系在一起。与此同时，如果各地能通过加强教育培训，让更多本土人才开拓视野、获得新知，通过搭建宽广舞台，让更多的本土人才能干事、干成事，那么乡村将会是一片充满希望的田野。

可以说，“菠萝姐妹”不仅是品牌创新、营销变革背景下出现的一个新产业IP，更是乡村人才振兴的醒目IP。不久前，中央办公厅、国务院办公厅印发《加快推进乡村人才振兴的意见》，相信有了政策体系的有力支撑，有了产业大树的枝繁叶茂，更多“凤栖桐”的故事会在我们身边上演。

（作者为媒体人）

观察|为采购商提供免费酒店，好心徐闻人的实诚生意

◎ 张子煜

2021年在徐闻菠萝销售逐渐进入高潮时，徐闻县推出暖心服务，为来自全国各地的菠萝采购商提供免费入住服务，开通曲界镇青新宾馆、宏基商务酒店、汉庭酒店为专门接待酒店，让采购商们买得放心，住得安心。这个举措自2020年开始并不断加以完善，让采购商得到更多实惠。

以真情迎客，以实举助农，这不仅是从促进经济角度考虑的实招，更有着至臻至善的人情。

"青山一道同云雨，明月何曾是两乡。"疫情危难之时，一批湖北同胞滞留徐闻，温厚的徐闻人在全国率先指定华通酒店安置湖北籍旅客，免费提供伙食、住宿、健康检查和心理疏导等服务，以"健康安置"代替"隔离观察"，让他乡之人感受到家的温暖。

凡人善举层出不穷，平民英雄不断涌现。"菠萝姐姐"吴建连，从30公里外的曲界镇拉了2吨鲜菠萝、300个馒头、1600个口罩送到安置酒店；许姐志愿者协会会长许程聪带领志愿者团队，在安置酒店坚守90多天；徐闻县龙塘镇龙塘村村民"连环捐"160吨瓜菜千里驰援湖北……

阅尽浮生百态众生相，最是深情厚谊暖人心。徐闻菠萝成熟季，35万亩"菠萝的海"遍地金黄。徐闻积极推出"菠萝大数据"日报，每天上报菠萝行情、售货量等最新市场交易信息，方便客商进货。

农产品的采购商非常重要，解决采购商问题就是解决农产品的销售问题。有行业人士指出，为采购商提供优质服务、优化营商环境、发挥采购商聚集效应是党委政府之责。徐闻把问题解决在"牛鼻子"上，值得学习借鉴，并为之务实做法点赞！

好心人卖好果。徐闻的小城大爱，是疫情时期的担当与坚守，更是疫情后的热忱与好客，初心不变一以贯之。感人心者，莫先乎情。有人情味，才是徐闻菠萝里不可或缺的"真味"。徐闻的传承，也许正应了那句，"有了人情味才是最好的生意经"。

（作者为南方农村报评论员）

观察 | “广东菠萝广场”打造营销根据地

◎ 张子煜

2021年广东菠萝上市期间，全国多地大型农产品批发市场刮起金色旋风，飘着清香味的“广东菠萝广场”如雨后春笋般相继涌现。一时间，广东广州、河北保定、浙江嘉兴、河南郑州、新疆乌鲁木齐等核心城市菠萝产销对接活动多点开花，广东菠萝销区的全国性布局星火点点，呈现从点辐射成面之势。

“广东菠萝广场”是广东农产品“12221”市场体系拓展市场端的具体举措，其靠前部署、定位精准、直插销区等措施，推动农产品走进大市场，足见高处谋势、实处落子的战略性考量。当前，“菠萝”成为全网热搜话题，但如何使“菠萝之热”从线上过渡到线下，从产区热走向销区热，这是2021年打赢菠萝营销战的现实问题。

过去农业发展囿于“重生产，轻市场”的惯性思维，常常因未把握好市场供求关系造成被动损失。今天，我们虽然强调发挥市场在资源配置中的决定性作用，也不能忽视通过主动作为加强对市场的引导与开发。“广东菠萝广场”的创新之举，正着力推动广

“广东菠萝广场”郑州专场

东菠萝“墙内开花墙外香”，实现产区销区两头都热，果农真正得实惠的良好局面。

打造菠萝营销根据地，“广东菠萝广场”瞄准农贸市场切入点，集成行业代表推介、优质企业对接、供需信息发布、免费鲜果品鉴等一揽子服务。让广大采购商、消费者不仅能品尝和采购到不同品种、规格的广东菠萝，还能获取到广东菠萝供应信息，实现产区销区优质资源无缝衔接，这种一站式服务成效斐然。

根据地的关键是“根”，有了根才能枝繁叶茂，事业才能蒸蒸日上。从长远来看，依托核心城市大型农贸市场的区位优势，“广东菠萝广场”具备成为鲜果发散地、交通中转站、信息发布场的有利条件。通过“菠萝广场”向华南、华东、华北、西北等重点销区辐射，以关键点形成整个销售网的覆盖面，将为广东菠萝打开市场需求侧的广阔天地。

值得一提的是，“广东菠萝广场”的概念营造可谓一记妙招，形象易记，为农产品营销“落地”提供有益借鉴。菠萝从原产地走向中心市场，借此支点成功实现农产品营销的华丽转身。展望未来，还将有更多“粤字号”农产品通过广东的创新举措飞入寻常百姓家。

（作者为南方农村报评论员）

观察|从“隐秘的角落”走向农业电商的“头部”

◎ 陈芝国

徐闻菠萝已然成为一个热点话题。在许多媒体人士和公众眼中，这只是当前地区政治经济情势使然。其实不然。大陆最南端的徐闻正奔涌着一幅由历史与现实、个人与政府、地方与全球、传统行业与新兴产业等诸多层面的能量交汇而成的热图。我们从这幅热图中能强烈感受到，一个农业经济的新“头部效应”也可从边缘形成。

面对全球波诡云谲的政治经济情势，我们经常为中国拥有全球最完备的工业产业链而自豪。然而，在农村生活过很长时间的笔者，近些年耳闻目睹的最多情景就是，来自巴西、美国和加拿大的优质大豆和油菜籽的到岸价，大大低于中国乡镇商户能够向种植户开出的最高收购价。过去曾产生过重大效益的“包产到户”，其条块分割的小农耕种体系受到以高科技和大面积为标志的全球农业资本主义经济剧烈冲击。许多现代文学作品描写过的“谷贱伤农”，在中国农村也不再是零星现象。随着中国经济对外开放程度的大幅提升，以及国内城市化进程加速之后的消费升级，这种现象如今已波及水果种植业。

在过去很长一段时间内，徐闻菠萝占据着中国菠萝产销的龙头地位。然而，中国2015年菠萝的进口总量相比2014年激增64%，并在此后逐年递增。加上南方极端天气的影响，徐闻菠萝在2018年曾一度滞销。农户收入锐减，种植热情大大消退。吴建连，一个多年来在菠萝生产、加工和销售的传统渠道摸爬滚打，只有初中文化的徐闻女子，渐渐发现自己赖以立足的勤苦坚韧和诚实守信的品质，在全球化农业时代，不再散发原有的力量和光芒。

与此同时，一个从小担心父母菠萝卖不出就没有学费和生活费的“90后”女青年王小颖，大学毕业后成为徐闻电视台的主持人，仿佛自己的人生已经脱离了那片“菠萝的海”。然而，从菠萝种植户家庭出生、成长的王小颖，无法仅仅将滞销现象当作具有时效性的电视新闻。同时，在移动互联网引发的自媒体潮流对传统媒体行业的冲击之下，真正面临生死存亡的，并非传统的头部媒体，而是地市级以下的平面和电视媒体。最近几年，地市级媒体频繁关停，地方广电行业也效益日下。我们不难揣测，一种职业内外的无力感，同样在侵蚀着“舒适圈”中王小颖的心灵。一个移动互联、充分竞争的市场经济时代，就是一个“头部效应”的时代。徐闻的吴建连和王小颖，在2018年前后都深切感受到那种低价值、低优势的刺痛。

最终，在全社会致富奔康风气影响之下，她们纷纷走出已经不太舒适的区域，在“菠萝的海”这个隐秘的角落重新组合自身的优势。她们如金风玉露般相逢于红土地的田野直播间，优势整合后的扬帆远航胜却过去无数单兵作战的时刻。她们的选择和行为，可以说恰好暗合了有中国特色的社会主义市场经济主体从“头部效应”的长尾区向高价值、高优势的头部区进军的通常做法。国内国外双循环下，水果进出口贸易生态的变化和地方政府致力于帮助农民致富奔康的积极政策，尤其是近年直播经济的兴起，促使敢想敢干的吴建连和王小颖果断“出圈”，迅速将低优势、低价值的长尾区转化为高优势、高价值的头部区。

在李子柒的小而美之后，“菠萝姐妹”的“出圈”热图，进一步使我们坚信，直播经济不仅可以为传统农业经济赋能，将“隐秘的角落”里的田园诗谱写成激动人心的狂想曲，更是所有暂时沉寂在长尾区的个人和群体想要迈进头部区的思想起点。从这个意义上来说，直播经济不仅是一种新的经济形态，也是一种新的文化形态。

（作者为评论家）

致敬“12221”，致敬徐闻菠萝“赶路人”

◎ 许悦

在祖国大陆最南端的徐闻县，有一片飘香淌蜜的“菠萝的海”。这里的菠萝上市期是每年的2月到5月，是岭南佳果上市的“排头兵”。“菠萝的海”的菠萝卖好了，不仅是徐闻人民满满的获得感、幸福感，还是广东大宗农产品的开门红，同样是岭南佳果价格的示范性晴雨表。“菠萝的海”的营销，是广东农产品营销的接力“第一棒”，然后带动荔枝、龙眼、柚子等一棒一棒走好。

从2019年开始，广东省农业农村厅就为徐闻菠萝的品牌建设和市场营销工作，“量身定做”了一个“12221”专项工作组，组员们各有所长，在“菠萝的海”这片热土上大展身手。工作组一干就是三年，以钉钉子的精神楔进徐闻，与徐闻县委县政府一起，携手打造了徐闻菠萝“12221”可复制、可推广模式。

三年来，每到菠萝扬花之时，工作组不是在徐闻，就是在去徐闻的路上。他们深蹲徐闻，带着心忧夹着心喜，助果农卖果，促果农品控。

三年来，工作组一个阶段一个重点，一年拿出一份研究报告、一份思考建议，及时送达县委政府，直至分管领导。因为有他们心忧在先，才有了果农丰产丰收的满心欢喜。

星光不问赶路人，岁月不负有心人。三年总结形成的可复制、可推广的经验模式，助推了菠萝热销，引导了品种改良，推动了农民致富，实现了乡村振兴，并成为广东农产品品牌建设与市场营销的宝贵经验。让我们致敬这群徐闻菠萝的“赶路人”！

蓄能三年，徐闻菠萝2021年“火出圈”

徐闻是中国最大的菠萝产地，被誉为“菠萝的海”，这里的菠萝种植面积达35万亩，常年产量约70万吨，面积及产量超过全国的1/3。中国每10个菠萝就有3个产自徐闻。

但徐闻菠萝应该没想到，自己有一天会变成“超级网红”。2021年3月初，徐闻菠萝成熟了，连续几天霸屏热搜，“每3个中国菠萝就有1个来自徐闻”“广东喊全国人民吃菠萝”等话题网络总阅读量超过11亿人次。这幕后的推手，就是一个名为“12221”的营销密码。

作为广东省重要的特色水果，徐闻菠萝是徐闻县的支柱产业之一，关系到众多农户的收入问题。早在2019年，徐闻菠萝率先在全省试行广东农产品“12221”市场体系建设模式，即推出“1”个菠萝大数据，组建销区采购商和培养产区经纪人“2”支队伍，拓展销区和产区“2”大市场，策划采购商走进徐闻和徐闻菠萝走进大市场“2”场活动，实现品牌打造、销量提升、市场引导、品种改良、农民致富等“1”揽子目标。

“12221”对徐闻菠萝最大的改变是什么？2019年正在徐闻挂职副县长的刘义存，现在也是菠萝工作组的成员之一，他表示：“‘12221’改变了大家的观念，让农业人有了强烈的市场意识，认识到市场和生产要两手抓、两手硬，要让市场引领生产，教会了基层的干部和农民如何找市场，如何与市场对接。”

“不仅如此，‘12221’还推动了徐闻菠萝全产业链的建设，包括电商、分拣、仓储、保鲜、冷链和物流等的建设。在此基础上，徐闻菠萝的品牌树了起来，我们要让全国乃至全世界知道徐闻菠萝的品质也很好，反过来又倒逼了菠萝种植品质的提升。”

有意思的是，刘义存结束挂职工作后，这位致力于将菠萝卖到大上海的“菠萝县长”“菠萝博士”，后来又受广东省农业农村厅的邀请，成为菠萝工作组的成员之一。他从对接工作组的地方官员，转身成为服务徐闻的工作组成员。

对于菠萝工作组的到来，徐闻县县长罗红霞也是满怀感激，她表示：“三年来，工作组风里来雨里去，来回不停奔波，经常扎根田间地头，驻扎基层一线，为老百姓搭起了‘政策桥’‘连心桥’‘沟通桥’，把最新政策和领导关怀及时上情下达，把基层老百姓的心声和想法及时下情上报，对产业发展的难题和困惑及时协调指导，让基层老百姓第一时间了解政策、感受温暖、解决问题，有效打通了指导农民致富、产业发展、乡村振兴的‘最后一公里’。”

“他们从省机关下来，但非常接地气，平易近人，又都工作认真务实、不怕苦、不怕累，细致耐心，令我们非常感动，是我们值得学习的榜样！”

◎2019年一进徐闻：

发力产销对接，全县年增存款6.8亿元

2019年广东农产品“12221”市场体系建设首先在徐闻启动时，当地菠萝产业的情况并不是特别乐观。2018年，徐闻传统菠萝品种“巴厘”的田头出售价，最低时只有0.4元/公斤，菠萝烂在徐闻田头，烂在果农心上。

2019年2月，广东省农业农村厅针对如何解决“生产条件最好、生产份额最大的地区却增产不增收”这一难题，组成徐闻菠萝专项工作组，以广东菠萝“12221”市场体系建设为主题开展专题研究，并结合国内外的产业现状作出研判，形成徐闻菠萝市场体系建设调研报告，用以指引徐闻菠萝产业高质量发展。

“一进”徐闻，工作组的人员组成是省农业农村厅负责农产品市场体系建设的几位同志，还有就是农业大数据的企业负责人。这样的成员组成，正好体现了广东农产品“12221”市场体系建设以大数据先行、市场体系建设为纲的指导思想。

2019年3月，第一份《徐闻菠萝市场体系建设调研报告》出炉了，诊出了徐闻菠萝的几大痛点，包括：菠萝种植面积虽然逐年增加，但菠萝产业近年来屡生产屡滞销；鲜果滞销现象之前在徐闻每隔一两年都会发生；生产者得不到应有效益；百姓增产不增收问题突出等。对照广东农产品“12221”市场体系建设，还存在采购平台建设不足、区域性公共品牌培育不足等问题，如果不作大改观，当年可能依旧会出现滞销的情况。

全局掌握了当地情况后，广东省农业农村厅“对症下药”，启动了徐闻菠萝“12221”行动。

抓与不抓不一样，系统抓与碎片化不一样，行政部门自己抓与联合市场力量引导市场力量抓不一样。以产销对接为目的，配以有效的宣传推广，广东农产品“12221”市场体系建设的成效当年就显现了出来。

到2019年4月，徐闻已售出鲜果约42万吨，占上市量的70%，剩余的大部分也签订了采购合同。徐闻传统菠萝品种“巴厘”的田头出售价，已经从2018年同期的0.4—0.8元/公斤，上升为1.6—2.2元/公斤，部分超过2.6元/公斤，优、新品种价格更高。果农喜上眉梢，当年第一季度，全县25个邮政储蓄银行网点年增存款6.8亿元，仅菠萝产区曲界镇支局年净存款就超1亿元。

在第二份报告中，工作组复盘了取得成效的原因：一是菠萝大数据的作用，采购商指数和菠萝采购价格指数，使政府部门了解产销情况、农户掌握市场信息、采购商对接和组织供需市场，从而带动整个菠萝市场体系良性发展；二是采购商联盟的作用，采购商结构从小批量、低端采购为主向大宗、中高端采购引入发展，带动了高品质菠萝的

销售，推动菠萝品种结构调整；三是销区市场的作用，不仅持续带来采购热潮，更推动了“徐闻菠萝”的品牌建设；四是徐闻县委、县政府转变观念，以市场为导向，提前谋划，各部门联动实施“12221”行动，从资金上、政策上、行动上为徐闻菠萝市场营销提供服务，系统地推动了菠萝产业市场体系建设。

◎2020年二进徐闻：正面迎战疫情，“赶路人”还是逆行者

开新局、谋新篇，眼看着广东菠萝“12221”市场体系慢慢走上正轨，2020年的“菠萝的海”被寄予厚望。没想到，2020年与徐闻菠萝丰收同步的是新冠肺炎疫情的到来，一下子打乱了所有的计划。

当时，受疫情的重创，全国的农产品流通普遍遭遇前所未有的困难和挑战。在徐闻，客商往来停滞，车辆运输受限，菠萝没人摘了，消费同样疲软。面对这盆迎面的冰水，当地的党政干部和果农们心里凉了半截。

刚刚起色的徐闻菠萝，难道要被打回原形？五百多公里外的工作组同样心急如焚，广东省农业农村厅迅速召开紧急会议，要求工作组“压”到徐闻，在总结上一年工作经验的基础上，用上“互联网”这个利器，亮剑徐闻，与疫情抢市场。

广东省农业农村厅市场专班成员黄海洋，至今记得工作组出发前的动员会上，本着实事求是的工作态度，广东省农业农村厅分管领导提出“尽心尽力保住菠萝0.5元/斤”的底线要求，这让他们压力山大。

在全国上下响应号召居家隔离的时候，菠萝工作组逆行出发了，一路从广州出发奔赴徐闻，另一路则从北京辗转到达。

菠萝工作组特邀组员、一亩田联合创始人刘志嘉就是2月18日从北京出发的，“那时候大家都不出门，但工作总得有人干。家人强烈反对，我只能说服他们，说徐闻很安全，没有发现病例，让家人放心，然后带足了口罩出发。”但北京没有飞往湛江的航班，刘志嘉只好曲线飞到海口，再坐船前往徐闻。“这一路很是坎坷，海南对进出管理很严格，我只是路过海南，进出港口机场都要经历各种盘问和检查。但也体验了一回‘包船’，往返海口和徐闻，船上算上工作人员还不到十个人。”

一位互联网企业的联合创始人，为什么要在疫情最严重的时候冲往徐闻？刘志嘉说：“2018年徐闻菠萝烂在地里后，一亩田入驻了，打了一场困难的胶着战。菠萝卖得好不好，关系着果农一年的生计，我们必须用大数据来帮他们。况且逆行徐闻的，也不止我一个人。”

没想到，徐闻菠萝再次妥妥地完成了任务。传统营销模式被切断，直播带货、短视频营销等互联网手段被迅速用上。到3月17日，徐闻菠萝销量已接近总产量的50%，部分还在田里的菠萝也已经被订购。价格从1月底约0.6元/公斤，逐步上升至2.6—3元/公

斤，部分菠萝甚至可达3.6元/公斤。2020年上半年，徐闻菠萝主产区曲界镇，仅邮政银行农户存款余额就达12.56亿元，同比增长2.65亿元，增长率达26.68%，在疫情下打赢了一场菠萝销售的逆转战。

对于这份沉甸甸的成绩单，最大的贡献来自“线上”二字。

根据2月中旬工作组逆行徐闻的调研报告，广东省农业农村厅以此为研判，将广东农产品“12221”市场体系建设升级为网络营销行动，提前谋划并启动了“徐闻菠萝网络采购直通车”，这成为后来徐闻菠萝一战封神的决定性一招。

菠萝工作组组长、广东省农业展览馆副馆长黎小军的手机里至今还存着当时一份“2020年菠萝小组工作安排”，密密麻麻的11项工作，包括组织各种短视频营销，对接采购商、供应商、物流企业，举办各种网络会客室、直播带货、网络签约活动，说是季度工作安排都不过分，但这么多工作就硬生生地在几天时间里赶了出来。

也正是徐闻菠萝的这次实践拉开了一个小切口，广东得以一窥数字农业的巨大可能。

特别是在新冠肺炎疫情期间建立的广东农产品“保供稳价安心”数字平台，在很短的时间内就推动了一批传统农业企业走进数字经济，帮助农民和农产品走出困境，重塑了农产品供应链模式，让小农户与大市场实现低成本的对接，为疫情之下的广东农产品营销提供新思路。

不仅如此，迭代升级后的广东农产品“12221”市场体系建设，正面迎战疫情的网络营销新“打法”，当年就被复制到广东荔枝的身上。“线上+线下”“国内+国际”两步走，助力2020年的广东荔枝打了一场极为漂亮的营销逆转战役，为此后广东的农产品营销和农产品品牌打造开辟出一条新路子。

2021年第二次调研

工作组部分成员在徐闻

◎2021年三进徐闻：全省一盘棋推进广东农产品“12221”市场体系建设

两次大捷，两次封神。进入第三个年头，蓄能三年的广东农产品“12221”市场体系建设让徐闻菠萝2021年彻底“火出圈”。

3月初，徐闻菠萝成熟了，连续几天霸屏热搜，“每3个中国菠萝就有1个来自徐闻”“广东喊全国人民吃菠萝”等话题的网络总阅读量超过11亿人次。作为先头部队，早在1月，菠萝专题工作组就已奔赴徐闻，提出了徐闻菠萝市场化、品牌化、数字化、国际化的工作建议。

以此调研报告为研判，2月25日，一纸《2021广东菠萝“12221”市场体系建设实施方案》的红头文件，从广东省农业农村厅紧急下发到了全省各地的农业农村部门，拉开了广东菠萝的营销大戏。更重要的是，全省一盘棋共同推进广东农产品“12221”市场体系建设。

广东菠萝“12221”市场体系迅速被激活。此后一周，在产地，全国各地的采购商受邀涌进徐闻“菠萝的海”；在京津冀、长三角、西北等销区市场，全国多地批发市场出现了新的网红打卡点“广东菠萝广场”，不仅能品尝和采购到不同品种、规格的广东菠萝，还能获取到广东菠萝供应信息，立足销区，无缝对接产区一线资源……

如今菠萝销售过半，2021年工作队从各地往返徐闻已有5次，每次元旦、春节大家休息的时候，就是这群“赶路人”逆行的时候。他们各有所长，为了菠萝各出奇招。三年来，工作组的成员有所变动，但心系菠萝的初心不改，大家一条心要将徐闻菠萝打造成具有世界影响力的产业集群和乡村振兴典范。

多位工作组成员总结三年工作时，都用到了“一步一个脚印”这句话。作为菠萝品牌营销的主要操盘手，黄海洋说：“2021年徐闻菠萝大火，是前面铺垫了整整两年。第一年的工作最难，因为上一年10万亩菠萝滞销，采购商都没有信心，工作组耗费了所有精力来做产销对接。”他组织策划了2019年徐闻菠萝产销对接大会，促成10万吨菠萝销售；2020年策划了全省首个农产品网络节、网络营销直通车，帮助徐闻菠萝开始走红网络。

时任广东省农业农村短视频制作推广中心主任王清，把短视频作为菠萝营销的新型“重武器”，徐闻菠萝的短视频营销矩阵一炮打响。在菠萝上试验成功后，王清又把菠萝短视频营销打造成为可复制、可推广的模式，娴熟运用于全省，王清自己也成为与菠萝一样红的“农业短视频营销专家”。

刘志嘉则是徐闻大数据的设计规划打造者，他说：“徐闻菠萝大数据的真正价值，是把大屏上好看不好用的大数据，变成既好看又好用的‘掌上大数据’。一亩田的徐闻菠萝大数据，一改在大屏幕上的高大上，而是按需供给，通过手机小屏，飞进寻常采购商、果农家。每天更新的市场价、田头价的大数据，让销区和产地千里姻缘一线牵，果农不出门，采购商不下地便知菠萝事。徐闻县县长罗红霞每天一早第一个看的就是手机上的徐闻菠萝大数据，曲界镇的书记、镇长转发最多的也是菠萝大数据。”

对于徐闻这片热土，工作组组长黎小军则是满怀感激，她说：“这三年，小组工作得到湛江和徐闻的大力支持，特别是徐闻县委、县政府带领各界投身到这个行动中，徐闻菠萝产业有收获，‘12221’行动也有收获，工作小组非常感动和感恩。接下来工作小组准备对徐闻的‘12221’作一个三年总结，形成可复制、可推广的模式向全省乃至全国推广和应用。”

三年奋斗，以小切口推动广东农业产业大发展

星光不问赶路人，岁月不负有心人。三年奋斗，这群“赶路人”托举起一组数字：

2021年第三次调研

2020年2月18日，一亩田联合创始人刘志嘉从北京逆行徐闻

徐闻菠萝的平均田头出售价，2018年0.5元/公斤，2019年2.4元/公斤，2020年3元/公斤。以徐闻菠萝常年70万吨的产量计算，2018年产值为3.5亿元，2019年16.8亿元，2020年21亿元。

这组令人亢奋的数据，是实实在在的田头价、田头收益，是实实在在进了果农口袋的“真金白银”。还有三年总结形成的可复制、可推广的经验模式，助推了菠萝热销，引导了品种改良，推动了农民致富，实现了乡村振兴，正成为广东农产品品牌建设与市场营销的宝贵经验。

工作组2019年、2020年调研形成的两份厚重的报告，获得了分管领导的批示，为下一步的工作指明了方向。

在2019年的报告中，分管领导批示：广东省农业农村厅集中力量，突出徐闻菠萝这一重点、难点，开展专项销售行动，取得初步成效，思路对、方法对，继续努力，争取2021年徐闻菠萝卖得出且卖个好价钱。同时，下一步在荔枝上再下功夫。一个阶段一个重点，步步为营，为民造福。

在2020年的报告中，分管领导批示：2021年，徐闻在菠萝销售上展现了崭新格局，取得了很好成效，值得充分肯定。但从长远看，还要大力建设好现代农业产业园，延长产业链，提升价值链。省级产业园的建设，进度要加快，扎实打造产业园这个龙头。

2021年，如何保证徐闻菠萝开门红后热度不减，开好局又卖好果？笔者从徐闻县农业农村局了解到，分管领导已经作出指示：徐闻菠萝火了，品牌响了，既是发展机遇，实际也隐藏风险，下一步要推动全产业链塑造，确保质量，确保服务，确保市场稳定供应，推动标准化和分级包装一系列产业化。

以此为指引，徐闻县委、县政府迅速梳理出台《徐闻菠萝产业高质量发展工作任务分工方案》，28项具体工作全部由县委、县政府的主要领导担任总指挥和第一指挥。近期主要抓好助推热度、品质管控、稳定供应、保障服务等工作。

但菠萝的价值并不仅限于菠萝。三年总结形成的可复制、可推广的经验模式，广东省农业农村厅正将其复制推广到广东荔枝、广东（梅州）柚、阳西生蚝、惠来鲍鱼、澄海狮头鹅等一大批广东优质特色农产品身上，推动“粤字号”农产品从“精而美”升级为“大而强”，以岭南佳果产业“小切口”推动广东农业产业大发展，为广东推进乡村产业振兴奠定坚实基础，奋力推动广东实施乡村振兴战略走在全国前列。

一路奔波一路情，现在这群“赶路人”特别抢手，荔枝大市的高州市市长朱春保早早抛出了绣球：“欢迎‘12221’工作组快到高州来，高州荔农等着大家。”

附：

- **“12221”菠萝工作组主要成员：**

广东省农业对外经济与农民合作促进中心副主任黎小军

广东省农业农村短视频制作推广中心主任王清

一亩田联合创始人刘志嘉

一亩田副总经理黄海洋

仲恺农业工程学院、广东省农业农村厅市场专班刘义存

- **三年来先后参加“12221”工作组工作的其他人员：**

广东省农业农村厅韦浩、刘晚治、郑亚玲、文飞、李秋瑾

广东省农业对外经济与农民合作促进中心柯永青、陆俊、刘晓恩、罗轩、张雷、夏楠、银仲智、黎建英、敖耀坤

（作者为羊城晚报全媒体记者）

手记|我与“12221”的日子

◎ 刘义存

2022年1月，“12221”写入广东省政府工作报告并成为热词，我感到心潮澎湃。作为“12221”的策源团队、实践团队和推广团队中的一员，我倍感振奋。

上海滩的“首秀”

2017年，我被广东省委组织部和科技厅选派为首批广东省科技专家服务团成员，到徐闻县挂职政府副县长，服务地方“三农”工作。

挂职的第二年，徐闻菠萝出现近亿斤严重滞销，最低价掉到0.15元。在多种因素作用下，产业问题集中爆发，农民严重增产不增收。

情况引起了各级政府部门和媒体的关注，大家都在想着怎么解决这个问题。2019年初，在广东省农业农村厅的指导下，我参与了徐闻菠萝“12221”市场体系模式的创建。

2019年初，我们一行到上海、杭州、广州、北京、陕西等主要销区，联系批发市场和商超，我走到台上作推介，这也是我充当徐闻菠萝推荐官的“首秀”。这个场面被20多家媒体争相报道，其中一篇新闻稿《上海滩来了个卖菠萝的博士副县长：三月到祖国大陆最南端看“菠萝的海”去》，掀起了传播热潮。到销区去开拓市场起到积极作用，效果明显，收到全国各地许多采购商的订单。与此同时，我们引进全国各地的农产品采购商队伍走进徐闻，现场与种植户洽谈。2019年销季，徐闻菠萝价格不断上升，许多优质品种一度出现断货，供不应求，当年即实现产销两旺。其中，主要产区曲界镇仅邮政储蓄银行农户新增存款就有9.25亿元。“12221”被初步证实了对解决徐闻菠萝滞销的有效性，而且让徐闻菠萝成了网红果，“菠萝的海”成了网红地。徐闻在全省最早制定和出台了《徐闻县菠萝“12221”营销行动三年计划》。

重新站上讲台

2019年6月，我结束了湛江市的挂职，来到了广东省农业农村厅农产品市场体系建设专班工作，主要负责推广徐闻菠萝“12221”市场经验，并把“12221”梳理完善为一种模式。我参与起草和出台了一系列市场体系建设的重要文件，如《关于建设2020全省农产品“12221”市场体系的通知》《关于开展广东荔枝“12221”营销行动的通知》和《关于做好我省柑桔等特色农产品市场营销工作的通知》等。

我挂职前在仲恺农业工程学院任教，这时我在专班又操回老本行，开设题为《广东省农产品市场体系建设及“12221”模式》的讲座，分别给全省市、县农业农村局主要领导干部、广东省农垦系统领导干部以及全省新型职业农民培训班进行授课。

自2019年3月以来的三年多时间，全省总共举办了广东农产品“12221”活动30多场和120多场培训，广东省农产品“12221”市场模式已成为可复制、可推广的营销新模式，与数字农业相结合，创新了农产品市场营销的方法。

边实践边思考

农产品“12221”市场体系建设，是一个符合经济学原理的营销理论体系，包含对信息的收集和发布方式，即对农产品大数据的应用。在农产品市场中，协调所有人围绕着需求来分配角色，比如分出采购商和采购助理，而其中采购商助理是一个更加广义的概念，而非传统的代办。对于农产品产区，采取了产品走出去，人引进来的做法。对于市场的开拓，清晰定位了从省内到省外，从粤港澳大湾区到海外市场，从线下到线上，从批发市场到终端零售市场。在销区市场和产区市场中，能做什么、怎么做、为什么这么做，给出有针对性的指导。2020—2021年，徐闻推动菠萝智能化机械种植、自动采摘、自动运送和无人机催花等装备研发，以及仓储、保鲜、冷链、物流的建设配套。通过徐闻菠萝出口倒逼产业升级，协助种植户申请菠萝出口注册登记备案基地和出口示范基地建设，加快冷链冷库建设，规范化、标准化带动全产业链升级。2020年，徐闻菠萝出口海外约500吨，同比分别增逾300%。

经过大家的共同努力，“12221”推动广东农业从“重生产，轻市场”到“生产与市场两手抓、两手硬”的转变，催生了新的市场思维和营销模式，真真切切地促进了农民增收，为乡村振兴产业兴旺贡献了应有的力量。

（作者为仲恺农业工程学院发展规划处副处长，现挂职中共潮州市委副秘书长）

手记|小城故事

◎ 黎小军

2018年，徐闻菠萝销售出现问题，菠萝烂在地里，引起广东省委、省政府关注。广东省农业农村厅提出“抓市场”“抓采购商”，11月成立了广东农产品采购商联盟。2019年2月，徐闻菠萝开始上市，徐闻菠萝市场工作小组成立，全省最早的农产品“12221”行动发轫。我看到了生动的农产品“12221”行动，立志为农民解决急难愁盼问题而确定行动计划的策划人与指挥者，他们严肃认真；勇于探索敢于尝试的南粤人吹响集结号，汇聚各级各行各业，情景活泼生动。

三年的变化很快、很大，小城的故事很多……

交易市场

我对徐闻的最早认识，是很多年前农业展览馆组织农业成就宣传展览时湛江市提供的照片，徐闻菠萝交易市场挤满一车车的菠萝，我对这个场景印象非常深刻，丰收的气氛浓郁。

对“菠萝的海”的认识也是源于照片。我们办展览、做活动经常需要用大幅画面做背景，会使用到“菠萝的海”的照片，蓝天红土、白风车、绿叶子、黄菠萝，令人感觉这片土地的美好、这个产业的强大。

2019年2月，我第一次踏上徐闻的土地，抱着非常多的疑问：为什么菠萝会卖不出去？徐闻的菠萝产业出现什么问题了？要怎么去做工作？这个工作会有什么作用？……

照片和现实的差异，让我感觉很不真实。

此后每年去徐闻，我都会去菠萝交易市场。三年来，徐闻菠萝的交易渠道通了，交易手段多了，信息传播快了，采购商密集了，菠萝在田头就能完成交易。现在，这个市场交易的车辆和人员很少，那里正在转变用途。

第一次认识“菠萝姐姐”吴建连，就是在这个菠萝交易市场，黑瘦的她言语严肃，现在的“菠萝姐姐”像是换了一个人，即使面对没有什么菠萝交易的交易市场，她也是满面笑容。最大的不同是她开始打扮，干练中展示了女性的美丽。

三年改变的不仅是菠萝，还有人。

喜见笑脸

在徐闻与农民和行业人交流，刚开始的时候听到的多是忧心、担心，真正发自内心的自信对话却不多。而现在与他们交流，听到的是赞美，感受到的是共同做一件事情的兴奋，看到的是希望。

有一位中年果农，我不是很听得懂他的徐闻方言，但能感受到他略带紧张却依然强烈的诉说意愿。中央电视台在2018年采访他，那时候菠萝烂在地里卖不出去；2021年，中央电视台拍到他，是在银行里存款时的笑脸。

到徐闻工作，政府部门中接触最多的是时任农业农村局局长黄家团，总是笑眯眯的他对菠萝、对果农、对市场的情况如数家珍，比谁都熟悉。我最敬佩的是，当时的徐闻县政府对菠萝大数据工作的判断和选择。刚开始的时候，大家对怎么做菠萝大数据的认识并不清晰，但他们勇于去尝试，选择专门从事农业的互联网公司“一亩田”，利用其千万量级的客户资源，做采购商大数据。可以说，他们接受了“抓生产更要抓市场”这个观念，敢为人先。

他们的笑脸，是对我们工作的肯定与支持，而感受到他们的开心，我们也会心而笑。

潮头的人

徐闻常年气候温暖，这里投身农业的年轻人也朝气蓬勃。因从事对外交流合作工作，我认识了一些高素质的青年农民，其中就包括徐闻的陈如约。他参加了中德农业青年人才交流项目，赴德国学习一个月。后来在徐闻再见到他，我才了解到他所从事的菠萝产业。他有文化又肯学习，主要种植菠萝新品种，还自主研发了种植菠萝的机械，获得专利；他有国际贸易的经验，从生产开始抓出口工作，他合作社的菠萝已出口至多个国家和地区；他有事业的规划，目前已投资建设出口包装厂和冷库，还在探讨菠萝深加工技术。

后来，我又认识了王小颖、翁智权、邓恒飘、叶青红等徐闻当地的一批青年，他们中有离开体制内单位去从事菠萝工作的，有放弃城市工作回乡种菠萝的，有专门针对菠萝创新创业的……可以说，每个人都有一个故事。这些年轻人的菠萝事业有的只做了三四年，有的已经将其作为自己的事业去规划和奋斗，令人敬佩。

徐闻菠萝有这群立于潮头的年轻人，前景将充满阳光。

（作者为广东省农业对外经济与农民合作促进中心副主任）

徐闻菠萝边探索边反思，正在起舞

◎ 罗红霞

徐闻是广东农产品“12221”市场体系建设的首创县，“12221”也在推动徐闻菠萝产业的发展中发挥着巨大作用，通过几年来的实践，菠萝已经成为农民增收的“致富果”、乡村振兴的“希望果”。

“12221”因破解“销售难”而诞生

“中国菠萝看广东，广东菠萝看徐闻。”徐闻是中国最大的菠萝产地，被誉为“菠萝的海”。这里的菠萝种植面积达35万亩，常年产量约70万吨，面积及产量超过全国的1/3。中国每3个菠萝，就有1个产自徐闻。

徐闻菠萝的产业发展曾遭遇市场瓶颈。长期以来，徐闻菠萝经常性滞销，往往“丰年果贱”，特别是在2016年至2018年，徐闻菠萝曾因市场流通渠道不畅，陷入严重滞销困境。成熟的菠萝烂在田头，烂在果农心里。

徐闻菠萝是最早上市且具引领作用的岭南佳果。徐闻菠萝是广东开年后最早上市的大宗农产品，是岭南佳果亮相的“排头兵”，具有带动性、示范性、风向性的作用。徐闻菠萝的营销成败，关系着广东农产品能否实现“开门红”，关系着后续上市农产品的销售士气和信心。

徐闻菠萝“12221”是广东省知行合一、勤政为民的生动实践。面对“销售难”的现状，广东省委、省政府高度关注，特别是广东省委常委叶贞琴，多次到徐闻进行实地专题调研，深入田间地头了解情况、聆听心声，并多次亲自向广东省委、省政府主要领导汇报徐闻菠萝的滞销实况，让广东省委书记李希、省长马兴瑞等省领导能第一时间了解徐闻菠萝实情，及时对产业发展作出重要批示。广东省农业农村厅更是主动担当作为，敢于创新实践。2019年2月，派出专门工作组开展徐闻菠萝专项调研，形成徐闻菠萝市场体系建设的调研报告，指引徐闻菠萝创新探索"12221"市场体系，加快形成可复制、可推广的经验模式，推动联农带农惠农促进增收。

"12221"的诞生，既充分体现了广东的首创精神和敢闯态度，也充分体现了省主要领导"以人民为中心"的执政理念和情怀，更充分体现了省主管部门勤政务实、严谨细致的工作作风。破解了"销售难"，既给徐闻菠萝，也给广东更多的农产品带来了福音和希望！

"12221"因实现"乡村兴"而引领

多年来，徐闻一直在努力探索乡村振兴之路，即使在新冠肺炎疫情肆虐的2020年也交出了满意答卷。特别是2021年，在省委、省政府，市委、市政府的坚强领导以及省厅、市局的具体指导下，徐闻县继续深入推进，以系统思维及早谋划，迅速成立高规格领导小组，迅速制定出台菠萝产业高质量发展的28条具体措施，迅速启动"品控3+4"行动，在产销两端做足功夫，围绕菠萝标准化种植、精深加工、市场流通等全产业链进行谋划，有效促进菠萝产业提质增效，推动菠萝成为农民增收的"致富果"、乡村振兴的"希望果"。据统计，2021年菠萝上市销售约69万吨，占年产量的99%，产值为22亿元，同比增长36.2%。

回顾2021年，徐闻"12221"开创了"七个最"：一是销售价格历年之最。自2021年1月上市以来，徐闻菠萝产销两旺，田间收购均价约每市斤1.5元，最高价达每市斤3元，与2020年同比实现翻番。二是农户收入历年之最。徐闻菠萝年产值从2018年的9.8亿元，攀升至2021年的22亿元，辐射带动近5万农户、14.5万劳动力增收，平均每户果农收入增加1.2万元。三是拉动地区生产总值贡献历年之最。2021年第一季度，菠萝产值同比增长73.9%，拉动地区生产总值增长8.5个百分点，为历年之最。四是出口数量历年之最。"巴厘""金钻菠萝""MD2金菠萝"等品种，出口至俄罗斯、日本、吉尔吉斯斯坦等国家约530吨，货值440万元，同比增长76.4%，出口规模持续扩大，并实现徐闻菠萝出口跨境电商"零突破"。五是网络热度历年之最。销售季期间，中央、省级主流媒体先后发布徐闻菠萝的主题相关报道1700多篇，"徐闻菠萝"成为"超级网红"，网络热搜阅读量高达16亿次。六是营销创新历年之最。首次开启横跨14个省市的"徐闻菠萝"高铁专列，首次举办"英雄武汉　温厚徐闻"为主题的"行走广东"徐闻菠萝节，首次举行共签订近1.5万份承诺书的"万人品控承诺"活动。七是工作成效历年之最。大数据提速，从每周一报到每日一报，推动菠萝在国内市场合理投放。营销暖心行动提质，累计服务13个省（市）的采购商约1200人次，较2020年增加近一倍。"徐闻菠萝甜蜜中国行"扩大，走过上海、北京、广州、兰州、西安、武汉等十多个城市，以盲测活动为消费者"画像"。品牌推动新高，已编制完成《徐闻菠萝区域公共品牌规划和实施方案》，并制定了“徐闻菠萝”统一Logo和销售包装，全面擦亮“中国菠萝之乡”“中国菠萝产业龙头县”“中国绿色生态菠萝十强县”三大品牌。

徐闻菠萝“12221”市场体系建设的探索为全省农产品市场体系建设打造了可复制、可推广样板，走好了广东农产品营销接力“第一棒”，带动广东荔枝、龙眼、柚子、火龙果等广东特色农产品一棒一棒走好、走实，成为广东省实施乡村振兴战略的积极实践。

“12221”因推动“产业旺”而未来

三年来，我们边探索，也边反思，特别是在2021年销售旺季后，我们再次展开了“冷思考”：一是品种结构单一，高品质果品不多，菠萝标准化生产程度不高；二是缺乏产业龙头带动，经营规模化、组织化程度不高；三是加工产业发展水平不高，精深加工产品品种少，技术含量不高，附加值也不高；四是现代化程度不高，使用数字现代化技术、机械化程度不高。

征途漫漫，唯有奋斗。接下来，徐闻会认真贯彻落实好广东省委、省政府主要领导的批示，在广东省农业农村厅的指导下，围绕“数字化、国际化、产业化、金融化”发展目标，继续做好市场拓展和产品销售，把广东农产品“12221”市场体系建设得更完善、水平更高，并因地制宜、发挥优势，将菠萝产业做强做优，努力打造具有世界影响力和竞争力的菠萝产业带，将徐闻菠萝打造成乡村振兴具有标本意义的典范，推动示范带动特色乡村产业高质量发展取得更大成效。

未来已来，新一季不遥远。每一个菠萝都已充满激情，等待起舞！徐闻菠萝愿意和广东的农产品一起，投入到新一轮的广东农产品“12221”市场体系建设探索中，为广东农业供给侧结构性改革，为广东农业实现高质量发展，为广东的乡村振兴作出积极贡献！

（作者为徐闻县委书记）

相关视频请扫描二维码

第二章

谋局

打造爆品

中国荔枝产量占世界的近七成，广东荔枝产量占全国的五成以上，占世界荔枝的三分之一。

2021年广东荔枝种植面积394.93万亩，占全国49.83%，产量147.31万吨，占全国50.07%，形成了粤西早中熟、粤东中迟熟、珠三角晚熟三个荔枝优势集聚区，发展起由1个国家级现代农业产业园、5个省级现代农业产业园、19个荔枝专业镇、95个“一村一品”荔枝专业村、200个高标准荔枝示范园所组成的梯次阵列，产业基础雄厚。

广东荔枝高质量发展目标：

至2023年，全省荔枝种植面积稳定在400万亩以上，荔枝总产量、优质品种率增长50%。

全产业链总产值、龙头企业数量、鲜果处理加工能力、出口基地认证数量、鲜果出口总量、电商销售额、名优品牌产品数量均增长100%以上。

形成全球最具竞争力的荔枝优势产业带，把广东打造成世界荔枝产业中心、研发中心、交易中心、文化中心，荔枝产业发展模式及机制成为广东省特色优势农业产业发展的样板。

广东荔枝产区	所占份额
湛江市	🍎🍎🍎
茂名市	🍎🍎🍎🍎🍎🍎🍎🍎🍎🍎🍎🍎🍎🍎
阳江市	🍎🍎🍎🍎🍎
云浮市	🍎
江门市	🍎
深圳市	🍎
东莞市	🍎
广州市	🍎🍎🍎🍎🍎
惠州市	🍎🍎🍎🍎
汕尾市	🍎🍎
揭阳市	🍎🍎
汕头市	🍎

广东荔枝出海记

◎ 戴春晨　石登江　张梦丽

“过去是洋超市通过我认识荔枝，而现在是洋超市通过荔枝认识我。”陈耀华说，过去需要对接国外超市推介荔枝的日子，已经渐渐远去。

最关键的历史性突破，是海外市场的“多点开花”。阳江阳西荔枝首次实现出口北美市场；增城荔枝首次出口日本市场；惠州镇隆荔枝首次出口阿联酋和新加坡；茂名荔枝则实现跨境电商企业对企业（B2B）对加拿大的出口。

延长荔枝的保鲜期，在“最初一公里”赢得时间，是这场“标准”游戏的关键关卡，这也是荔枝鲜果过去难以“走出去”的关键原因。

仲夏时节的美国西海岸，午后的阳光照射着繁华的街道，空气中弥漫着欢欣的气息。面朝大海的西式餐吧内，一场盛大的美食“派对”，诱惑着逾百名肤色各异的饕客。从果盘到主菜，从鸡尾酒到沙拉，一种盛夏的果实送来独特的甘润清甜。

这种盛夏的果实，是美国人陌生的荔枝鲜果，来自中国广东。这是半个月前，在旧金山举办的一场“广东荔枝宴”。别开生面的美食品鉴会，让荔枝俘获不少“洋粉丝”。

在品尝完荔枝沙拉后，旧金山前市长威利·布朗评价荔枝的味道“在加利福尼亚简直无与伦比”。《华尔街日报》将这场品鉴会称为广东荔枝的“甜蜜送达”，并断言广东荔枝已经“做好准备走向世界”。

横跨太平洋，跨越近12万公里，让新鲜的荔枝“甜蜜送达”，是中国荔农过去想都不敢想的事情。这种亚热带水果不耐储存，使得运输半径难以延长。然而，这个夏天，红彤彤的荔枝悄然跑上欧美超市的货架，“中国果”为国外消费者所津津乐道。

截至2021年6月，广东荔枝的“出海”版图已覆盖全球六大洲，进入20多个国家和地区的水果市场。在广东，每一百颗荔枝就有一颗漂洋过海，抵达海外消费者的舌尖。古老的荔枝种植业，出现前所未有的大变化。

剧烈的变化，潜藏着什么样的经济逻辑？

表面上看，这是古老的荔枝行业开拓海外新市场的奋斗行动；深层次看，这是广东省作为中国“经济优等生”迁移数字经济的技术和营销方法论，让古老的农业融入现代化和全球化浪潮的“转化”法则。

喊全球吃荔枝

这些年来，陈耀华的水果贸易生意出现了很大的变化，主动找上门的洋超市采购经理逐渐增多。这些操着地道英语的采购经理们，诉求很清晰，他们需要供应量稳定的中国荔枝。

2019年11月，在广东省农业部门的支持下，从事荔枝国际贸易的七家企业决定“抱团出海”，组建广东中荔农业集团有限公司。陈耀华被推举为董事长，卖荔枝成为他的头等大事。

“过去是洋超市通过我认识荔枝，而现在是洋超市通过荔枝认识我。”陈耀华说，过去需要对接国外超市推介荔枝的日子已经渐渐远去。现在渠道在手的他，似乎处在“卖方市场”。

一些逐渐出现的迹象也表明，海外市场正在接受荔枝。在留学生群体的网络社区“北美省钱快报”，用户“Fiora微微笑”于2020年7月发帖称，在印第安纳州的知名超市Costco竟然有荔枝出售，并且色泽和口感都“还算可以”。而不少跟帖者则评价作者“后知后觉”，荔枝其实早已出现在不少华人商超。

国外的社交网络平台上，郭杰瑞、罗宾等视频博主更是化身“自来水”，在视频短片中介绍荔枝的“神奇吃法”。

海外媒体的公开报道显示，不只是海外的华人华侨和留学生，其他的海外族群也开始尝试这种陌生的水果。这种富有中国文化意蕴的红色果实，被海外的许多消费者称为“中国果”。

荔枝独具中国文化底蕴。唐玄宗与杨贵妃的爱情，苏东坡“日啖荔枝三百颗”的意

2021年上半年，广东鲜荔枝出口6504吨，实现产值1.3亿元

趣，“桂味”“妃子笑”等富有东方意蕴的品种名字，都制造着东方秘境的独特诗意。

“海外市场对中国制造的兴趣，正在扩散至中国水果。”陈耀华判断，中国制造的消费品过去数十年已深入海外市场，给消费者留下深刻的中国印象。这种中国印象，加上海外华人华侨的传播，使陌生的中国荔枝难免受关注。

“他们（海外采购经理）不可能没兴趣。”陈耀华表示，“尤其是发现荔枝刷上飞机、刷上纳斯达克大屏的时候，他们一定好奇这是一种什么样的水果。”

潜在的消费需求往往需要一些营销的雨露滋润。陈耀华口中打动“洋经理”的“刷飞机”和“刷大屏”，指的就是广东荔枝近三年的全球营销行动。

2020年5月20日，中国的“网络情人节”，南方航空涂满荔枝彩绘的空客A330客机自广州缓缓起飞，拉开“用荔枝表达爱”的宣传攻势。其后的两个多月，这架彩绘的“广东荔枝号”如同全球巡游的移动广告牌，横跨亚洲、大洋洲和非洲的诸多大中城市。这家彩绘飞机首飞不久，广东荔枝的广告就先后出现在东京的Q'S EYE电子屏和纽约时报广场纳斯达克大屏。由此，全球十大核心城市的地标“同屏共振”，共同发出“广东喊全球吃荔枝”的口号。

更早之前的2019年夏天，涵盖海外若干场荔枝品鉴会的“广东荔枝丝路行”拉开帷幕，宣传“一带一路甜蜜出发”。迷住美国旧金山市前市长威利·布朗的荔枝宴，正是2020年营销季于旧金山开启的首场品鉴会。

广东省是制造业发达的“经济优等生”，拥有“电商之都”广州等一流城市。以往被运用于美妆和电子产品品类的矩阵营销策略，被“嫁接”到广东荔枝的销售上。这种具有广东特色的“互联网打法”，即使与“新奇士”和“佳沃”等国际水果品牌相比，也显得罕见而大胆。“降维打击”的宣传攻势，让急于开拓新品类的超市采购经理迅速“破防”，也开始吸引海外消费者的关注。

这是一场由政府部门推动、全产业链共同参与的立体式全球营销行动。在强势营销的推动下，广东荔枝通向海外市场的“邮路”被迅速打开。

海关统计数据显示，2021年上半年，在国内、国际新冠肺炎疫情波动的压迫下，广东鲜荔枝出口6504吨，同比增长79.8%；实现产值1.3亿元，同比增长62.4%。这足以令人亢奋。

“就像当年中国人开始接受吃榴莲一样，消费习惯的闸门一打开就很难关起来。”陈耀华很坚定地说，“目前荔枝在海外市场的份额还不到5%，这绝对是天大的市场。”

向海外市场突围

“喊全球吃荔枝”，让不少荔农和荔枝贸易商看见即将到来的新世界。

迎接他们的新世界，是享誉世界的“中国果”，是“洋气”的海外大卖场，是不同肤色、不同族群的消费者，发展前景极好，充满着甜蜜和扩张的气息；而当他们往回看，那是令人焦虑、纠结的境地，充斥着价格提不起来、产品卖不出去的酸楚。

华南农业大学荔枝龙眼产业资源平台2021年3月公布的调查报告显示，在覆盖广东全省荔枝产业从业者的样本调查中，47.4%的受访者认为“没有稳定客商”是销售过程面临的主要问题，33.1%的受访者表示“价格不满意”，12.8%的受访者则抱怨“联系不到客商”，61.7%的受访者希望“帮忙联系分销商”。受销售预期影响，超过半数的受访者对2021年经营收入的态度偏向“不乐观”。

广东省农业农村厅的一份内部报告显示，由于水分充足、保鲜期短和上市期集中等天然特性，广东荔枝销售半径小、出口难问题由来已久，甚至连北方市场销售量都很小，绝大部分只能在省内和周边销售。

“成熟的时间到了，即使收购价不好，你不采摘不行啊，辛辛苦苦种出来的，谁也不愿意让它烂掉。”汕头市潮南区雷岭镇荔枝协会会长古城钦说，由于缺乏冷库等必要的基础设施，很多荔农长年处于“要么卖掉，要么烂掉”的两难境地。

荔枝销售时常出现独特的“大小年”现象。“大小年”是类似“猪周期”的价格波动现象，主要表现是在产量增加的“大年”价格无法上去，“增产不增收”，甚至引发区域性滞销。

公开报道显示，2018年之前，国内不少荔枝主产区出现过荔枝滞销的情况。熟落的荔枝烂在地上无人收，荔农将采摘下来的新鲜荔枝倒入羊圈的食槽，这样的场景曾见诸报端。

广东省农业农村厅相关负责人早前在《新华每日电讯》指出，以往我国农业产业发展和农产品销售，呈现出的是一种原始而粗放的销售方式，很多农产品出现滞销，但并

截至2021年6月，广东荔枝的“出海”版图已覆盖20多个国家和地区

非真正过剩，而是供求信息封闭在一地、一省或一个区域内，形成了局部过剩。

依据广东省农业农村厅相关负责人的分析逻辑，要破解销售难题，跨越“局部过剩”陷阱，就需要进入更为广阔的市场，而荔枝销售份额极低的海外市场，值得一试。

自2019年开始，广东省农业农村厅提出一项广东农产品“12221”市场体系建设的行动计划，宣称要“大力拓展国内国际市场新销路”，推动广东农产品“走出去”。荔枝被确立为“打头阵”的品类。从公开报道看，2019年广东省首开“荔枝丝路行”，就是破除滞销困境的大背景。

政府行动很快获得行业响应。在政府部门的协助下，越来越多的荔枝从业者将关注的目光扩展至海外市场。

陈耀华认为，国际市场是极其商品化的市场，进入国际市场就能获得稳定的订单，按计划生产，而不必像过去没有稳定收购渠道那样，种植“在赌博”。

古城钦也表示，销往海外市场能保障更好的渠道，以及更稳定和更高的价格，这意味着更稳定的收入。按照目前的海外市场实践，“桂味”“糯米糍”等高端荔枝品种，“出海”后价格翻3倍以上，每500克折合人民币100元以上。美国人“荔枝自由”的难度不亚于国内一线城市白领们的“车厘子自由”。

前瞻性判断需要市场实践来证明。据前述的广东省农业农村厅内部报告，2021年上市季，广东荔枝迎来历史性丰产，遭遇虽然“疫情内外交织、贸易内外夹击”的不利局面，最终却达成“迎难而上实现历史性突破”的好结局。

最关键的历史性突破，是海外市场的“多点开花”。公开报道显示，以区（县）乃至乡镇为单位的广东荔枝市场主体，正在建立海外渠道，在“销售老大难”的境地中分散“突围”，寻求“出海”新销路：阳江阳西荔枝首次实现出口北美市场；增城荔枝首次出口日本市场；惠州镇隆荔枝首次出口阿联酋和新加坡；茂名荔枝则实现跨境电商企业对企业（B2B）对加拿大的出口。

而古城钦所在的雷岭镇，由于较早“出海”，已经实现国内、国际两个场“五五开”的销售奇迹。在多数人只关注国内市场时，汕头经济特区的这座小镇，早在十八年前就迈出了“出海”的艰难脚步。

“2020年是（雷岭镇）荔枝丰产的大年，这样的丰产程度在以前大概率要滞销了。”雷岭镇委书记欧阳仕介绍说，“但我们销售的思路很清晰，控制得好，实现了丰产又丰收，农民的信心也回来了。”

政府的雄心不仅仅如此。广东农产品“12221”市场体系建设的下一步路线是，将荔枝“走出去”作为小切口，通过标准化、国际化竞争倒逼产业质量水平提升；与此同时，“打前锋”的荔枝产业需要摸索出国际传播和国际贸易的规律，形成可复制、可推广的模式，推动菠萝、龙眼、柑橘和柚子等广东农产品的“组团出海”。

与全球水果竞争

陈耀华还记着“洋超市”采购经理“上门”的场景。在了解充满中国诗意的荔枝品种名称、色泽和口感等细节后，“洋经理”最终提出关键问题。这个问题并不是价格，而是稳定的供应量和供货期数据，以及供货期是否有足够商超进行充足的新品营销。

“他们对口感的要求也非常精细，不像国内那样尝一口看感觉，而是非常精确的甜度、酸度数据。”他说，“他们更像将水果当作工业化的商品在卖，追求标准化。”

这是国际市场给“出海”者们上的一课：标准化。凭借对标准的控制权，美国的“新奇士”和新西兰的“佳沃”等“顶级高手”牢牢掌握全球高端水果贸易市场。“洋经理”提出的供货期，就是一种清晰的“时间”标准。

延长荔枝的保鲜期，在“最初一公里”赢得时间，是这场“标准”游戏的关键关

外国友人点赞广东荔枝

卡。由于生长于高温环境，荔枝“体温”较高，一旦脱离本枝便会不断发酵以致“脱糖”甚至腐烂。荔农以往用枝叶遮挡、用冰桶浸泡等方法较为粗放，预冷保鲜效果不佳，这也是荔枝鲜果过去难以“走出去”的关键原因。

陈耀华还发现，从荔枝采摘到装车运输，采摘下来的荔枝往往遭遇数小时的太阳暴晒，而“暴晒多半小时，荔枝保鲜期少一天”。大部分的荔枝品种保鲜期撑不过72小时，缩短这半小时尤其关键。荔农们不难推断，避免太阳暴晒，最有效的方法便是把冷库建立在田头，采摘后直接入库处理。于是，2021年采摘季，在政府部门的协助下，荔农们拥有了建在田头的冷链设施——“田头小站”。在新型设备的加持下，荔农们已可以实现荔枝采摘后20分钟之内预冷入库，而不必像过去一样暴晒数小时。

这项关键技术的改进，让销往海外市场的荔枝保住了90%的口感。

但在国际市场上，标准的划分并不是这么简单。国际贸易涉及不同的关税区，涉及不同的法律制度和检验检疫标准，而一些国家和地区还会设置某些技术性贸易壁垒。这不仅是荔枝这种水果乃至农产品的遭遇，也是许多国家和地区不少工业品的遭遇。

早在2006年就有报道称，由于无法应对技术性贸易壁垒，广东荔枝出口量暴跌三成。而夹击荔枝出口的“拦路虎”，主要是病虫害和农药残留的检验检疫标准。

这样的遭遇，给广东荔枝从业者的启示是“要按照国际标准来”。

中荔集团市场总监黎焯锋介绍，仅在保鲜环节，出口到美国市场的荔枝，需要经过不少于18天的1°C以上持续冷藏监控；而出口到日韩市场的荔枝，则需要使用日韩标准的蒸汽低温杀虫技术进行无菌包装。

关于“时间”标准的满足，中荔集团的探索是在四川合江开辟新的荔枝种植园，试验新的品种，开辟晚熟品种。

“早熟的品种更早，晚熟的品种更晚。”陈耀华强调，“这样荔枝的集中上市期可以从2个月延长至5个月。”

5个月的上市期，与苹果、柑橘等常见进口水果相当，这意味着超市有足够多时间进行营销铺排，而不必出现“广告刚打出来荔枝都要下市了，消费者想买都不成”的情况。

这些纷繁复杂的“规定”，是国内许多人想不到的。陈耀华这样看待“出海”的深层次意义：“只有走到国外市场，我们才能看见国际的先进做法，才能参考学习，才能变大变强。”

这像是广东制造企业在改革开放初期的故事。拥抱国际市场，向国际顶尖选手学习从而自我提升，“广东制造”创造了令人瞩目的辉煌。而今，以荔枝业为代表的农业也开始拥抱全球化，走进现代化的课堂。

在这场轰轰烈烈的荔枝“出海”行动中，产业牌、市场牌、科技牌和文化牌的并用，反映出“经济优等生”在全领域的超强积累和迁移能力。

（作者为南方周末记者）

广东：变革卖出“全球果”

◎ 王星灿

2021年8月20日，中央电视台经济频道深度经济观察栏目《经济半小时》播出《广东：变革卖出“全球果”》，聚焦广东农产品销售奇迹。节目中介绍，2021年，广东的荔枝产业，交出了一张卖遍全国、卖遍全球的产销答卷，出口量达到2020年的4倍和2019年的6倍，在有的国家还卖到了折合人民币100元/斤的高价。市场人士感叹“2021年的荔枝，广东人卖出了中国制造的水平”。

改变：政府“下海”助农卖货

大暑节气前后，正是广东龙眼大量上市的时间。龙眼在广东已经有2000多年的种植栽培历史，随着高州32万亩龙眼相继成熟，这个小小的县级市将收获20万吨果实，占到广东全省龙眼产量的五分之一，眼见着果实的成熟，全国甚至全球的采购商闻风而动，聚集到了高州。

与过去的农产品销售方式不同，2021年，高州市政府在当地的一家酒店设置了采购商服务中心，由农业农村局的工作人员负责接待。在这里，前来采购龙眼的经销商不仅可以得到免费的住宿，采购需要了解的各路信息，政府部门也都是有求必应，有问必答。

现场前来入住的采购商表示："我在这一行做了十年，以前都是靠自己去找，现在跟着当地的农业农村局，（他们）帮我们采购好的货源，帮我们做好冷链、运输，帮了我们很大的忙。"

采购商服务中心工作人员向采购商介绍相关人员构成。

政府指定宾馆，亲自接待；卖货找局长，随时电话沟通。广东田间地头里创新的销售方式，给了所有人一个惊喜。不仅如此，这本由当地农业农村局专门制作的采购指南，更是直接为采购方和优质果源之间架起了桥梁。

农业农村局的服务，拉来了四面八方的采购商。这让当地"农二代"李益赶上了从业三年来最忙的一个采摘季。在政府的展会上，当地的年轻人"农二代"还认识了做水果外贸生意的中间商，其中有人不仅第一次把龙眼出口到新加坡和欧美市场，在此之前还将自家荔枝卖到了海外。"农二代"何辉亮介绍："通过广东省'12221'行动，之前我们高州请全球人民吃荔枝，现在我们高州想请全球人民吃龙眼。"

请全球人民吃荔枝和龙眼，高州人的底气究竟来自哪里呢？交谈中，这些"农二代"介绍得最多的，就是广东省农业农村厅从2019年开始推行的一个叫"12221"的农产品市场体系。

所谓"12221"，指的就是建立"1"个农产品大数据平台组建销区采购商和培养产区经纪人"2"支队伍，拓展销区和产区"2"大市场，策划采购商走进产区和农产品走进大市场"2"场活动，实现品牌打造、销量提升、市场引导、品种改良、农民致富等"1"揽子目标。

帮采购商找最好的货源，在采购销售中当最好的服务员，在种植品种和规模上，给种植户和经销商当最好的领路员，三个角色合为一体，亲自上阵的广东农业部门给所有人带来了耳目一新的惊喜。

发端：一场滞销催生"变革"

让农业从业者称赞的广东农产品"12221"市场体系建设是什么？镜头要转到高州西南方向200多公里的徐闻县。2018年，徐闻菠萝也经历了滞销。在正常年份，最晚5月初，广东的菠萝销售就进入尾声。然而这一年，一直到6月的盛夏时节，在徐闻县最大的菠萝交易市场里，果农们还在苦苦等待买家的到来。也正是这一场滞销，成了催生广东农产品"12221"市场体系建设的原因。

果农卖果之后的余钱习惯存进镇上的邮政储蓄银行，就在2018年，徐闻县曲界镇的全年存款比上一年减少了12.3%。

甜蜜的果实因为滞销而苦涩，广东水果的遭遇并非个案。就在徐闻菠萝和高州荔枝遇冷的2018年，改革开放以来第20个指导“三农”工作的中央一号文件发布，文件一针见血地指出要“更好发挥政府作用，推动城乡要素自由流动、平等交换”。历来敢为天下先的广东，能否摆脱农产品“丰产不丰收”的魔咒，为农民增收做一次实实在在的创新呢？这是广东必须面对的一道考题。

2019年春节刚过，黎小军就被派到了徐闻，当时还是广东省农业展览馆副馆长的她，还带领着一个包括电商平台、媒体在内的工作组。在广东省农业农村厅的谋划里，这次特殊行动将实践创新出广东农产品销售的一场风暴。

推行一场改革，最核心的是推动改革者自身的改变。前往徐闻县解决菠萝“卖难”的农业部门工作人员意识到，广东省农业农村厅这次主导的，是一场政府部门职能深度延伸、工作深度拓展的改革行动。但一开始，当地很多干部却并不理解。

比起为什么要改，更让徐闻县农业农村局局长黄家团疑惑的，是怎么去做。在广东省农业农村厅这次搭建的工作组里，除了像南方农村报这样能为菠萝营销宣传造势的媒体，还有黄家团闻所未闻的一些社会力量，如一亩田等。一亩田是一个互联网农产品电商平台。其实，不光黄家团对它感到好奇，就连一亩田的负责人刘志嘉自己也感到新鲜，这还是他们第一次跟农业部门直接合作。

电商的大数据让徐闻县的菠萝第一次对接上了全国的市场，这正是广东省农业农村厅推行广东农产品“12221”市场体系建设中的“1”所指的农产品大数据平台，认识了全国的市场，下一步就是要让全国的市场来了解徐闻菠萝。2019年3月，工作组成员各显神通，从全国各地邀请到超过300名专业采购商，召开了徐闻历史上第一次也是规模最大的一次菠萝产销对接会。

广东省农业农村厅的改革在徐闻打响了第一枪。火爆的产销对接大会，拉开了徐闻菠萝热销的帷幕。这一年，曲界镇里一度冷清的邮政储蓄银行，生意又红火起来，光在2019年第一季度，这里的净存款就超过了1亿元，而整个2019年的存款增幅更是超过20%。

“12221”模式在徐闻初战告捷，并且持续发力。如今曲界镇传统的菠萝交易市场所占的几百亩的土地，几乎已经荒废。站在这里很难让人相信，就在三年前，每天都停满了几百辆货车，无助地等待着买家的光临。

徐闻菠萝的营销，是广东农产品交易改革跑出的“第一棒”，随后，荔枝、龙眼、柚子等水果一棒接着一棒地奔跑。丰收年果子贱，农产品销售难的怪圈，终于得到破解。

广东省委党校（广东行政学院）教授陈述说：“原来的政府是管理式的，服务职能是十八大以后非常大的转变，广东省农业农村厅尝试的改变开了先河。”

延续：岭南鲜果“出海”全球

广东农产品“12221”市场体系建设在菠萝上成功以后，广东省就将它推广到更多特色水果的销售上，这其中就包含荔枝。2021年，广东荔枝的产量高达147.31万吨，创历史新高，但销路遍布全球，而且价格十分坚挺。2021年荔枝的采摘销售已经结束，广东省高州市沙田镇永乐村村民刘子雄的30多棵黑叶荔枝卖了1.2万元，他对收入非常满意。但实际上，就在三年前，他还打理着另外半面山坡上的200多棵荔枝树。

刘子雄介绍，2018年荔枝仅仅卖到七八角一斤，到最后没人要了，从树上掉下来，就放在地里。2018年也是广东荔枝的丰收大年，高州当年的产量和2021年基本持平，但产值却仅有2021年的六成多一点。回忆起曾经的那一幕，刘子雄至今依然伤感，果贱伤农，他最终放弃了这片已经倾注了三十多年心血的荔枝林。“打击很大，种了没人要，很多人都出去打工了。”刘子雄回忆起当时的情况。

“以前我们手上没有资源，也没有资金，各种人脉关系也没有，不知道从哪里下手去做。”高州市农业农村局市场信息股股长邬飞儒说。农民受苦，农业部门的工作人员心里也不好受。按照传统的政府职能分工，农业部门只管种植，看着农产品滞销，痛心不已，但分工的限制，大家也只能是有心无力。

广东农产品“12221”市场体系建设将销售任务明确给了农业农村部门，明确了职能，给足了经费，带给基层工作人员更多的机会和压力。“现在政府给钱去做了，如果没有达到效果，心理压力会比较大。”邬飞儒介绍。从2019年推行广东农产品“12221”市场体系建设以来，他和同事们不仅要跑田间地头，还要跑天南海北的各大展会，就是为了将荔枝销售出去。

在荔枝出口上，广东省也往前迈了一大步。当广东省农业农村厅主动联系到做荔枝出口生意的陈耀华并说明来意时，陈耀华真正感受的是对政府改革行动的意外和惊喜。很快，在广东省农业农村厅的指导下，陈耀华的公司和其他6家荔枝出口相关的公司，迅速组建了中荔集团，2019年当年，新公司的荔枝出口量就占到全国的六成。改革整合了商业资源，开拓的新市场，迅速给广东的果农们带来了实实在在的经济效益。

2021年，广东荔枝的宣传片亮相美国旧金山、加拿大温哥华、阿联酋迪拜、韩国首尔等10个城市地标，“中国广东荔枝全球分享品鉴会”活动也相继在全球多地举办。“广东喊全球吃荔枝”的响亮口号，让广东农业走到了一个更广阔的市场，截至2021年6月，广东荔枝的“出海”版图已覆盖全球六大洲，进入20多个国家和地区的水果市场。让全球消费者都熟知的中国制造里，第一次有了中国的农产品。“先从荔枝做起，以后慢慢让更多新鲜水果进入到不同国家的市场，让他们的消费者领略到岭南佳果的风味。”广东省贸促会境外经贸代表处事务部温智尧说。

《经济半小时》观察：乡村振兴看广东造

2021年，广东荔枝的给“荔”故事已经告一段落，眼下龙眼又开始在全球范围内“龙”重出发，广东柚子、香蕉、柑橘等代表产区又陆续发布了2021年“12221”品牌营销行动计划。广东水果“出海”的背后，是广东农业部门自我职能的深刻变革，这就是中央关于政府“服务+治理”执政理念的一次具体实践。改革就是生产力，为老百姓的福祉而破旧立新，是国家各项改革行动始终遵循的一条基本原则。我们为广东农业部门的自我改革叫好，给“请全球消费者吃广东荔枝”的中国故事点赞。

（作者为CCTV-2财经频道《经济半小时》栏目记者）

手记|“12221”的演进足迹

◎ 何霞

《2022年广东省人民政府工作报告》指出：“农产品‘12221’市场体系建设成效明显，荔枝、菠萝等特色农产品产销两旺。”

2022年1月20日，“12221”首次写入广东省政府工作报告，彰显其先进性和强大生命力。在广东省委、省政府的领导下，在广东省农业农村厅党组的带领下，从初探到深入，从打样到推广，“12221”的发展背后，政府职能部门对于如何处理好政府和市场的关系，不断实践、探索创新，其中经历感受良多。回头再看，其中系列文件的出台是一边推动工作一边总结经验的结晶，这一路走来的心路历程，是农业农村部门广大干部从思想观念到工作方式的一次大变革。

探索中扛起新任务

“摸着石头过河”或许是全省农业农村干部最初开展农产品“12221”市场体系建设工作的共同感受。2018年，徐闻菠萝滞销，广东荔枝丰产不丰收，出现“果贱伤农”的情形。这让农业农村部门深刻感受到“怎么种”的问题已经不是现阶段“三农”工作的主要矛盾，而“怎么卖”则成了新的主要矛盾。由此，市场与信息化处接下了一项全新的任务：牵头开展广东农产品“12221”市场体系建设工作。

2019年2月，广东省农业农村厅印发《关于做好2019年“一村一品、一镇一业”农产品市场体系建设的通知》，首次向全省农业农村系统输出“‘12221’农产品市场体系建设”这一概念，文中指出2019年省重点支持徐闻县探索“一村一品、一镇一业”“徐闻菠萝”营销“12221”（推出“1”个菠萝大数据，组建销区采购商和产区经纪人“2”支队伍，策划采购商联盟走进徐闻及“徐闻菠萝”走出徐闻开展销区市场拓展的“2”场活动，建设产地和销区的“2”个市场平台，实现创品牌、扩销量、保质量、优品种、可追溯、促增收“1”揽子成果）专项行动工作计划，强调了做好农产品产销对接工作的重要意义。这一年，徐闻菠萝作为“12221”最早的试验田，开始为广东省特色优势产业发展打样，“520”广东荔枝营销工作的实效，让“12221”试验田从区域小而美特产拓展到全省大而优产业集群。

2020年1月2日，广东省农业农村厅印发2020年一号文件——《关于扎实推进2020年全省“12221”农产品市场体系建设工作的通知》，这份文件肯定了2019年“12221”的成果，对为什么要开展“12221”市场体系建设进行了阐述，并就如何建设“12221”市场体系提出了具体要求。2020年，广东荔枝克服中大年遇上疫情造成的不利影响，荔枝“出圈”打响品牌。有基层干部表示，“做荔枝这么久，这是最有尊严的一年”。经此，“荔枝尊严”传开成热词，也极大地提振了同志们的信心。2020年和2021年，针对特色农产品市场营销工作分别出台了“12221”系列文件，涵盖广东荔枝、菠萝、柚子、柑橘、香蕉、龙眼等多个品类，各产区纷纷出台配套操作性文件，在“12221”这个框架下，省市县以产业为轴，以“12221”为纲，形成双循环新格局下的市场体系与乡村产业的协同发展；与此同时，主动协调联动各有关部门，在工作推进、政策支持、强化服务等环节上通力协作，形成服务“三农”强大合力。

实践中步伐日益坚定

在“12221”发展过程中，用政策引导工作方式，用规划明确发展方向，用制度规范市场行为。让事实说话、从实践得益，许多地方基层干部逐步从不理解、被动做工作到深刻认同“12221”内涵并主动谋划，将市场挺在生产前面，生产与市场两手抓、两手硬的观念逐渐被越来越多人接受。

2021年荔枝销售季的工作是让我感触最深的“12221”实践。在广东省委、省政府的坚强领导下，面对疫情的不利影响，广东省农业农村厅和全省各荔枝产区上下一盘棋，干群齐心协力，社会广泛参与，迅速出台“我为荔农办实事”实施方案，采取分区挂图作战、媒体矩阵宣传、电商助荔营销等10项措施，以“12221”为主线将荔枝营销的方方面面联结起来，把“我为荔农办实事”做到荔农心坎里去，帮助解决荔农的急事难事，打赢了广东荔枝百日营销战，向省委、省政府交出了一份漂亮的“12221”成绩单，荔农欢呼“卖出了水平”，实现了荔枝丰年荔农增收。

总结中完善制度建设

2021年9月28日，广东省委农村工作领导小组办公室广东省农业农村厅、广东省乡村振兴局联合印发《关于进一步加强广东农产品“12221”市场体系建设工作的通知》。该通知深入阐述了市场是农业产业链根本动力源的逻辑性，全面总结了三年来“12221”的实践成效，最重要的是从组织领导、人才队伍、工作谋划、资金保障多方面健全政策保障和工作协同机制，充分发挥各地党委、政府和农业农村部门的主体作用，积极调动有关各方参与的积极性，形成长效机制，以确保农产品“12221”市场体系建设有序有效推进。

回望“12221”市场体系建设这些年，我最高兴的是，丰收时节看到农民兄弟们一张张增收致富喜悦的笑脸。接下来，我们将继续抓住品牌强农的“牛鼻子”，把这套模式推广到更多的地方、更多的产品，让更多地方能够学到用好这套理论，把当地的农产品卖得更远、卖得更好，让更多的老百姓得益，推动农业高质量发展，服务当地的乡村振兴，为农业农村工作开新局、立新功，向党和人民交出一份满意的“三农”答卷。

（作者为广东省农业农村厅市场与信息化处处长）

广东：以荔为媒讲好中国故事，以媒促荔推进乡村振兴

◎ 人民日报

脱贫攻坚取得胜利后，要全面推进乡村振兴，这是“三农”工作重心的历史性转移，是实现中华民族伟大复兴的一项重大任务。2021年以来，广东省委、省政府坚决贯彻落实中央关于加强国际传播能力建设和乡村振兴的重要讲话精神，以荔为媒讲好中国故事，以媒促荔推进乡村振兴，打好荔枝产区发展的产业、市场、科技、文化“四张牌”，紧紧围绕农产品市场体系“12221”行动开展广东荔枝等特色优势农产品营销工作，实现了广东荔枝出口的历史性突破。

在即将结束的2021荔枝销售季中，广东荔枝出口逆势增长，出口量近2万吨，分别达到2020年的4倍和2019年的6倍。“广东喊全球吃荔枝”，初步走出了一条国际贸易和国际传播相辅相成、相互促进、相得益彰的新路子。

面对疫情内外交织、贸易内外夹击，广东荔枝销售迎难而上实现历史性突破

世界的一半在中国，中国的一半在广东。荔枝是广东独具特色的农产品，是其六

大农业主导产业的“老大”。2021年，广东省荔枝投产面积394.93万亩，产量147.31万吨，两项指标均占全国一半左右。

但由于水分充足、保鲜期短、上市期集中的天然特性，广东荔枝销售半径小、出口难问题由来已久，甚至连北方市场销量都很小，绝大部分只能在省内和周边销售。全省荔枝每年产量100多万吨，2020年前出口从未超过5000吨，被戏称为“销售老大难”“老大销售难”。

2021年，“老大难”又遇到了新问题。一是历史性丰产。以广东省内最大荔枝产区茂名为例，2021年荔枝产量逾50万吨，创历史新高。广东省内早晚熟荔枝品种在五六月集中上市，间隔期短，荔枝价格极不乐观。二是疫情内外交织。2021年，海外形势依旧严峻，港口货柜积压多，冻品过货速度尤慢。6月是广东荔枝销售旺季，恰逢广州、深圳、东莞等地出现新一轮疫情，不少跨境航班取消。内外疫情交织，使得广东荔枝不但出口难，甚至连出省都难。三是贸易内外夹击。当前，全球贸易壁垒处于历史高位，美西方动辄遏制打压中国，我国农产品“走出去”遇阻，成本上升。而随着2020年区域全面经济伙伴关系协定（RCEP）正式签署，大量国外农产品可以进入中国。比如，越南荔枝原本主要出口欧美，是广东荔枝在海外的竞争对手，2021年却有大量荔枝通过东兴口岸和里火口岸进入中国。广东荔枝销售呈现“走出去”遇贸易壁垒，“家门口”又迎新对手的罕见局面。

志不求易者成，事不避难者进。荔枝事关百万荔农及数十万产业链相关人员的增收致富，面对巨大的销售压力，广东省委、省政府高度重视，对荔枝产业高质量发展、稳外贸工作等多次作出指示批示。为稳定广东省农产品贸易系统谋划，广东省农业农村厅统筹组织湛江、茂名、阳江、广州、惠州等10多个荔枝主产市（区、县）闯销区、抢市场、促产销、扩出口，形成产地和销区、省内和省外、国内和国外、线上和线下的产销对接合力。到7月中旬，全省140多万吨荔枝已基本销售完毕。

这其中，海外出口逆势而上，海外营销“多点开花”：阳江阳西荔枝首次实现出口北美市场；惠州镇隆荔枝首次出口阿联酋迪拜、新加坡；增城荔枝首次出口日本；茂名创新采用跨境电商企业对企业（B2B）出口的方式，将广东荔枝运往加拿大等地。截至2021年6月底，广东荔枝已出口美国、加拿大、荷兰等20多个国家和地区，有超1.5万吨广东荔枝出口海外，开拓海外市场，创历史最好成绩。

荔媒相辅相成相互促进，有力有效破解困局，迎难而进开拓国际市场

无论出口国家数量，还是出口荔枝数量，甚至是出口价格，2021年广东荔枝开拓国际市场也算取得空前突破。如果说丰产丰收是2021年广东荔枝的总成绩，海外销售则是这份成绩单上一道亮丽的风景线。

第一，企业抱团出海，增强广东荔枝国际市场竞争力。

近年来，广东省农业农村厅积极培育出口主体，推动具有较强区域辐射力和产业带动作用的农业企业抱团出海。联合7家涉农企业组建的广东中荔农业集团有限公司，形成了覆盖荔枝种植、加工、保鲜储存、冷链运输、出口销售等方面的完整荔枝产业链，以龙头企业为主体建设出口示范基地，进一步带动产业整体性发展。广东泽丰园农产品有限公司拥有日、韩、北美认可的保鲜加工技术以及种植管理、农残管理、采后管理技术，符合国际食品安全要求。广东省湛江市坡头区官渡平富水果场建立荔枝绿色生产管理制度和农药化学品使用管理制度，在肥水管理、控梢保花、保果防虫等方面推动荔枝出口海外高质量发展。这种具有规模优势和禀赋整合的创新模式有利于凝聚起拓宽国际市场的磅礴力量，共同抵御外贸风险。

第二，政府联合行动，合力保驾护航广东荔枝出口。

2021年，广东省农业农村厅携手财政、商务、海关、贸促会、外办、金融、保险、航空等部门采取行动，为广东荔枝外销保驾护航。广东海关持续推进“放管服”改革，落实“六稳”“六保”工作部署，全面优化口岸营商环境，通过数据共享、减流程、减环节、减时限，实现荔枝企业办事“零跑腿”。为保证荔枝产品仓储安全，田头小站承建方广东雪华智冷科技有限公司与太平洋产险广东分公司签约，降低冷库意外损失风险。中国南方航空公司也为广东荔枝外销提供了绿色运输通道。6月下旬，由162架次南航班机组成的航线为广东荔枝出省搭建了一条绿色通道，助力广东荔枝“飞”往销区。

第三，媒体全球传播，叫响广东荔枝品牌国际影响力。

2021年，广东省依托新华社海外182个分支机构优势，发挥国家级通讯社多语种、多层次的传播资源优势，造大广东荔枝国际品牌声势。新华网广东公司团队联动新华社国际部、新华社广东分社、新华网海外传播中心、《新华每日电讯》、《参考消息》、《半月谈》等，通过中、英、日、韩等多语种，融媒体，品牌栏目对广东荔枝进行立体式传播。新华社国际传播权威栏目《全球连线》和新华网北美频道《品尝广东荔枝　感受美味中国》专题报道，新华社日文专线报道《2021年首批广州荔枝已出口日本》，韩文专线报道《“广东荔枝全球品鉴会——韩国专场”在广州举行》，广东荔枝宣传片亮相美国纽约时报广场中国屏，以及加拿大温哥华、阿联酋迪拜、韩国首尔等10个城市地标，对广东荔枝全球分享品鉴会线下活动进行多维度传播。新华网微博发布话题“广东给全球送福荔”，阅读量突破1亿，广东荔枝相关微博话题总阅读量超20亿，抖音话题“广东喊全球吃荔枝”播放量达3.4亿次。全球各大媒体也积极支持配合，5月20日以来，1094家媒体发布介绍广东荔枝的稿件在国际社会广泛传播，在美国、德国、澳大利亚、阿联酋等数十个国家的浏览量超过4.3亿。全球代言人短视频在海外引起热烈反响，视频博主郭杰瑞、罗宾等通过品尝推介广东荔枝吸引更多外国网友关注。

国际传播和国际贸易相辅相成，中国故事和中国文化交相辉映，经济交流和文化交融相得益彰

“喊全球吃荔枝”，2021年广东省农业农村厅联合广东省贸促会驻外经贸代表处、新华网海外公司等机构在美国旧金山、法国巴黎、加拿大温哥华等全球多地举办“中国广东荔枝全球分享品鉴会”活动。小小荔枝推动了中国与世界在农业技术、经济和文化等领域更深层次的合作交流，成为促进农业对外交流合作、联结广东与国际的“甜蜜使者”。

在美国旧金山品鉴会上，旧金山前市长威利·布朗品尝荔枝后表示，广东荔枝晶莹剔透，如玉石一般。《华尔街日报》评价称“广东荔枝已经准备好走向世界”。粤商会法国相关负责人肖光宇表示：“我们邀请法国厨师，结合法国人的饮食习惯，设计了包括荔枝奶昔、荔枝蛋糕、荔枝沙拉等特色小食，并佐以葡萄酒佳酿，使其逐步接受广东荔枝的口味。”法国对外经济贸易委员会主席莱维勇表示，这次荔枝活动创造了一个契机，希望未来可以在农业科技方面与中国有更多合作。

2021年5月，为深化广东省与日本兵库县的友城关系（1983年缔结），广东省农业农村厅向广东省委外办提出赠送广东荔枝的设想。经广东省委外办与广东省农业农村厅积极协调，6月中旬这批饱含广东深情厚谊的荔枝来到了日本兵库县。该县于6月21日召集大家共同品尝荔枝并发来感谢图片。7月，该县知事井库敏三致函广东省省长马兴瑞，在信中专门感谢前番赠送的广东荔枝。

“一骑红尘妃子笑，无人知是荔枝来”，这揭露了古时皇帝的骄奢淫逸，也道出了荔枝保鲜期短、销售半径小的天然属性，还是广东荔枝“甜蜜使者”悠久文化内涵的客观体现。2021年“广东喊全球吃荔枝”，喊出了声势，喊响了品牌，喊大了效益，逆势而上给我们深刻启示：广东荔枝不仅是岭南文化的意象符号，也是提高中国国际传播影响力、中华文化感召力、中国形象亲和力的“文化大使”。讲好中国故事需要搭乘中国文化的翅膀，国际贸易和国际传播可以相互促进。

下一步，广东将在继续加强生产、加工保鲜、冷链流通等“硬建设”的同时，继续整合资源强化“软建设”。我们将把“喊全球吃荔枝”这种在危机下的“被动应对”制度化、规范化，继续依托新华社等权威媒体和“网红”“大V”传播品牌凝聚粉丝，深入挖掘符合国际共同价值的农人故事和农品文化，推动更多广东农品和广东故事“走出去”，继续加强海外市场对广东荔枝等农产品的国际形象塑造和文化认同，推动广东农品国际贸易和国际传播携手向前、齐头并进。

九州共品岭南果，全球尽知荔枝红

◎ 黄帼蓉　韩雨珂　赵飘飘　叶香玲　黄进　邵一弘

又一年丰产又丰收，广东荔枝季接近尾声。

“各级政府给力，荔枝一年比一年卖得好。”茂名市甲峰农业种植专业合作社负责人钟伟略喜笑颜开。

这是一场凝聚全社会强大合力参与乡村振兴的生动实践：全省自上至下，从产区到销区，从线上到线下……无数人为广东荔枝背后的180万名荔农奋力奔走。

这是一个创新谋变的真实写照：“十万电商卖荔枝大行动”“广东喊全国人民吃荔枝”“我在视频号卖荔枝”……一场场给“荔”的营销活动高潮迭起。

这是一次以小切口推动产业大变化的广东探索：2021年，全省荔枝投产面积394.93万亩，占全国49.83%，产量147.31万吨……广东荔农说，2020年实现“增产又增收”，2021年更加“卖出水平”。

回望荔枝季，广东重视荔枝产业发展，相关部门坚持“我为荔农办实事”，以广东荔枝“12221”市场体系建设为抓手，以省、市、县媒企多级联动为纽带，以“线上+线下”“国内+国际”“传统渠道+数字通道”为主要手段，推动广东荔枝逆市上扬，畅销全国乃至全球10多个国家和地区。做强大品牌，打造大产业，完善供应链，提升价值链，一幅农业高质高效、农民富裕富足的图景正徐徐展开。

◎双向发力
联动国内市场拓展国际市场

广东农产品“12221”市场体系建设进入第三年，有前两年工作打下的基础，2021年广东荔枝营销工作无论是落地的深度、覆盖的广度，还是市场主体的参与度、统筹指挥的协调度，都迈上了一个新台阶。

以粤西荔枝开门红为切入口，打好荔枝产业牌、市场牌、科技牌、文化牌“四张牌”，着力将荔枝产业发展模式及机制打造成广东省特色优势农业产业发展样板。

3月，广东省农业农村厅成立专项工作组，下发《关于进一步做好2021广东荔枝“12221”市场体系建设工作的通知》。

4月，各荔枝主产区、有关部门被召集在一起，召开了2021年广东农产品“12221”市场体系建设工作会议暨广东荔枝营销动员大会，2021年广东荔枝营销工作拉开帷幕。至此，广东省、市、县、镇、村五级联动，形成“我为荔农办实事”的强大引领力。在全省粤西、粤东、珠三角和广州四大产区，因地制宜制定了2021年广东荔枝“12221”市场营销“广东荔枝广场”“数字振兴”“省际合作”“海外拓展”“人才培育”等十大营销措施，力促销售转化。

一手抓国内市场。2021年4月，广东省农业农村厅提前启动了“10万电商卖荔枝大行动”，整合天猫、京东、抖音、视频号、一亩田、邮政、苏宁易购等10多个平台形成合力，推动广东荔枝销售转化。此外，广东在8个销区城市举办“广东喊全国人民吃荔枝”系列活动，打造广东荔枝广场、茂名荔枝品牌体验店等沉浸式营销场景。

一手拓国际市场。为激活国际市场的荔枝消费，新华网等策划全球荔枝推广活动，广东荔枝登上海外十城地标大屏，实现全球范围内“同屏共振”，覆盖受众超4亿人次。举办“广东喊全球吃荔枝”活动，推动广东荔枝走进美国旧金山、法国巴黎等城市，通过广东荔枝讲好中国故事，拓展海外市场，助力广东荔枝出口欧洲、北美、东南亚等20多个国家和地区。

接下来，全球荔枝品鉴活动、亮屏活动、产销对接活动等将变成“常规动作”，形成国际传播的“组合拳”，在国际上释放广东荔枝魅力。

据统计，自2021年5月7日至6月15日茂名首批荔枝出口，荔枝比2020年同期增长190%；至6月15日，佛山海关辖区企业出口荔枝844.9吨，货值307.3万美元，分别同比增长134.8%和114%。这背后，正是广东省农业农村厅交流合作处处长黄维华、副处长林爽等工作团队在默默付出，他们在培育农产品出口示范基地、出口企业，为出口企业和基地做好公共服务等环节做了大量工作。

◎迭代升级

“领鲜一步”直通“最后一公里”

满山红遍，荔林飘香。荔枝的价值在于“鲜”。在高州，来自全国的产业代表发现了新“亮点”——田头小站。

荔枝对保鲜要求高，保证荔枝从田间到餐桌的新鲜一直是道难题。为此，广东省农业技术推广中心、高州市人民政府、广东乡村振兴实业发展有限公司、广东一人一亩田网络科技有限公司四方联合打造了田头小站，这是广东发力全省建成田头仓储冷链物流体系的一个示范，也是广东打造数字农业硅谷的又一新探索。

从外形看，田头小站像个大冷柜。实际上，田头小站除了预冷、保鲜，还可以满足荔枝田头加工处理的多元化需求，新鲜农产品“最后一公里”难题得到纾解。在增城，也开始了相关试点工作。

在田头小站，不仅破解了荔枝“领鲜一步”难题，还能通过一张屏幕看到全国荔枝大数据，查询全球各大市场荔枝销售行情和全国产地行情，一张屏同时呈现全省冷库物流大数据，租用冷库，呼叫冷链车，一个电话轻松搞定。

广东省农业农村厅市场与信息化处一级调研员朱学荣曾牵头探索建设田头小站，他表示，努力使种植技术、生态技术、农产品保鲜技术、冷链物流技术、互联网技术，以及金融要素等各种资源聚集在田头小站，发挥田头小站集成效应，进而帮助农民提高收入。

民生无小事，点滴暖人心。最近一周，广东省农业农村厅总农艺师郑宏宣、广东省农业对外经济与农民合作促进中心副主任蔡丽君等在粤东荔枝主产区“连轴转”，从汕头雷岭到揭阳惠来再到惠州……他们带着一批批采购商到一个个产区考察、促成销售。“粤东是广东最晚熟的荔枝产区，我们要在这里站好最后一班岗。”郑宏宣说。

雷岭荔枝协会会长古城钦是“我为荔农办实事”的受益者，他说道：“郑总师从品种改良、种植技术到销售，都给我们提了专业意见。”

从产区调研获取一线信息，还要及时向企业、向市场反馈。整个荔枝季，广东省农业农村厅市场与信息化处副处长李秋瑾平均每天处理不下三项与荔枝有关的工作。“荔枝销售无小事，荔枝有关工作，我都要优先处理。”她说。

上有荔枝“12221”专项工作组有力统筹，下有市、县、镇、村紧密联动，茂名、湛江、从化等产区党委政府从“我为荔农办实事”出发，成立采购商服务中心，组建“政务服务员”队伍，为采购商提供免费住宿等，创造了良好的营商环境。

◎强力护航

政企携手及时疏堵解困

“听到荔农说丰产又丰收了，我很开心。”整个荔枝营销季，广东省农业农村厅市场与信息化处处长何霞的心情都被荔农牵动着。因为那意味着销售压力大，运输负担重。

2021年广东荔枝线上订单较往年同期大幅提升，空运是跨省运输的主要途径。受新冠肺炎疫情影响，由广州、深圳始发的航班取消率在一半以上。航班数量锐减，对广东荔枝空运产生了较大影响。“空运运力每天的缺口达到了200吨。”顺丰广州区公共事务部负责人李洪江说。

荔枝“四五日外色香味尽去矣”，紧急时刻，广东省农业农村厅迅速组织顺丰速运、德邦快递、京东物流、中国邮政四大物流企业召开荔枝运输保障座谈会。会中，广东省农业农村厅就同步发函商请中国南方航空公司协调航班。

经密切跟踪协调，南航迅速调配出162架次航班，承担荔枝运输任务，大量荔枝借这条“绿色通道”行遍大江南北。“体验了一把高效的办事效率！”李洪江感慨道。

这只是其中一个案例。政企携手齐心，共谋为民办事，是2021年荔枝季重要的主题。连日来，广州市总工会联合多个单位发起“合荔战疫，枝敬有爱”送荔枝活动，从增城、从化等产区采购53吨荔枝为一线医护人员送关怀，以实际行动助力荔枝销售。“总工会还通过增加工会节日慰问经费额度、开展消费帮扶等方式，鼓励荔枝采购、消费。”广州市总工会职工服务部科员连建智说。

广东省农业农村厅和各级政府部门指挥有序，广州市总工会、中荔集团、广药集团、海尔集团、盒马鲜生、胜佳超市、湖北中商超市、北京新发地市场、西安个个鲜果业等单位迅速行动起来，联合采购各产区荔枝，保障荔枝销售渠道畅通。

◎顶流加持

平台合力赢得同频共振

截至2021年6月24日，广东荔枝主产区之一的茂名，荔枝电商销量8万吨，销售额约20亿元，同比增长60%；东莞荔枝电商销量300万斤，销售额约5000万元；从化荔枝电商销量1000万斤，销售额约1亿元；增城荔枝电商销量约800万斤，销售额约1.2亿元。

产销联动，捷报频传。一串串销售业绩，离不开广东策动多个平台共同为荔农办实事的不懈努力。广东联合京东平台，设立“十万电商卖广东荔枝”专题页，在首页推荐位持续为专题页引流，并设置优惠券、抽奖互动等，实地调研各大主产区供应链情况，开展电商培训，发动商家100多家，联名阿狸漫画进行虚拟直播，促成销售额超4000万元。

除此之外，广东还通过抖音发动5500多名主播推介广东荔枝，直播超过1万场；发动中国邮政打造15省“网点+社区”新营销场景；联合视频号发起600多名达人同时开播的“我在视频号卖荔枝”活动；推动一亩田建大数据中心助推荔枝销售3000多万元。

近日，“我为荔农办实事”活动还登录“粤省事”政务服务平台，为荔枝销售强力加持……政府策动、平台发动、电商行动，给荔枝销售带来了看得见摸得着的便利。茂名市农业农村电商协会会长梁飞凡切实感受到平台深入产区的力量。“天猫组队进产区选品、抖音手把手教会员直播带货、京东设专题页为商家引流、视频号开播指导等等，协会很多会员享受了一波顶流福利。”梁飞凡说。

顶流加持之下，供应链企业也更容易找到合作的大主播带货。“有平台支持，我们跟主播谈带货也更有底气。”茂名盛日农业科技有限公司负责人朱华正说。把广东打造成为世界荔枝产业中心、研发中心、交易中心、文化中心，荔枝产业发展模式及机制成为广东省特色优势农业产业发展的样板……《广东荔枝产业高质量发展三年行动计划（2021—2023年）》绘制的蓝图正在逐渐变成美好现实。

（作者为南方农村报记者、南方日报记者）

新闻直播间：广东省紧抓农民增收　推动农业高质量发展

习近平总书记在庆祝中国共产党成立一百周年大会上的重要讲话引发热烈反响。大家表示，要继续弘扬光荣传统，赓续红色血脉，永远把伟大建党精神继承下去、发扬光大。以永不懈怠的精神状态、一往无前的奋斗姿态，向着实现第二个百年奋斗目标奋勇前进，不断创造中华民族新的历史辉煌。

广东省农业农村厅市场与信息化处处长何霞表示：“加快农业农村现代化使命光荣，我们将以农民增收为目标，抓住品牌强农的‘牛鼻子’，推动农业高质量发展。”

（来源：CCTV-1综合频道《新闻联播》）

1000年后，这件“国潮”再次迷倒外国人

◎ 李俊豪　陈凯昊

自古以来，荔枝似乎是少数与国家的富饶强盛挂钩的水果。

在旧金山、柏林、阿姆斯特丹……从广东飞抵的，是烹饪的美味还是鲜果的震撼？当唐宋的灯火不再，离乡的游子顺着这缕清香，找到乡情；而外国人，也可通过这颗明珠，多少品到几许杨玉环式的烂漫与趣味。

一颗荔枝里的“一千里”与“一千年”

一骑红尘妃子笑，无人知是荔枝来。

如今，在大洋彼岸湾区金门大桥前，一场“甜蜜接荔”正在上演。来自美国艺术、美食、媒体等领域的国际友人及华人华侨逾百人齐聚一堂，品荔枝佳肴，共享天生“荔”质。

对于那些远渡重洋的华人华侨而言，荔枝是一份来自家乡的怀念。“当年和家人约定，荔枝红了我就回去。”如今，还没来得及回家，而家乡的味道，却循着贸易的脚步，找到了自己。

酸甜润泽的一口，换来一群人的微笑肯定。除了美国旧金山，同样的故事，还发生在德国、意大利、加拿大、荷兰、马来西亚等多个国家和地区的货架前。

举办中国广东荔枝全球分享品鉴会，建立广东荔枝国际大数据系统，征集全球代言人宣传广东荔枝，发起“广东喊全球吃荔枝”话题……一项项“给荔”举措多元化传播广东荔枝的文化，有力提升了广东荔枝国际知名度和影响力。

2021年以来，广东加快实施《广东荔枝产业高质量发展三年行动计划（2021—2023年）》，推进2021年“我为荔农办实事”荔枝营销行动，部署推动各荔枝产区开展全方位、多层次、宽领域的务实举措，助力荔枝产业高质量发展。

产业倒逼重塑岭南风土

世人常称荔枝美，却鲜知荔枝难。

广东作为中国外向型经济的重镇，无论是工业品还是农产品，都在世界占有一席之地。荔枝作为广东的传统优势农业产业，更是以产量大、品质优著称，栽培面积稳定在410万亩，常年产量130多万吨，占世界荔枝产量的三分之一。自上而下的产业链创造了大量的就业机会。

但是，随着时代的进步，一些发展中的问题决定了荔枝产业发展必须以高标准、高水平、高回报带来标杆效应。在改革开放中不断发现机会的广东人，这一次在荔枝身上又找到了他们的“第二曲线”：以荔枝国际化推广、荔枝“走出去”为小切口，推动产业大变化。这种“倒逼模式”或可进一步提升产业发展质量。

当前，广东正以出口标准推动荔枝高质量生产，努力拓展荔枝的国际市场。海关总署广东分署数据显示，2021年上半年，广东鲜荔枝出口6504吨，同比增加79.8%；价值1.3亿元，增长62.4%。

当然，所有的“涅槃”都存在阵痛。一方面，以前卖得多就是行业“老大”，如今要在国外卖得好才是“一哥”。另一方面，只有产业龙头进一步优化品质、拓展版图，才能带动全行业对高标准生产的全面接纳。但是从长远来看，从单一国内市场转向多元国际市场，从线下为主转向线上线下相结合，这样的转变不仅能够拓宽广东荔枝的需求来源，更会催生广东荔枝行业的创新动力。

而作为政府，在拓展海外市场上，广东既需要继续提升产品品质，也需要规划和确立更优的品牌形象。如果广东荔枝成为国外认知中最强势的中国水果，那么带动菠萝及其他特色水果征战海外就有了更多的铺垫和空间，国内的水果产业也会在“新风”中迎来新的面貌。

2021年7月21日，广东荔枝品鉴会非洲专场，非洲友人品尝荔枝

“小水果”滚动全球贸易的中国故事

2021年8月3日，广东荔枝全球品鉴活动合作伙伴视频研讨总结会在广州举行，活动总结“广东喊全球吃荔枝”成果和经验，探讨形成常态化、平台化长效机制，助力更多广东农产品“走出去”。

此前，广东荔枝全球分享品鉴活动已经在中国澳门、美国旧金山、法国巴黎、日本兵库县、加拿大温哥华、德国法兰克福、阿联酋迪拜、韩国、泰国、非洲等10个国家或地区多点开花。对于出征的荔枝而言，这也只是“前哨”——通过荔枝推广讲好中国故事，传播好中国声音，带动全球贸易，是广东省的“大棋”。

跨越海岸，连接乡情，激活机会，挖掘想象——通过活动细节，我们深切感受到，广东荔枝的推广已经跳出食物本身，走向深层次的跨文化对话和大众心理诉求。

荔枝出海是建立在产业、市场、科技、文化“四箭齐发”的综合农业文明上的，是农业高质高效发展，提振市场活力，摸索前行路径的生动样本。

（作者为新华网记者）

惊叹"根子红"：中国荔枝第一镇流量爆发

◎ 赵启旭　陈静

2021年5月14日，一则视频在朋友圈刷屏：普通的农家小园，大树婆娑挂满鲜红的荔枝。短短几秒没有对白的视频中，背景乐如阳光碎影般自然散落，一个男子优哉游哉地坐在院中剥了一颗荔枝吃。

平淡如水的画面却意外赚足网友的羡慕：

"这么大棵荔枝树，来个定位，我带上尿素袋连夜坐大巴过来！！"

"在哪里，我去偷。"

"如果我在茂名，你已经拍不到这个视频了。"

"在哪个位置？我要去拍个视频！"

…………

陈文辉详细回忆了拍摄视频当天的情景和感受，他说："这棵荔枝树的主人是一对很恩爱的老夫妻，他们告诉我这棵树是四十多年前种下的，每年可摘荔枝两三百斤。"

当时陈文辉去茂名根子镇游玩，在镇上一个加油站对面看见这棵树。"那天刚好是傍晚，我们是想着歇一下，结果在路边第一眼看到荔枝树，就觉得，'哇，真的好眼熟啊'，清风夕阳老树，一下就想起小时候放学跟朋友摸荔枝的日子，这个画面在化州乃至整个粤西的'80后'记忆里是很深刻的。”他说，“庭前老树果熟透，不见当年窃果人。”虽然当年的“窃果人”去了城市，但好在这样美好的果树和回忆都留下了。由于场景熟悉，有网友争辩，画面是自己的家乡化州。

农家小院，大树婆娑挂满鲜红的荔枝

炎炎夏日里，习习微风中，是古朴的民居、宽敞的院子、高大的荔枝树、两三把椅子和几个纳凉啖荔枝的人。其实，广东茂名千年荔枝古镇——根子镇的家家户户，在蝉鸣荔红的初夏都是这样过日子的。

北方很多网友说第一次见到这么漂亮的荔枝树，真的是很震撼。

一树荔枝红令根子镇成为网红，或者可称之为一抹“根子红”：一个有底蕴有历史积淀的小镇，一个乡村产业兴旺、百姓生活红火的缩影。

当红视频记录的生活日常，背后有千载传奇的底色

“一骑红尘妃子笑，无人知是荔枝来。”诗人杜牧讽刺唐玄宗的诗句，千余年来已成为荔枝高品位的佐证。和陈文辉的视频造就“根子红”一样，似是无心插柳之作。贵妃吃的是高州根子镇贡园荔枝，与陈文辉拍的高州根子镇农家荔枝，竟是生于同一方土地。

“大唐荔乡”茂名市高州市，以历史最久、面积最广、产量最大、品种最全、品质最优、产业最强的“六宗最”驰名中外，而根子镇是名副其实的“中国荔枝第一镇”。有趣的是，根子镇“大唐荔乡”的名号就源自贵妃此典，杨贵妃爱吃的荔枝就是高力士派人摘于此园进贡的。清代两广总督阮元也因此有“新歌初谱荔枝香，岂独杨妃带笑尝。应是殿前高力士，最将风味念家乡”的佳句。

国家荔枝种质资源圃、中国荔枝博览馆、60个一二三产业融合发展项目已落地根子镇，从“中国荔枝第一镇”到“世界级荔枝特色小镇”，从产量令人惊叹到“大唐荔乡”IP标识被人记住，从自产自销到三产融合，从中国荔枝博物馆到中国荔枝产业大会

永久会址落户，根子镇的成长之路有目共睹。根子镇将以建设国家级现代农业产业园、国家级田园综合体等项目为契机，打造全国最强荔枝产业集群和世界级荔枝特色小镇。

荔枝海，各家各户门口的“白糖罂”“妃子笑”仍红绿相间，待到蝉鸣荔红时，将从这里运往世界各地……

抗疫之年增产增收，“荔枝尊严”热词应运而生

茂名是广东最大的荔枝产地，其中，根子镇荔枝年产量约5万吨。

这两年随着荔枝畅销海内外，根子镇开始围绕荔枝产业大力推进农村生态环境整改工作，根子镇每个角落都焕发出新活力。

斩获广东省乡村振兴五强村的元坝村，就是根子镇村容村貌整治中的受益者之一。元坝村每天都会迎来一波接一波的汽车，游客们缓缓驶入元坝村，观看长势喜人的万亩荔海。很难想象，2018年前，这里还依然破旧，道路狭窄泥泞，基础设施落后，汽车经过时，扬起一阵阵灰尘。如今，元坝村已建起集加工、购销于一体的电商产业带，极富岭南风格的民居并肩而立，宽阔整洁的水泥路连通了村内的大小角落。

根子镇要保持高度发展，荔枝产业链要发展，荔枝品质得过关。这一点，根子镇果蔬专业合作社社长何建和深有感触。他向笔者透露，根子镇荔枝种植时间长，以往，荔农习惯用传统的方式去管理荔枝，即“想管才管”，导致荔枝品质参差不齐。他带头学管树，用新技术。根子镇党委通过规范化建设一批合作社，树立带农联农“三变”的典型，动员荔农采用新方法管树，增大荔枝树之间的距离，留下来的树，荔枝生长得更好，果更甜，产量更高。

“经过规划、治理后，元坝村修建起了公路，荔枝物流运输快了不少，进冷库，保鲜。”根子镇党委书记袁海峰说。镇上设有邮政、顺丰、德邦3个冷链处理中心，7个直播带货间，12个户外直播带货点，根子镇的荔枝产业活性更强，体量更大，产业链更丰富。

如今，根子镇已是远近闻名的荔枝专业镇、电商镇，不少当地荔农直接在林间地头、直播间为自家荔枝带货，让有需求的采购商、消费者透过镜头看到产地的真实样貌。

种得好还要卖得好。2020年，广东省地市县联手推进“12221”市场营销行动，在抗疫之年克服重重困难，百万荔农实现增产增收。根子镇一位基层干部表示，“这是卖荔枝最有尊严的一年”。“荔枝尊严”一词因此广为流传，生动表达了广大果农的获得感。2021年荔枝季，根子镇积极响应“我为荔农办实事”的号召，以党员结对指导荔农，开启一轮荔枝定制、举办一次电商交流会、开放茂名市第一个荔枝主题邮局、建设一批“田头小站”、开展一系列大唐荔乡嘉年华、成立一支荔枝购销勤务队、建成一批文旅景点、推出一份产地直播带货指南、升级一次产业链配套设施等10条措施，助力全省、全市2021荔枝购销系列活动。

高州市根子镇元坝村村口

古老产业守正创新，打造世界级的荔枝特色小镇

当前，高州正迎来一二三产业融合发展、产供销体系一体化建设、农文旅三方面结合的新局面。

近年来，根子镇打造一骑红尘广场、状元道、水墨桥头等文旅景点13个，大力发展文旅、康养、民宿等新业态。其独特的浮山小气候，厚重的千年荔枝文化，强大的荔枝产业链，专业庞大的新农人队伍以及6个国家级、省级项目的叠加优势，已经为根子镇打造世界级的荔枝特色小镇提供了人才、资本、环境、文化等强有力支撑。

“如果没有这么多人才，根子镇绝不会像现在这样。”袁海峰感叹道。他说，根子镇有条件，有规划，有人才，有实干，因此才有潜力，有可能打造世界级荔枝特色小镇。

高州市强牌果品有限公司负责人何以锋是土生土长的根子镇人。子承父业后，他把握了互联网发展的时机，做起电商，同时也经营家里的加工厂，专注荔枝鲜果礼盒、荔枝干、龙眼干、桂圆干等产品，抓多方业务，他说道：“我也和根子镇在一同成长。”

柏桥村党总支委员、村委委员何清是返乡新农人的代表。他从国企辞职考到根子镇，成为一名村干部，主攻电商，自己开设和运营淘宝店、抖音号。“帮村民们处理事务，晚上看订单，拍视频。"他透露，第一年，他就靠自己的淘宝店帮村民销售出了10万斤荔枝。"我在抖音上有2万粉丝，更多是帮大家宣传荔枝，做公益，做实事。"何清说，自己的抖音帐号视频最高播放量超800万，最高点赞量达10万。

目前，根子镇正在建设国家荔枝种质资源圃、中国荔枝博览馆，打造60个一二三产业融合发展项目，打造茂名市乡村振兴示范带、农房管控风貌提升示范片，全力创建国家4A级景区和世界级荔枝特色小镇。根子"大唐荔乡"已美景初现，2020年累计接待游客200万人次，荔枝产业链创造的价值达16.5亿元。

农民生活红红火火，"荔枝是最适合这块土地的"

走进根子镇，笔者注意到，公路两旁，排列整齐的荔枝树管理得当，长势喜人，棵棵分明，一改以往密集扎堆的面貌。如今的情景，得益于20世纪80年代开山劈岭的荔乡农民。

"清理杂林、残林、荒岭，开辟新的荔枝林带。当时'黑叶'最多，但产量太高，价太低，种这个，荔农生活得不到保障。后来，根子镇就大量种'白糖罂'和'妃子笑'了。"根子镇元坝村村民吴森明65岁，根子镇过往的情景对他来说历历在目。"前人栽树，后人乘凉。"有了荔乡先辈对品种的尝试与开拓，根子镇的荔枝产业之路顺了不少。

"荔枝是最适合这块土地的。"吴森明自己在家种荔枝，也在基层跑过，他向笔者介绍了技术还不发达时荔农种植的草根智慧。作为根子镇产量最大的荔枝品种之一，"妃子笑"曾一度面临有花无果的窘境。"知道要疏花才行，但还不太清楚如何系统管。我们拿棍子，用最直接的方法，把'妃子笑'的花打下来，这样才渐渐有果出来。"

荔枝种植技术手段在实践中不断进步。根子镇党委书记袁海峰表示，荔农是根子镇成长之路上最"实干"的一批力量：缺乏机械，农民靠牲畜，靠人力，用铁锹、锄头开辟出一片片梯带；缺乏水源，农民开水渠，制水泵来进行灌溉；缺乏技术，农民互相帮、互相学，在田间地头学技术；缺乏市场，农民跑市场，做推广，把荔枝销往广州、上海等地。20世纪90年代，荔枝收购价平均每斤10多元，最高曾达40元。

以"一"带"多"，根子镇荔农的成长速度不容小觑。4月18日，"学党史，我为荔农办实事"系列活动开展。30多家荔枝专业合作社对全镇7万多亩的荔枝实行分片分区管理，800多名荔枝种植能手根据地缘，结对帮扶全镇10 000多名果农。在无数荔农奔波的脚步中，一条极具价值潜力的荔枝林带已经成形。

（作者为南方农村报记者）

一群高州人组成的“中国荔都”拼图

◎ 晁海娟

高州，有两个“千年”。她既是一个发展了1400多年的岭南古郡，也是拥有2000多年荔枝种植历史的“荔枝县”。荔枝先于“高州”之名，诞生在这片土地上。

在时间浪潮的冲刷下，古郡几经变迁，荔枝产业却延续至今，日益壮大，现已覆盖全市55万亩的土地。每年夏天，高州大地满山红遍、荔枝飘香，家家户户果事忙，大大小小满载荔枝的货车开往全国各地，曾是贡品的高州荔枝，“飞”入寻常百姓家。

高州荔枝从业者众，他们共同拼出了高州“中国荔都”图景。

“荔枝需要专业管理”

“这里占地超1000平方米，有多个功能区，可以完成清洗、杀菌、分拣、包装等工作。”2021年6月4日，何建和的基地迎来了一批省领导调研，他熟练地向嘉宾介绍这些年荔枝园发生的变化。2021年推出的“田头小站”，得到了多方青睐。

田头小站是高州发力田头仓储冷链物流体系的一次创新举措。“田头小站不同于传统冷库，可以满足荔枝产地加工处理的多元化需求。能在这里做试点，我很荣幸。”何建和笑道。

何建和用了30多年的时间，把果园打造成高州荔枝产业的标杆。他的标准化种植基地，每年都会接待好几批考察团。

“果园需要精细化管理。”何建和告诉笔者。后来，他把果园面积从600亩缩减为200亩。何建和是最早一批在果园铺设滴灌设施的种植户之一。为了提高果园的通风透光率，他还特意将荔枝树隔行挖除，他说：“有助于培养丰产稳产型树冠。”

他还连续多年对果园荔枝品种结构进行优化，把“黑叶”“白蜡”等品种，改接为“妃子笑”“白糖罂”“桂味”“糯米糍”等，延长了荔枝上市时间，“地头价格每斤能够提升三四元。”凭借前期的努力，何建和实现了果园“小年”产量不减、“大年”丰产丰收的目标。

2013年，他牵头成立专业合作社，提供种植管理技术培训、信息咨询等服务，此后多年，合作社从单一生产到兼做收购和加工，并建立起多个物流中心和网销平台。

2020年底，茂名市荔枝优势产区产业园荔枝嫁接换种项目实施，作为茂名第一荔枝产区的高州稳步推进。何建和接受委托，与其他果农组成了120多人的嫁接队，负责片区内的品种改良任务。“2021年11月之前，应该能完成9000亩的改良任务。”他说。

事实上，2018年以来，高州累计改造果园面积14万亩，优质品种率由30%提高到55%。

提高种植技术、加强品种改良带来了切实的效益，果农管理意识也大幅提高。2021年，何建和带领合作社30多个社员，销售荔枝收入共约500万元，业务内容覆盖传统销售、电商和采摘游。

“线上销售卖价更高”

2013—2014年，高州荔枝电商飞速发展，成为不少青年返乡创业的首选。“90后”“00后”明显增加，给产业发展注入新活力。

风，首先是从根子镇刮起来的。这个有“中国荔枝第一镇”之称的地方，孕育出了庞大的电商微商群体。物流站点，电商广告在这里随处可见。

梁永艳，是高州最早做电商的代表之一，大家都称呼她为“阿艳”。早年间她外出打工的时候，就总带荔枝给同事朋友们品尝。2013年，阿艳结婚生子后选择留乡，次年开始在网上销售家乡荔枝，第一批客户，就是她曾经的同事。2016年，随着微信快速普及，这些早期电商从业人员的营销阵地发生变化，微信成了“主战场”。

当被问及做微商需要哪些准备，阿艳说：“一部手机、一个微信号，然后干就好啦！”从第一年每天订单不足百件，到第三年日出货超千件。阿艳直言，“收入比线下销售好多了。”

易操作和高收益，越来越多的人加入荔枝线上销售“大军”。政府顺势而为，2016年起，高州连续三年每年安排专项资金300万元，扶持电子商务发展，重点支持镇村级电子商务物流配送体系、电子商务集聚区、服务平台和示范工程建设以及人才培养引进等。

“电商的收购比统果要高2—3元/斤，但对果品要求也高，要保证好的品相。”村民董虹妙告诉笔者，电商的发展加强了人们的果品分级意识。

“一定要做好品控，这是客源不断增加的基础！”阿艳再三强调。

荔枝还未上市，就开始在朋友圈发预售通知，这已经成为高州荔枝人的常规操作。早在2016年，高州大小电商就开启荔枝预售工作，在京东商城、天猫网站等平台投广告，采用享5斤送1斤等优惠措施。2021年4月，高州荔枝还未上市，通过各方渠道预订的订单就超过3万吨。

高州电商从业人员3万多人，电商企业1700多家，微商超3000家。随着业态发展越来越成熟，更多果农加入其中。他们多以家庭为单位。一家老少齐上阵，接单、称重、分拣、打包、发货……一天可发上百件。

线上销售的渠道也越来越多元，不少人开始尝试在自家果园直播带货，“来吃荔枝啊”成为当地人的口头禅。

2021年，高州通过电商销售荔枝4.5万吨，比2020年增加50%。

“这两年物流变化尤其明显”

何清回忆，2013年之前，寄送荔枝直接用果篮装，保鲜效果不佳，交通也不便利，荔枝很难运输到更远的地方。“如果物流跟不上，电商根本发展不起来。”

“头两年发货，一天要往镇子上跑好几趟。”微商林英华介绍说。后来线上订单增多，村子里物流需求增加，他与物流企业沟通，拿下了村级代理权。2017年，他在柏桥村建起了第一个临时快递揽收点，并承担周边村民的荔枝寄送服务。

“早上起来就没停过，手机根本不能离手。”林英华继续介绍，有些寄送荔枝的店家一大早就来了，自己既要处理订单，还要兼客服，直到快件送走才能休息片刻。

随着越来越多的物流企业入驻高州，乡村合作点或揽收点增加。“这两年变化尤其明显，全村临时快递点已经发展到十几个，发货量明显增加。”林英华说。

据了解，高州已建设配套县、镇、村三级物流配送服务体系，439个行政村物流覆盖率达到100%。2020年以来，高州探索“荔枝冷链直运落地配”新模式，以苏浙沪皖地区为试点，开设运输专线，与航空物流相比节省物流成本超60%。

物流体系不断健全的同时，配套设施也在不断升级，从竹筐到泡沫箱，从隔热板到冰袋，从传统货车到移动冷链车。制冰场不断增加，销售范围逐渐扩大。

一个个微小改变聚集，带来了撬动行业大变化的“洪荒之力”。这些荔枝人紧跟时代发展潮流，用实际行动，雕琢出独属于高州的荔枝产业新业态。

从事电商工作的过程中，朱华萌生了固定收购点做中转中心的想法。2017年底，他与两个搭档一拍即合，与顺丰构建了深度合作关系，成立了盛日农业科技有限公司。2021年高峰期公司日销售荔枝上万件。

“2019年，公司升级了荔枝处理设备，实现半自动化分选功能。再多订单我们也供得上。”朱华自豪地说。

“希望更多人认识高州荔枝”

2021年，高州“中国荔都”之名传开，成为继“中国荔枝之乡”“全国水果第一县”之后，又一个令高州人引以为傲的存在。

高州人善用资源，充分发挥荔枝产业“六个最”（历史最久、面积最广、产量最大、品种最全、品质最优、产业最强）优势，打造广东名副其实的荔枝产业高地。2021年4月，高州市水果产业协会发出“珍惜高州荔枝千年品牌和荣誉”的倡议，得到了全市荔农的积极响应。

高州市丰盛食品有限公司副总经理何达为告诉笔者，2021年的荔枝营销让他印象深刻。“花期就预计是大年，我们十分恐慌，担心丰产歉收。”他提到，后来政府急果农之所急，策划了系列品牌宣传活动，推出统一品牌标识，邀请媒体作正面宣传和引导。

这套营销“组合拳”为果农注入“强心剂”。果农稳了，价格就稳了。

如何把家乡美味分享给更多的人？从业多年，何达为一直在思考这方面问题。短视频的兴起给他提供了一个方向。

“我希望通过一些有温度的故事，让更多人了解高州的乡村变化。”何达为说。3月，他联系团队提出想法，一周之内商定细节，策划了“高州故事”这一视频号。第一个视频就确定以荔枝为主题。

高州人重视文脉传承，他们善用文化元素，提炼城市发展精髓。2015年全力打造的“好心高凉”文化品牌，即源于冼夫人所说的“我事三代主，唯用一好心”。

2020年8月，广东高州中学初中校区全体美术老师，在北关社区安荣巷，构思创作了8幅画作，以高州历史名人高力士为主要人物，用大众喜闻乐见的方式，传递出高州“千年荔乡”的主题。

高州还保存根子柏桥贡园、泗水滩底贡园、分界南山贡园、大井大坡山荔园这4片千年古荔枝树林。“要进一步挖掘古荔枝树与高州的故事。”高州市农业农村局局长龙国源说。

旧的故事得以传承，新的故事仍在继续。

近年来，围绕荔枝仓储、物流、电商、文化旅游、观光采摘等新业态，高州创建了一个国家3A级旅游景区，形成了一条长达40公里的展现岭南乡村风貌和荔枝三产深度融合发展的示范带。2020年，园区共接待游客超200万人次。

（作者为南方农村报记者）

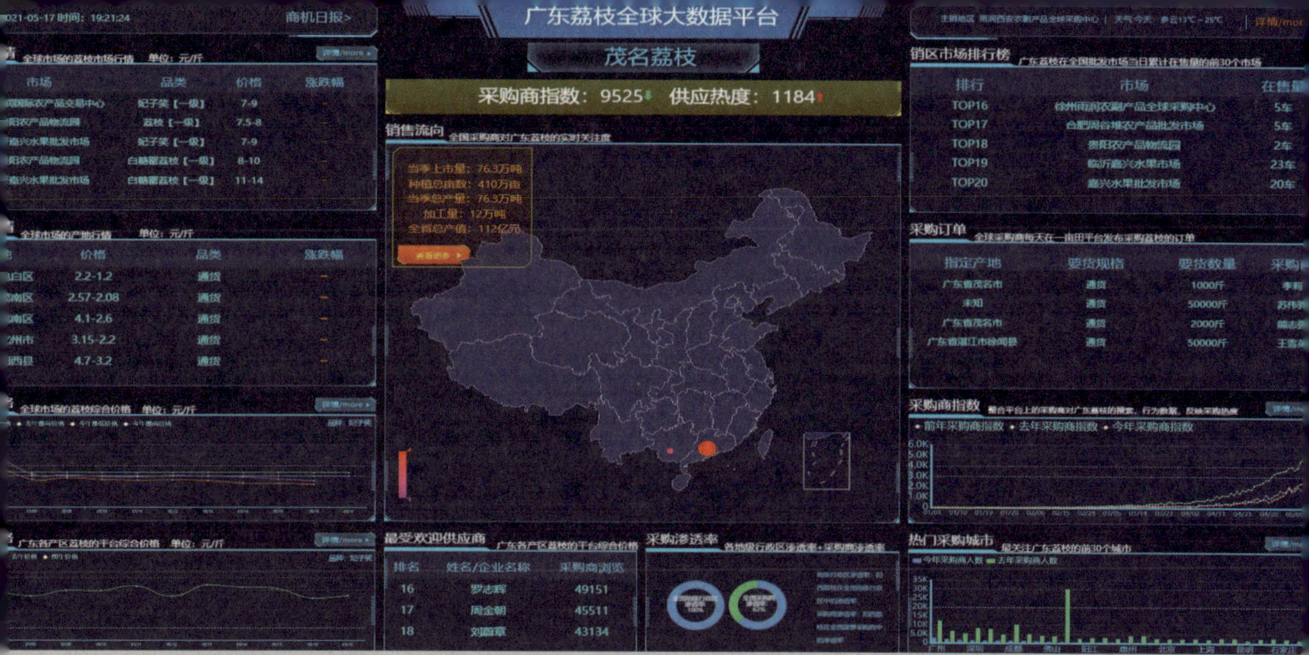

数据制胜，荔枝扛住压力给我们上了重要一课

◎ 麦倩明　杨吉龙　叶香玲　张子煜

总有一些事情，让我们加深了对某个事物的认识。而这一次，是大数据。

季节性大宗特色农产品销售，对于产区官员、百姓而言，如临大考，如履薄冰。而冷不丁跳出的关于农产品“大量滞销”“价格暴跌”的信息，明明与事实不符，却偏偏令人着急。

其实，类似的消息网上一抓一大把，“××蜜橘5角一斤仍滞销”“××20吨食用仙人掌盼买主”“××10万亩西瓜难出手”“××10万斤小酥梨找婆家”……什么时候，产区的干部群众不必对市场“唱空”过敏？

频繁上演的农产品跌价“戏码”，虽真假难辨，但也有迹可循。

首先，乡村产业从业人数众多，产品与大众生活相关，故作惊人的消息炮制者以此作为拉流对象。“滞销大爷”“蒜你狠”“姜你军”“向钱葱”等用语频繁“出镜”，并在短时间内成为流行词，说明了媒体对农产品市场波动有着巨大的影响。

其次，有一些电商平台以“助农”为名，专门推销“滞销农产品”，他们也是这些消息的推手。联想一下，大街上那些打着横幅“工厂倒闭，一件不留”的门店，曾经的网红“滞销大爷”悲情牌被拆穿，实为商家“带货”的滥用套路，透支了消费者的爱心。

报道是否符合常识，是否道听途说、以偏概全？严肃媒体对专业性与严谨性会有自觉要求。而农产品价格暴涨暴跌背后，游资的炒作、不实的报道起了推波助澜的作用。

那么，“唱空”市场是怎么对农产品造成打压的呢？

就像股市中有"空头"的说法，农产品市场多空对决中的一方是农民，面对只见"空头"缺乏"多头"的对冲，利空消息难以消化。农产品普遍是买方市场，在商家有计划、有组织的联手压价和"看空"的操作面前，农民没有招架之力，容易造成市场恐慌和互相"砍杀"，成为信息不对称的牺牲品。所以，产区政府主动营销做"多头"，并建立真实全面准确大数据，可以构筑对抗冲击的壁垒。

最近，荔枝就扛过了一场小风波。

2021年5月27日，一则新闻报道了当前荔枝价格变动的情况。此消息一出，一时间"荔枝价格大跳水""荔枝2元一斤"的话题登上热搜。而正活跃在产区与销区的多家广东媒体，结合荔枝大数据日报发出报道，真实情况却与"大跳水"截然不同，"正常""稳定"是荔农、批发市场、商超、政府及专业机构等受访者普遍的说法。随着广东各荔枝产区相继进入成熟期，后续将有"桂味""糯米糍""岭丰糯""仙进奉""井岗红糯"等优质中晚熟品种，行业人表示后市可期。

产区政府千方百计地打响品牌让农产品卖好，而市场瞬息万变，所以政府与媒体积极应对，做好监测分析，强化产销对接、信息引导势在必行。

第一，以信息对称破解不对称，以大数据建立新秩序。对农产品销售而言，信息显得格外重要。在销区举办营销活动直接面对消费者，场景沉浸，消费体验，在商业上已经广为应用，被视为最直接有效的促销手段之一。广东农产品"12221"市场体系建设的固定动作，是办好产区与销区两场活动。从5月下旬开始，广东荔枝广场进北京、上海、杭州等系列活动，扩大销售半径，加大了对采购商的支持力度，相当于在核心城市目标市场建立了根据地与桥头堡，持续扩大农产品的品牌影响力。广东荔枝广场进北京、上海、杭州等系列活动促成荔枝销售，在北京促成采购1.43万吨，在上海14家企业确定意向，采购总量近万吨。

完善大数据是实现信息对称最根本、最有效的方式。大宗农产品在短期内集中上市，某种程度上与"春运"类似。仅仅几年时间，每年的春运大考"翻篇"了，高铁提升运力，网上实名制购票，数字化一揽子化解了公共运输难题。大数据运用到农业，为农业装上决策"大脑"，指导农事生产，辅助农业决策，提升预测预警能力，促进农产品产销精准对接，实现农产品优质优价。据统计，2020年徐闻菠萝大数据系统帮助徐闻菠萝在疫情防控期间售出5万余吨，拉动菠萝销售近1亿元。

2021年中国（广东）荔枝产业大数据中心建设，为荔枝产业护航发挥了作用。该平台包括荔枝生产、销售、物流、产业四大领域数据，提供市场行情、产地行情、产业政策、生产监测、物流监测、销区市场排行榜、电商价格监测、热门采购城市、商情日报等功能应用。中国（广东）荔枝产业大数据中心有多项创新之处：它是首个以市场为导向的荔枝大数据平台，以价格为主，面向交易；首次发布了国际荔枝市场端数据，给出口企业更多参考依据；首次发布了田头冷链相关数据，让预冷基础设施不健全的地区有了新的选择。农户通过荔枝大数据了解最新市场行情，以需促产，提高产品的供给与市场的匹配度，降低生产风险，提升议价能力。采购商可以有效掌握市场供需预期，指导产区出货。

第二，让优品优价实现分层销售，通过细分市场化解风险。鲜活农产品的价值在于“鲜”，品种品质价格差异大。5月中下旬开始，广东荔枝迎来采摘旺季。以广东荔枝为例，2021年地头价格整体稳定，收购价根据品种不同有所差异，品质优价格更优，精选果收购价平均比统货价高2元/斤。根据产地的不同，湛江徐闻县“白糖罂”精选收购价5元/斤，统货价3.25元/斤；茂名“白糖罂”“妃子笑”精选收购价分别为7—10元/斤、5元/斤，统货价分别为3—4元/斤、2.5—3.5元/斤；阳江“白糖罂”“妃子笑”统货价分别为3.8—4.5元/斤、3.29元/斤；高州“桂味”抢先上市，收购价为26元/斤；广州增城“妃子笑”5月下旬开始大量上市，价格为5—10元/斤，价格基本与2020年持平。

农产品仓储保鲜冷链物流设施是生产对接市场的桥梁纽带，能补齐广东热带、亚热带农业的短链和断链，让优品保持优质，实现精准销售。2021年中国荔枝产业大会上，田头小站成为一大看点。广东把“田头小站”新基建作为“农业生产的节点，产业升级的支点”来抓，解决好农产品“最先一公里”难题，力争“由点至面”进而推进骨干冷链物流基地建设。在高州已经建好了田头小站样板，三种类型满足不同主体的需求，通过保品质实现保价格，精准销售。

第三，广东打造数字农业高地，一揽子推动农产业高质量发展。田头小站是农业产业大数据重要载体之一，广东以此为抓手，加快农业产业数字化进程。值得一提的是，田头小站还兼具数据中心功能，囊括了荔枝大数据、商机日报、冷库信息、数字农技等内容，通过田头小站培育新兴增长点，有序推动农产品全流程、全产业链数据化建设，加快甜度测定、农残检测等环节的科学测评，推进标准化生产让农产品质量安全更有保障，提升农产品经济效益和竞争力，促进农业产业化转型升级。

数字农业是农业现代化的高级阶段，是我国由农业大国迈向农业强国的必经之路。广东致力于打造数字农业高地，通过“三个创建”“八个培育”着力构建一批数字农业应用场景，以数字化探索构建“提效率、降成本、增体验”的产业发展新模式。开发农产品大数据系统，推动农产品在种植、交易、加工、物流、市场等环节的数据化。由此可见，产业化、金融化、数字化，农业并不特殊，完善产业链，农业以外可以借鉴的做法有不少。着力提升数据挖掘、数据分析能力，以大数据科学研判产业发展，优化资源配置，推动农产品实现靶向营销，促进农业产业高质量发展。要发展智慧农业，建立农业农村大数据体系，推动新一代信息技术与农业生产经营深度融合。

数据在手，一切可有。农业大数据是一个充满机遇的蓝海，农业大数据要发挥作用，要把产业链上各个环节“数据链”进行贯通，当然，这项工作需要政府部门、涉农企业、大数据企业和农业生产经营主体多方合力来完成。

（作者为南方农村报记者）

两个半小时，探明直播销售农产品的巨大能量

◎ 陈静

2021年6月6日至7月17日，陈波策划了“我在视频号卖荔枝”营销活动，那是一场“临时起意”的荔枝线上直播销售活动，引发了社会助农热情的一次集中释放，689位主播，2.5小时，售出3.37万斤荔枝。

组团直播销售农产品，正是顺应了乡村振兴下“互联网+农产品”的销售大潮。

一场盛大直播的酝酿

“80后”陈波是土生土长的梅州人，他创业近十年，三年前切入直播电商领域，很快就在短视频头部平台积累了一批优质主播资源。他开设了一家互联网品牌策划营销公司，在广州建了一个直播基地。“盈龙老陈”是他的视频号名称。

他参与这场直播卖荔枝活动，是能力专长，也是机缘巧合。

2021年5月初，陈波看中农产品社区电商的前景，成立了卧龙联盟，正绞尽脑汁寻找一个可能的爆点。恰好广东荔枝喜迎中大年，铺天盖地的宣传令他感到政府对荔枝销售的重视，他心里一热，为什么不借卖荔枝来做呢？“我家就有100棵荔枝树，我们姐弟三个从小山村走出来，就是靠卖荔枝交学费的。”此时，有平台正寻求网络带货，助农卖荔枝，找上了陈波。他找来自己的校友、朋友和同仁集思广益，组团参加了这场活动。

从小吃荔枝长大的陈波，懂得售卖荔枝的要点，他从“荔枝要标准化出货，必须保障荔枝鲜，有丰富的电商销售经验”等方面考量，将遴选供应商的目光锁定为增城。彼时，增城荔枝正当季。

2021年是刘淑芬返回增城创业的第九年，她建立的创鲜农业是增城区荔枝种植第一大户，2021年产量共计60万斤，具备荔枝出口资质，有标准化的荔枝分拣包装生产线。返乡创业前，她曾在广州互联网公司当设计师，2012年荔枝季时，刘淑芬就在网上卖起了荔枝，2016年刘淑芬获得“农村电商创业致富带头人”称号。近年来，她和一批物流电商平台保持合作，创鲜农业还推出了自己的小程序和销售平台，现在电商渠道的荔枝销量占了公司全部销量的50%。

荔枝标准化出货、丰富的电商运营经验、选用物流这三条都符合，就这样，刘淑芬和陈波达成合作，创鲜农业成为活动的唯一供货商。

一群视频主播的集结

“你知道的荔枝品种有哪些？”“有关荔枝的诗句有哪些？”6月6日，广州市交通技师学院商务专业教师刘悦青在“我在视频号卖荔枝”直播间一边推广荔枝文化，一边卖荔枝。“从5月17日之后半个月，在卧龙联盟填写了资料、后台可查的参与主播达到689个。”陈波说。刘悦青就是其中一个。

回忆主播召集过程，陈波说占尽天时、地利、人和。2021年广东荔枝红火，到处都是“广东喊全球吃荔枝”的声音，这是天时；广州视频号博主活跃，冷链运输配套齐备，这是地利；活动准备充分，邀请了许多“大V”发声推广，围绕助农主旋律，就是人和。

像刘悦青一样自发找来的新主播有很多，为了保证活动高质量进行，陈波对主播提出了做好前期准备、接受培训的要求。

在陈波看来，搞定“人、货、场”三要素才能保证直播卖荔顺利进行，搭建一个好的电商场景是点睛之笔。为此，陈波和团队又做了一整套商城体系作为后台技术支持。“每个主播只需1分钟就能上架荔枝。”陈波介绍，易操作的商城体系是活动成功的关键。

一种助农储能的响应

“3.37万斤是我们主动按下休止符的销售量。”陈波说，500位视频号博主迅速召齐，189位博主自发参与，是这场助农直播的惊喜。

如果说荔枝情怀是陈波策划这场活动的一个出发点，卖好自家荔枝是推动刘淑芬竞争供货商的本能，那么发现全社会都站在助农阵线则是他们没有想到的，直播助农潜能一旦探明，怎么开发？这就需要一套好的策划、一个好的组织者、一种好的参与规则。

化州新安镇的“90后”青年刘泽华是返乡做农产品电商的新时代农民，他喜欢在视频号上展示家乡农特产：“视频号这种方式挺好的，它的裂变比较广，运营比较简单。我们可以自发地宣传农特产品。”

网络不分时空，一颗荔枝将一批心系祖国的海外同胞聚集到一起。海外主播群体的召集者和组织者罗斌说，参加此次活动的主播问得最多的就是“海外能发货吗？想念家乡的味道”。如果没有“我在视频号卖荔枝”这样一个全球策划，一时也只能靠出口方去撬动市场。

也是基于此，陈波意识到直播电商既是一个助农新思路，也是销售农产品的新手段，借助互联网可以发动、汇聚、引导全国、全球、全社会的力量，同样的思路可以复制到徐闻菠萝、梅州柚子等农特产品上。

这也印证了实施乡村振兴的一大关键就是人，无论你来自哪个行业、身处何处，网络的力量都可以集中所有人的特长和能力，为新时代“三农”事业贡献供给侧、需求侧两方面力量。

（作者为南方农村报记者）

茂名：最大荔枝产区五级联动办实事

◎ 张晓锋　整理

茂名市拥有两千多年荔枝种植历史，是目前世界上种植规模最大、产量最高、品种最多的荔枝产区，荔枝种植面积达135万亩。

茂名是积极推动广东农产品“12221”市场体系建设的地市之一，荔枝产业的发展关系到全市荔农的生计。通过建设广东荔枝“12221”市场体系，茂名各级政府工作有了明确抓手，联系更紧密，联动更顺畅，工作效率更高。

一、省市县（区）镇村联动。早在荔枝上市之前，茂名市委、市政府一周内就召开两次工作会议，聚集各县（区）主要领导，统筹协调各级政府的力量，并专门成立茂名荔枝工作组，由茂名市委副书记陈绩担任工作组组长。工作会上，他表示，要强化服务理念，为荔农、经销商做好服务保障，确保产、供、销一体化整体推进，守护好茂名“荔枝尊严”。

茂名出台了一份包含43项活动的2021年茂名荔枝“12221”市场营销工作方案。该方案有效串联了各单位之间的合作，成为市县（区）镇村各级政府的行动指南。在荔枝上市初期，广东省农业农村厅农产品“12221”市场营销专项工作组便从湛江徐闻转移到茂名高州，指导荔枝“12221”市场营销工作开展。由此，茂名形成了省、市、县（区）、镇（乡）、村五级政府的联动，荔枝营销行动如虎添翼。

二、营销组合拳出击。总结茂名荔枝产销成功经验，建立荔枝营销的常态化机制，选拔茂名荔枝品牌公益形象大使，统筹谋划好茂名市2021年“520我爱荔”荔枝市场营销等活动，做好2021年茂名荔枝营销工作。茂名市委副书记、市长袁古洁指出，各地各部门要坚持政府推动、社会参与，持续打好荔枝产业发展的产业、市场、科技、文化“四张牌”，强化宣传推广，着力擦亮“茂名荔枝”区域公用品牌，加快推动荔枝产业转型升级，打造荔枝产业新高峰。

在广东省农业农村厅的牵头下，茂名携各级主要农业部门负责人、“荔枝家族”和供应商，走进北京、上海、西安三个主要销区城市举办茂名荔枝推介会，并打造“茂名荔枝广场”。三大荔枝广场累计促成采购总量达2.67万吨。

不仅线下走销区，线上也积极发力。茂名创新直播模式，持续营造网络销售氛围。市（县级市）、区两级先后开展“我爱荔”首届“荔”状园杯校园电商创新创业大赛、“十万电商卖荔枝”擂台赛，还联合阿里巴巴策划“520我爱荔　茂名荔枝网上行——线上主会场”等线上直播带货活动。不仅有销量，还有声量。茂名参与开展“520我爱荔”抖音话题活动，7条官方预热视频总播放量达757.8万，参与视频共189条；微博话题“谁吃了杨贵妃的荔枝”，阅读量2855万。茂名还积极联动央视、新华网、《南方农村报》、珠江台等媒体宣传，并打造“南方+”专题，形成全媒体宣传矩阵。

三、引领产业发展。中国荔枝产业大会连续两年在茂名举行，大会由中华人民共和国农业农村部、广东省人民政府指导，农业农村部南亚热带作物中心、国家荔枝龙眼产业技术体系、广东省农业农村厅、茂名市人民政府主办。

2021年，茂名推动行业体系和水平建设，打好“科技牌”。“携手分拣设备企业、数字企业和冷链物流设备企业，共同探索建设‘田头小站’，打造数字化、网络化、平台化、生态化田头仓储冷链物流体系，解决‘最初一公里’难题。”茂名市农业农村局局长曾春表示。如今，在高州根子镇就可以看到一个个带有编号的“田头小站”，企业使用时调整到荔枝保鲜的合适温度，在荔枝采摘源头保证果品新鲜。在荔枝产业大会的带动下，2021年茂名荔枝销售59.1万吨，销售总金额接近71.2亿元。茂名荔枝产业实现丰收又丰产，农业总产值有望再次超过千亿元。茂名目前是全省唯一农业产值破千亿元的城市。

高州：“中国荔都”一手好牌打出大方略

◎ 晁海娟　陶磊　整理

高州是全国最大的荔枝主产县，有“中国荔都”“大唐荔乡”的美誉，荔枝种植面积55.8万亩，荔枝产业已连续多年实现产销两旺，为稳住广东荔枝销售大盘作出了贡献。2021年，高州荔枝产值20.7亿元，凭借122.2亿元的品牌价值，成为全省荔枝“最有价值区域公用品牌”中首个突破百亿元的荔枝品牌，登上了更高的发展舞台。高州荔枝产值连年增加的秘诀是什么？又是如何从荔枝大市转变为荔枝强市的？

近年来，高州围绕品种培育、品质提升、品牌打造和标准化生产，聚焦产业、市场、科技、文化“四张牌”，持续推动荔枝全产业链高质量发展。

一、优化品种布局，建立标准化示范园。高州持续推出优惠政策措施，免费为符合条件的荔枝种植户进行间伐、回缩、品种改良，组织嫁接服务队，开展品种改良培训并提供换种服务，调整荔枝早熟、中熟、迟熟品种上市比例。2019年以来，高州累计改造果园面积14万亩，优质品种率由30%提高到55%，建立荔枝标准化示范园96个，获国家技术监督局授予“国家荔枝标准化示范区”称号。

二、建立田头小站，破解保鲜难题。高州先行先试，建设全省首个田头小站，弥补荔枝田头仓储冷链物流短板，“即摘即保鲜”，打通了荔枝产销的“最初一公里”，有效提升荔枝品质，增加线上销量及海外出口规模，为全省田头仓储冷链物流体系建设提供宝贵经验。高州市副市长岑解明表示，田头小站是高州践行“我为荔农办实事”的一次新的探索。

三、系统谋划营销，活动层层递进。高州及早谋划，系统布局，营销活动层层递进，效果显著。3月，启动荔枝赏花叹蜜游，打响了2021年广东荔枝“12221”市场营销行动第一枪，带动农旅融合和荔枝蜜产业发展；4月，举办“寻味高州荔枝”溯源体验暨产销对接会，200多名采购商主动报名参会，采购商、供应商面对面洽谈，达成多项采购意向；5月，高州荔枝百园开摘，策划高州荔枝全球品鉴会暨乡村振兴产业招商大会，以荔为媒，推出农旅招商项目促乡村振兴，招商高达93亿元。

四、成立服务中心，链接全国采购商。成立高州荔枝采购商服务中心，各职能相关部门和主产镇街负责人化身政务“服务员”，提供优惠申报、供应商、翻译、物流、税务、交通、安保等全方位对接服务。高州市农业农村局局长龙国源表示，服务中心成立后，全国各地采购商络绎不绝地涌入高州采购荔枝，成为2021年高州荔枝季最亮眼的景象。

五、推出区域公用品牌，打造中国荔都。2021年，高州发布“高州荔枝”Logo，并推出“中国荔都　甜美高州”IP和全新包装，通过销区推介、展览展示、宣传推广等系列活动，配合系列文创产品，全方位、多角度地巩固高州荔枝全新品牌形象，提升品牌影响力，“中国荔都”概念因此深入人心。

六、推出新农人天团，培育新生力量。时任高州市市长朱春保认为，人才是产业发

高州推出全新“高州荔枝”统一包装

展的关键。2021年高州推出“高州荔枝新农人天团”，集众人之智，发挥集体力量，积极培育荔枝产业新生力量，以“头雁”效应带动产业良性发展。高州市水果产业协会发出严把荔枝质量关的倡议，得到本地荔农积极响应，品质观念深入人心。

七、传播荔枝文化，促农文旅融合。高州荔枝种植历史有两千多年，现存多个千年古荔枝树林，文化底蕴深厚。为进一步推动荔枝文化建设，高州多次组织写生、摄影、汉服秀、旗袍秀等活动，并于2021年策划千年古荔枝树慢直播，开设茂名市第一个荔枝主题邮局，推动荔枝文化、产业和旅游深度融合。高州市委书记王土瑞多次“打call”，推广高州荔枝文化，帮荔农卖荔枝。

点评

高州荔枝卖出高水平，这得益于产区和销区的有效对接，也离不开冷链物流和数字经济的进步。在广东农产品“12221”市场体系建设指导下，高州积极践行“我为荔农办实事”，抓品质，打品牌，育人才，设立“政务服务员”，创新销售模式，不仅沟通古今，更沟通产销、沟通干群，为全省荔枝全产业链高质量发展打造“县域样本”，卖出高水平，荔农喜获“荔枝尊严”，百姓致富增收。

增城：新“三品一标”先行区

◎ 冼伟锋　整理

2021年，荔枝喜迎中大年，上市期却遭遇新型冠状病毒肺炎疫情的防控升级，广东荔枝的销售一度陷入困境。但增城“仙进奉”荔枝不但市场均价一骑绝尘达45元/斤，而且全区5300吨上市不到20天即售罄。荔枝季后，“仙进奉”荔枝推广人、仙基农业总经理陈浩潮更早早开启了“仙进奉”荔枝省外技术指导的漫长旅程。如今，增城“仙进奉”荔枝不仅走出国门远销英国、日本等国，且早已扎根福建、四川、云南、海南、广西、重庆共五省一市。

增城荔枝的高质量发展，不仅体现在“仙进奉”一个品种。

回顾“硝烟弥漫”的荔枝季，6月6日，“我在视频号卖荔枝”直播两个半小时，卖出的3.37万斤主要是增城的“妃子笑”荔枝，创了增城荔枝网销纪录。大众荔枝品种也能卖出好价钱，充分反映增城荔枝出众的全产业链发展水平。

“创鲜农业，不但有丰富的电商、物流合作经验，还能做到荔枝鲜果出品的标准化。”谈及选定增城区荔枝企业做唯一供货商，活动主要筹备方负责人表示。往深了追溯，创鲜农业的脱颖而出，也是增城狠抓新“三品一标”的突出成果。

随着农业现代化进程的加快，以全产业链的优化提升为背景和目标的新“三品一标”替代了以市场化为背景和目标的“三品一标”，品种优、品质好、品牌强和生产标准化成为农产品的一条“国字号”出品标准。为此，增城区深刻领悟习近平总书记重要讲话精神，落实中央一号文件精神，全面部署省农业高质量发展三年计划，扎实推行《增城区推动荔枝产业高质量发展十条措施（意见）》，将荔枝打造为新“三品一标”典范农产品，敢为人先。

一是注重品种培优，以提升经济效益。近年来，增城区为长远谋划荔枝产业高质量发展，首先将重点工作放在了全区优质荔枝品种培育、优选、推广上，以品质好、效益好的优质荔枝替换品质差、效益低的品种，有计划地平稳推进优果战略。其中“仙进奉”作为广东省近年来认定的特优晚熟荔枝新品种，已与“桂味”“糯米糍”“水晶球”一起申请成为国家地理标志产品，成为推行优果战略的优质荔枝核心品种在增城区大规模推广，进一步优化增城荔枝种植格局，为提升增城荔枝整体出品品质打基础。

二是注重品质提升，以锻造市场竞争力。在“我在视频号卖荔枝”直播卖荔活动中，荔枝鲜果全自动分拣生产线的投产为出自创鲜农业提供了一个重要物质保障，只需将荔枝投入生产线，后面的清洗、分拣、包装全程自动化，为清晨采摘，下午空运超大批量荔枝鲜果提供了产能保障。2021年初，为支持全区荔枝销售工作，增城区鼓励符合条件的龙头荔企积极引入生产线安装，按总投入资金给予了近70%的超高资金补贴，除了创鲜农业，田园牧歌也引入了荔枝干果生产线，仙基农业购置了荔枝分拣生产线。

三是重视品牌打造，以擦亮增城荔枝金字招牌。增城区享有“增城荔枝”“增城挂绿”两项荔枝相关国家地理标志产品，另有正果镇国家级“一村一品、一镇一业”荔枝镇，享受国家级（荔枝）农产品“出村进城”试点县建设支持，已建成增城区仙进奉荔枝省级现代农业产业园。国字号农产品荣誉、国字号荔枝产业共同体、省级荔枝产业园与龙头荔企、荔枝专业合作社、荔农利益体系的联袂，为增城区荔枝产业的发展提出了品牌化战略的强烈需求。为此，增城区除了印发荔枝品种标准化手册，加强产学研一体合作，加强国标授权，鼓励具备条件的荔企申请出口资质外，还与主流媒体达成宣传推广战略合作，全力配合增城荔枝品牌建设出有影响力、有公信力的宣传推广。

四是以标准化出品，提升全产业链发展。为推动增城荔枝产业标准化生产，增城区按照“有标采标、无标创标、全程贯标”的要求，制定或修订了一系列荔枝生产技术规程，包括“挂绿”“仙进奉”“桂味”等；制定“挂绿”“仙进奉”“水晶球”“甜岩”“北园绿”“桂味”“糯米糍”等增城优质荔枝果品分等定级标准。增城已印发《增城优质荔枝果品等级规格指引（试行）》，已起草“挂绿”“仙进奉”“水晶球”等6个增城荔枝品种生产技术规程来申报广州市地方标准。“所谓的标准化，除了荔枝出品的大小、形状、外观、口感，为了保鲜，每一颗荔枝必带2厘米左右的长梗也是一个硬性指标。”——正是这一条为创鲜农业中标“我在视频号卖荔枝”唯一供应商奠定了扎实基础，也正是这一条为“仙进奉”荔枝出省扎根提供了成套技术标准。

点评

提起增城荔枝，很多人首先会说增城营销玩得溜，其次才补一句“不过增城荔枝确实好吃”。这既说明增城荔枝市场影响力的提高，也说明增城荔枝销售工作做得好。

回首铺天盖地的各种荔枝营销战术，深思增城荔枝市场走俏的深层原因，围绕新“三品一标”建设，制定以优果战略为核心的《增城区推进荔枝产业高质量发展十条意见（措施）》，走好荔枝产业供给侧结构性改革，有效面对荔枝季市场变化，是增城区践行广东省荔枝“12221”市场体系建设的基本逻辑。如今，增城荔枝产业走在高质量发展道路上，成为荔枝产业的新“三品一标”先行区。

从化：农产品定制，饮到“头啖汤”

◎ 冼伟锋　整理

为打好从化区2021年荔枝营销一系列组合拳，从化区委、区政府高度重视，在荔枝花开时节就开始组织谋划。从化充分运用全省“12221”荔枝市场营销行动资源优势，围绕打好从化荔枝产业发展的产业、市场、科技、文化“四张牌”。从4月开始，从化陆续推出“荔枝+电商+公益+旅游+乡村”系列营销活动，提前抢闸销售，弥补因晚熟上市而错过最佳销售期的时间差，并通过定制不断丰富“荔枝+N”组合产品，促进第一、二、三产业融合发展，增加农民收入。

2021年是从化推行荔枝定制的第四年。在前三年的基础上，2021年从化荔枝营销工作无论是落地的深度、覆盖的广度，还是市场主体的参与度、统筹指挥的协调度，都迈上了一个新台阶。升级后的定制套餐受群众追捧，超过10 000个荔枝定制套餐被预订，定制销售金额超过2500万元。携手京东物流开发“寻味四季”荔枝采摘红色旅游路线，与从化区民政局、区慈善会合作开展“荔枝+公益”活动，展现魅“荔”从化。荔枝定制模式的成功为未来进一步深化荔枝定制模式，促进三大产业融合提供了积极可行的借鉴范本。

据了解，作为从化荔枝定制系列活动的重要主题之一，“荔枝+公益”定制活动已连续开展三年，在公益服务和社会效益方面树立了从化荔枝品牌。2019年，从化区慈善会与10多家社会组织建立合作伙伴关系，定制荔枝树150棵，获得120多万元的捐赠。2020年，在广州市社会组织管理局、广州市社会组织联合会大力支持下，从化区积极发动社会组织、爱心企业参与“荔枝+公益”定制，定制荔枝树2000多棵。经过前两年的探索实践，从化区“荔枝+公益”定制模式日渐成熟，以“荔”为媒，助力乡村振兴战略实施，帮助农民增收为抓手，创新性地令荔枝产业、社会力量、美丽乡村、特色小镇建设相互促进和相互融合，找到了一条独辟蹊径的公益与农旅融合发展的道路。

从化区通过“荔枝定制”模式的“出圈”，持续坚持从化的文旅品牌建设。

一、融入全域。从化区将荔枝融入全域旅游品牌建设中，重点整合从化的特色小镇、农业公园、古村落、古驿道、家庭农场、合作社等资源，开辟流溪桂味线、温泉双壳槐枝线等多条旅游线路，串联沿线吃、住、游、乐、购等旅游打卡点，引入各大旅行社、汽车团等资源带动消费，并与粤菜师傅合作，研制推出荔枝鸡球、荔枝酿肉荔枝、柴火烧鸡、鸡枞菌煎鸡等特色菜品。

二、活动造势。2021年，从化区编写了《从化荔枝产业发展白皮书》，开展乡村振兴“从化井岗红糯荔枝故事”全国征文大赛，举办“最好的荔枝送给最可爱的人”等“荔枝+”文化、公益、科普活动，有效提高从化荔枝知名度，扩大从化荔枝影响力。

三、古树文化。太平镇木棉村的“荔枝皇”植于明朝中叶，树龄超过470年。开展拍卖会，以拍卖从古树采摘下来的精品荔枝为引子，叫响“荔枝皇”文化品牌；另外，还在“荔枝皇”周边开辟规模为2000棵的优质荔枝林，与当地的孝行牌坊、龟咀古圩市、

从化荔枝博览园数字农业

古码头、五岳殿等老村落文化元素整合，打造成“荔枝皇”文化公园，以杨朔《荔枝蜜》散文为主题建设荔枝蜜公园。

点评

畅通供应链充分调研了解市场动向，生产适销对路的产品，需求量大时保证产量，需求量少时及时调整产品主打方向。另外，完善产品包装、储藏、运输，提高保鲜水平。

畅通消费链，从提高消费者消费趣味性入手。一是通过“领养植物”“定制农产品”“农事体验+餐饮+住宿”等方式把“卖产品”转变为“卖体验”“卖服务”，再完善产地的服务水平和体验丰富度，以在地生产加消费自循环，带动产地经济；二是借助互联网、数字农业等，让城市消费者足不出户就了解到产地情况，虚拟地参与农业生产，满足内心对大自然的需求。

将农业融入当地文化、旅游，以农旅双链拓展乡村旅游的内涵，同时在消费者心中强化“产地+特色文化+农产品”的独特印象。

镇隆：荔枝行业协会充当产业“头雁”

◎ 杨志健　整理

荔枝产业历来是惠州市惠阳区镇隆镇农业经济的主要支柱之一。2021年，镇隆荔枝产销两旺，产量约8000吨，产值达1.6亿元。

近年来，在镇政府指导下，镇隆荔枝生产协会充分结合广东省农业农村厅关于荔枝“12221”营销活动，深入开展“我为荔农办实事”实践活动，为镇隆荔枝营销提档升级，争取更多资源，2021年实现全镇荔枝“种得好、卖得好、宣传好”。镇隆荔枝实现逆势上扬、畅销海内外，协会在这背后具体做了什么？

镇隆荔枝生产协会由相关政府部门于1995年发起成立，旨在引导并推动当地荔枝产业高质量发展。2020年，镇隆荔枝生产协会荣获全国首个荔枝GAP认证——中国良好农业规范认证证书，进一步巩固镇隆荔枝产业优势，提升质量竞争力，对“镇隆荔枝”品牌标准化、现代化、国际化发展起到积极推动作用。

第一，规范种植，提升荔枝品质。在镇隆镇，协会搭建起“政府+合作社+农户”沟通平台，与荔枝产业带头人共同服务5700多家荔枝专业户、营销大户，推动镇隆荔枝规范化种植，以此提高荔枝品质。

在生产过程中，协会不断推动荔枝绿色生产；完善镇隆荔枝生产标准体系；建立健全农业投入品管理体系、质量安全追溯体系；制定水肥一体化、农药及化肥使用制度；推行荔枝种植技术规范和操作规程；引导果农科学合理使用化肥农药，尽量运用生物或物理手段杀灭害虫，减少农药用量；组织开展种植技术培训课程，通过观看影片、农技专家现场讲解等方式，向果农讲解科学施肥技术、综合病虫害防控技术、农药安全使用方法等知识。

镇隆荔枝已荣获“国家地理标志农产品”“国家区域公用品牌”等称号。2021年，在镇隆镇政府推动下，镇隆荣获“中国荔枝之乡”称号。

第二，营销策划，拓宽销售渠道。为让镇隆荔枝走出广东、走向海内外，协会积极开展营销策划工作，创建“镇隆荔枝”“东坡荔”“景丽”“优之荔”“好美荔”“山顶村”“沙堆坑”等知名品牌，引导做好全民电商销售荔枝、对接大型商超采购等工作。

在镇隆镇政府指导下，协会发布“镇隆荔枝全息数据采购导图”，覆盖到村一级供应网点，实现“数字卖荔枝”。向大采购客户推荐镇隆荔枝，主要销售本地及长三角地区，并将重点突破西北、东北等城市批发业务。配合采购商联盟与优秀种植者和经营者到大城市推介镇隆荔枝。同时，进一步推进镇隆荔枝国际化进程，2020年镇隆荔枝出口至日本、韩国、美国、加拿大等国家约1000吨，实现出口零的突破。2021年，镇隆荔枝“出口版图”进一步扩大。2021年进一步打通中东和新加坡空运航线，出口量达100吨。

在培养市场营销人才方面，镇隆荔枝生产协会带领会员参加“农业职业经理人”等培训。2021年，协会继续推行网络授课，组织系列短视频直播人才培训、电商实操技巧培训等工作，为镇隆荔枝全民营销、互联网营销培育一批荔枝市场营销人才。

第三，完善物流，畅通外运通道。为破解荔枝“大年丰产不增收”难题，镇隆荔枝生产协会主动与京东物流、跨越速运、顺丰速运、中通快递、德邦快递等物流公司缔结成物流支援联盟，畅通外运渠道。

通过整合地区生鲜物流快递，由物流公司开设镇隆荔枝物流快递绿色通道，加强航空直达、冷链运输等服务功能，避免出现物流爆仓现象。积极与物流公司就荔枝物流价格、运输、售后等问题加强沟通协调，为果农争取物流运输优惠，引导物流公司制定售后统一标准，形成有约束力、有竞争力的物流服务团队。在镇隆圩镇、楼下、长龙、井龙、黄洞、大光、皇后、高田等合作社设置“一村一物流联盟点”，方便果农包装出货。在镇隆镇政府指导下，于田间设立冷库21个、物流快递仓储点16个，有效提高鲜果运输效率，助推荔枝营销。

点评

镇隆荔枝有上千年种植历史，自古被文人墨客称赞。在荔枝产业发展过程中，镇隆镇依靠标准引领，增加有效供给，减少低端供给，拓展高端供给，打造镇隆荔枝的金字招牌。

在协会成立后，镇隆荔枝知名度不断提高，活跃于海内外。协会作为纽带联结政府和农户，通过二十余年的摸索实践为镇隆荔枝产业发展找准了定位，突出千年荔枝文化特色，建立起点广面宽的销售渠道，畅通物流体系不断拓宽销售区域。持续以标准化贯穿全产业链，以质量提升消费者认可度，提升品牌竞争力，完善品牌服务体系，推进品牌国际化，使得镇隆荔枝成为广东荔枝的先锋品牌之一。

雷岭：构建小而美的荔枝特色专业镇

◎ 高永彬　整理

在广东荔枝产业中，除了茂名这样的大体量产区，还有汕头雷岭这样的局部集中型产区。做不到“大而全”，却可以“小而美”。雷岭镇通过打造荔枝特色专业镇，不仅卖好荔枝，还卖品牌、卖景观、卖文化，走出了一条农旅有机融合的特色发展路。雷岭“荔枝小镇”模式为广东荔枝“12221”市场体系建设提供了产业融合式发展的样本。

雷岭镇素有“粤东荔枝之乡”的美誉，是广东中晚熟荔枝产区代表，也是汕头市面积最大、产量最多、质量最好的荔枝产区。雷岭荔枝种植有500多年历史，全镇荔枝种植面积4.4万亩，主要品种有“黑叶”“怀枝”“桂味”“糯米糍”等。“家家户户都有种，几乎人均有一亩”是雷岭荔枝种植的真实写照。雷岭镇已连续十四年举办荔枝文化旅游节，连续十八年出口荔枝到欧美地区。2019年被评为全国“一村一品”示范村镇和省“一村一品·一镇一业”专业镇，2021年更被农业农村部纳入农业产业强镇创建名单。

2021年来，雷岭镇紧扣《广东荔枝产业高质量发展三年行动计划（2021—2023年）》，主动融入广东荔枝“12221”市场体系建设，在果品提升、贮藏保鲜、快递运输、品牌推广等方面多点发力，致力于破除荔枝销售瓶颈。

一、坚持提升果品。2021年年初，雷岭镇便与华南农业大学达成合作，共同举办雷岭镇荔枝良种嫁接培训班。培训围绕全国荔枝产业概况、荔枝品种情况、荔枝高接换种技术等问题展开深入探讨，并得到荔枝优质品种的嫁接和种植技术指导。2021年雷岭镇着力引进嫁接“巨美人”“观音绿”“岭丰糯”等新品，加强荔枝标准种植示范园、荔枝接种示范园的建设，同时在全域范围内推广出口荔枝管养技术标准，进一步提升荔枝品质。

二、深化农旅融合。大力整合红色遗址、古村落、自然温泉等旅游资源，以麻埔—松林—赤坪新农村环线建设为抓手，沿线打造光明乳鸽餐厅、特色农庄、荔枝采摘园、特色民宿等，开展荔枝自摘体验活动，促进旅游业和荔枝产业共同发展。

三、加强设施建设。加快完善基础设施建设，打通物流运转堵点，建设物流冷链中心，正在打造的600平方米冷藏仓库已完成土地平整工作，建成后将有效提升荔枝保鲜时效。2021年雷岭与京东物流合作，大大降低了运费及采购成本。此外，以雷岭镇荔枝协会为载体，整合多方资源，全域推广出口荔枝管养技术标准，为种植户提供政策、技术、项目、市场渠道、物流配送、经营管理等咨询服务，深化与商家企业对接合作，多渠道了解市场行情走势，引导荔农科学合理生产销售。

四、拓宽销售渠道。积极创新“互联网+农产品出村进城”电商销售模式，引导农村电商平台和荔枝生产农户构建利益联结机制；打造“小视频+网红”销售团队，发展“产地直供直采、销区订单供应”“线上交易、线下体验”的新型荔枝产销对接模式，让雷岭荔枝搭上“互联网+”的快车，不断拓宽荔枝营销渠道。

雷岭还积极参与举办荔枝省外推介与产地行活动，在广东省农业农村厅主办的广东荔枝广场（长沙站）活动中，雷岭荔枝供应商团队成功与长沙红星市场11家档口达成荔枝采购意向，前期采购量达2000吨。“优质品种‘糯米糍’一上市就被抢购一空，甚至在树上就已被预订。”雷岭镇委副书记、镇长陈锡波说道。而在雷岭举行的“我为荔农办实事”产销对接系列活动中，更聚集了来自全国各地的采购商。

五、塑造荔枝品牌。设计具有雷岭特色的Logo、荔枝包装箱等，并对雷岭镇优质品种“龟山糯米糍”进行精品包装，打造雷岭荔枝品牌。此外，雷岭还将深化与南方农村报等媒体的合作，通过举办产区和销区两场现场活动对雷岭荔枝进行全方位宣传，在各个领域、各个客户群体中宣传造势，扩大影响力，提高知名度，为2021年荔枝营销打好基础。

雷岭镇还紧紧抓住建设全国农业强镇契机，打造粤东荔枝特色专业镇。立足实际，长远规划，在推动荔枝品种改良的同时，更着力于打造荔枝特色景观带，推动农旅融合式发展，以荔枝产业高质量发展为主要抓手，进而实现全镇产业的提质增效，为全面推进乡村振兴注入全新活力。

电白：四大措施强产业促发展

◎ 林佳　整理

茂名市电白区荔枝种植历史悠久，出产的荔枝肉质爽脆，风味独特，味甜汁多。近年来，电白依托悠久的种植历史与扎实的产业基础，举全区之力，把建设荔枝基地作为振兴农村经济的大事，助推“我为荔农办实事”实践活动见行见效。电白荔枝品牌价值78亿元，全区种植面积达到36.1万亩，约占茂名市荔枝种植面积的27%，年产量约19万吨，年产值约14亿元。

电白区是茂名市荔枝的重要产区，早熟、优质是电白荔枝最重要的特点之一，比茂名周边产区早熟7—10天，比珠三角产区早熟15—30天。电白也因此成为全省著名的早熟优质荔枝主产区和全国最大连片的早熟优质荔枝生产基地。电白区采取了一系列措施推动荔枝产业走上高质量发展道路。

一、调整结构优化品种。为了推动产业升级，近年来，电白依托华南农业大学、广东省农业科学院果树研究所、广东省农业科学院农业资源与环境研究所、茂名市水果科学研究所等单位，结合区内现有技术力量，培育出“香蜜早”“凤鸡头”“翡脆”

等高产、优质、高价的优稀新品种；引进“井岗红糯”“红绣球”“岭丰糯”“红蜜荔”“鸡嘴荔”等品种，通过嫁接换种技术把部分“白腊”“黑叶”等普通品种换成优质品种以进一步优化品种结构。

二、做大精深加工文章。为了有效防范鲜果季节性、单一性的销售风险，电白区联合本地龙头企业，大力发展荔枝精深加工，围绕多元消费需求，延长产业链，有效实现果品增值。广东泽丰园农产品有限公司利用真空冷冻干燥技术生产冻干水果，最大限度地保持原新鲜食品的色香味和营养成分；广东为多生物科技有限公司利用荔枝鲜果生产荔枝果汁、果酒和高级荔枝白兰地；电白意顺食品有限公司推出酒酿荔枝面包、荔枝糕、荔枝酥等烘焙产品，以及荔枝咖啡、荔枝气泡苏打等时尚饮品。

三、在流通出口上下狠功夫。为破解“买难卖难”的难题，电白成立水果流通协调领导小组，打通出口和电商两大销售渠道，构建荔枝“流通体系”，为荔枝快速流通提供了有利条件。电白积极开拓海外市场，根据水果出境的相关要求进行种植和管理，严格把控源头质量、农残药残检测、出口检疫三道关口，将荔枝源源不断地销往国际市场。在电商市场上，电白与国内排名前十的生鲜电商均保持良好合作关系，并依托大型电子商务平台推进地方特色品牌农业电子商务馆建设，提高电白荔枝品牌辨识度。

四、讲好文化传承故事。电白荔枝种植历史悠久。近年来，电白依托当地荔枝种植、沿海旅游优势，把产业发展与文化保护、乡村振兴等有机结合起来，促进一二三产业融合发展。多次举办荔枝节庆活动，以荔枝为媒，旅游、文化搭桥，贸易唱戏，吸引

广东泽丰园农产品有限公司董事长林波（左）正在介绍荔枝保鲜技术

全国采购企业和商人到电白区来参观洽谈，促进荔枝销售工作。进一步集中资源和精力建设完善“荔枝公园”“大唐荔乡”文旅酒庄以及“茂名首家观光工厂”等旅游景点，力求催生荔枝新业态，延伸产业链，创造新价值。围绕“滨海旅游”做文章，通过精心编制旅游示范区规划，形成“一湾二岛三山四泉五园”的省级全域旅游发展格局。

点评

电白围绕“十个抓住”构建荔枝“12221”市场营销模式：抓住采购商，邀请老一批、新一批和出口采购商实地观摩，促进荔枝产销对接；抓住销区市场，以多渠道扩大知名度，让荔枝销售到哪就宣传到哪；抓住精深加工，满足市场多元消费需求；抓住电商销售，深入实施“互联网+现代农业”战略；抓住出口，让荔枝通过空运海运，跨山越海送往国外，缓解国内鲜果销售压力；抓住文旅，利用优势文旅资源结合荔枝鲜果销售；抓住金融，推出荔枝保险等金融产品助力产业发展；抓住品牌，深挖历史底蕴和文化内涵，擦亮电白荔枝名片；抓住人才，打好“人才牌”，推动荔枝产业高质量发展；十是抓住沉香，探索“沉香+荔枝”发展模式，发挥电白特色产业优势。通过一系列行动，不断擦亮“千年贡果 电白荔枝”品牌，使荔枝成为当地农民的致富果。

观察|“从枝头到舌尖”，农产品要上快车道

◎ 戚耀琪

2020年，广东省农业农村厅向全省农业部门发出通知，重点支持徐闻县探索“徐闻菠萝12221”行动。徐闻县政府联合广东省农产品采购商联盟启动了关于徐闻菠萝“12221”营销行动的探索。在认真总结徐闻菠萝“12221”行动计划基础上，广东省又不断丰富完善广东荔枝“12221”市场体系建设。

广东农产品“12221”市场体系建设，就是建设“1”个农产品大数据平台；组建销区采购商和产区经纪人“2”支队伍；拓展销区和产区“2”大市场；策划采购商走进产区及农产品走进大市场“2”场活动；实现品牌打造、销量提升、市场引导、品种改良、农民致富等“1”揽子目标。

当今世界，数据已经渗透到每一个职能领域，成为重要的生产因素。企业对海量数据的挖掘和运用能力，直接影响着终端消费者的购买状况。农业大数据的意义也在于此。现代农业生产需要数据和信息的实时支持，需要掌握诸如空气、土壤、水分、疾病等信息。在提高农业效率、保障食品安全方面，实现农产品优质优价，农业大数据都蕴含着巨大的商业价值。

在销售领域，大数据的作用就更加重要。因为它一头挖掘和反馈当前消费市场的状况，另一头反过来指导上游生产的频率。市场需求造成的销售难题一直存在，使得很多时候农民丰产却不能丰收。借助大数据对农产品进行销售，就能有效带动农业生产与市场需求的精准匹配。

要完成有价值数据的采集、过滤、提纯并最终产生商业价值，就要科学设置与规划建设整个产区的数据采集体系，搭建一个平台，满足从业人员在品种选择、技术管理、加工仓储、物流配送方面的需求，还要能应对准确投入、市场分析、销售路径等需求。这个数据的采集，一方面需要种养户真实反馈、数据收集者随机抽查，另一方面也需要有强大的分析软件，以便精准地提取真实生产脉络。有时候只看数据答案还不够，必须具有行业经验，具备抽象思维能力，透过数字看到本质。这就要求数据公司不但要掌握数据，还要读出数字背后真实的“三农”状况。

有大数据揭示成因，有数据平台的支持，才有分析和预判的基础。那么，销区和产区两大市场、采购商和经纪人两支队伍、采购商走进产区和农产品走进大市场两场活动，都有基本的数据导向，避免完全自发盲目的市场行为，最大限度地实现双方交易成

本最低、沟通成本最小、时间成本最少、经济效益最高的目标。

至于拓展销区市场，也是为了真正地以市场为导向。因为以往只是强调在产区的买卖行为，眼光并没有真正到达目标市场。如今销区和产区市场应得到同等重视，就是要引导生产者做到不只管眼前能卖出去，还要卖到远方去，扩大在全世界的影响力。

与此同时，培养产地经纪人和成立销售联盟、组织广大采购商进行对接也是同步的，目的就是要形成一个无缝连接的闭环。当市场认知水平和标准要求在不断提高的时候，采购商就能迅速把信息传递到经纪人队伍中，进而改变生产端的状况。否则，市场已经变了，产地还在坐井观天，那么采购商逐渐离开就会成为难以逆转的现实。

让采购商走进产地，也是一种积极、需要常年坚持的“招商”行为。以往采购商对政府而言都是面目模糊的，谁买了、买了多少、成交如何，只有中间商知道。如今，这个采购行为也要被纳入大数据，反馈到生产端和政府部门。生产者随时根据采购涨落而调整价位，这就避免了信息不对称造成的单纯被压价的局面，也让主管部门有了更多的主动权。

广东农产品“12221”市场体系建设的最终就是实现一揽子目标，要让曾经松散的生产端和消费端，形成更加紧密、动态、实时的联动，并实现利润最大化，还包括实现销量提升、市场引导、品种改良等。这个模式具有强大的生命力，需要尽快走上快车道，并复制到更多的产品和产地上。

总之，广东农产品“12221”市场体系建设已经在菠萝和荔枝产业上发挥作用，各地也要不断创新大宗农产品营销模式。不能只是复制口号、机械总结、照抄作业应付上级。此外，还要提防一些地方出于政绩工程考虑，花钱推出脱离实际又不能获取真实数据的无效平台。防止违背市场规律和市场主体意愿，以树立典型为目的进行的“拉郎配”。广东农产品“12221”市场体系建设的根本目的是促进农业增产与增值，带动农民增收与致富，切实为乡村振兴提供广东经验。这个宗旨是灵魂所在，是不能忘记的。

（作者为羊城晚报财经评论员）

观察|协调航班保障荔枝运输，政企联手实举助农

◎ 麦倩明

调派南航航班162架次为2021年广东荔枝出省打开绿色通道，大大缓解了广大产区果农及采购商的燃眉之急。此举出手快、用力准，效果明确，为全省百万荔农办了一件实事、好事，获得干部群众一致称赞。

助农之举貌似一时之功，背后是一直的关注与推动。广东荔枝是广东最重要的特色水果产业，广东省委、省政府主要负责同志高度重视广东荔枝产业发展，强调打好荔枝高质量发展的产业、市场、科技、文化“四张牌”。2021年，广东省委分管领导亲自部署、靠前指挥，将“我为荔农办实事”作为党史学习教育的重要工作内容。

助农先要懂农，出手快是因为政府部门深入了解基层一线情况。2021年广东农产品“12221”市场体系建设，省、市、县三级全面部署荔枝营销，党政牵头为180万果农办实事。按照荔枝上市时间的先后，从粤西、珠三角再到粤东，分阶段、分产区进行谋划，一步步扎实推进。从国内市场的产销对接，到国际市场的宣传拓展，广东省农业部门一一参与，直接指挥，从而对各产区产销的进度、物流动向了如指掌。

2021年，广东荔枝线上订单较往年同期大幅提升，空运是广东荔枝跨省运输的主要途径。受近期疫情影响，由广州、深圳始发的航班取消过半，航班数量锐减对广东荔枝空运产生了较大的影响。“荔枝一日而色变，四五日外色香味尽去矣”，情势一度危急。广东省农业农村厅紧急组织顺丰速运、德邦快递、京东物流、中国邮政四大物流企业开会，并发函商请中国南方航空公司协调航班，保障荔枝物流畅通。

助农需要合力，出手准是因为“我为群众办实事”的理念深入人心。南方航空公司接到商请函后，第一时间与相关物流公司取得联系，就广东荔枝的空运需求研究评估，并制定出运力调配方案。此外，还克服机组资源有限、防疫政策限制、广州机场停机位紧张等不利条件，临时增加编排了53个由广州、深圳始发的宽体航班。南航方面还通过调整窄机型为宽机型的方式，保障广东荔枝以货柜集装的形式进行规模化运输。2021年6月19日，承运货量达2030吨，其中荔枝货运占比约八成，有效填补了荔枝空运的运力缺口，缓解了因广东疫情航班大面积取消而荔枝运输受阻的问题。

广东近年来整合资源推动“三农”工作，团结更多的主体陆续参与其中。南方航空作为一家航运企业，以“连通世界各地，创造美好生活”为宗旨，2021年开通南航“荔

枝号”，有力支持打响“广东荔枝”区域公用品牌，为广东省百万荔农增收致富，促进广东省乡村振兴作出了积极贡献。广东的政府、农业部门以及大型国企时刻将农民的利益放在心上，关键时候使出有力的举措，在荔枝遭受运销困难的时候，急果农之所急，及时发现问题，主动解决问题，从而取得了实在的效果。

广东省农业农村厅协调南方航空增加荔枝空运运力

在此次空运运力协调过程中，广东省农业农村厅及时获取荔农的迫切诉求，积极应对、有力统筹，南航与顺丰、德邦等企业践行社会担当，确保广东荔枝空运畅顺，按时按质运达各大销区，切切实实为荔农办了又一件实事。这些举措不仅提升了广东荔枝物流服务的质量，更刷新了广东各级部门和相关企业“为荔农办实事”的速度。

（作者为南方农村报评论员）

新闻直播间：广东调配航空运力资源，保障荔枝销售

2021年6月，正是广东荔枝集中上市的时节。广东的荔枝产销有效对接，拓宽销售渠道，实现荔枝优质优价，农民喜获丰收。广东农业部门正通过协调物流企业和相关航空公司调配航空运力资源，保障荔枝销售。根据广东省农业农村厅的统计，现在广东荔枝价格稳定，销量大，销售已过六成。

（来源：CCTV-13新闻频道）

观察|广东荔枝成为“世界果”，还要再点“三把火”

◎ 王猛

2021年荔枝上市季以来，广东省农业农村厅联合有关单位举办了“广东荔枝丝路行”活动，广东荔枝在海外十城地标大屏亮相推广，中国广东荔枝全球分享品鉴活动陆续在全球各地拉开帷幕。广东荔枝已出口至北美洲、欧洲等多个国家和地区，促进了农业交流合作，增进了情感和友谊，成为联结广东与各国友人的甜蜜使者。

广东荔枝甘滋爽脆、鲜嫩多汁，产量和面积占全国一半、世界三分之一。过去，受保鲜期短、产销对接不畅、品牌认知度不足等因素制约，广东荔枝出口量不大，外国消费者很难一饱口福。旅居海外的华夏儿女，也只能在“日啖荔枝三百颗”“手栽荔子待我归”的古诗中寻找精神寄托。近年来，在加快构建“以国内大循环为主体、国内国际双循环相互促进的新发展格局”背景下，在广东农产品“12221”市场体系建设的指导下，广东积极培育荔枝出口企业和基地，联动各荔枝主产区和国际国内销区，让广东荔枝更多地走出国门，拥抱世界市场。

于国内而言，荔枝“走出去”的好处有两个：一是开拓荔枝销售渠道，帮助荔农增加收入；二是通过标准化、品牌化策略参与国际竞争，倒逼荔枝产业升级。然而，在渊深海阔的国际市场上，面对背景各异、口味不一的国外消费者，广东荔枝要冲出重围实属不易。

细而言之，广东荔枝成为“世界果”，还要再点“三把火”。

第一把是“传播推广”之火。前不久，中共中央政治局就加强我国国际传播能力建设进行第三十次集体学习，习近平总书记指出：“要深入开展各种形式的人文交流活动，通过多种途径推动我国同各国的人文交流和民心相通。”从登陆全球十大城市地标大屏到“广东荔枝丝路行”线上活动，从邀请国际友人来广东吃荔枝到筹办美国旧金山品鉴会，这一番番形式新颖的推介活动让世界初步知晓了广东荔枝。接下来，让广东荔枝深入社区，策划更多互动活动，针对不同国家和地区人群的口味，开发荔枝新菜式、新吃法甚至深加工产品。同时通过多种媒介形式进行接地气的二次传播，加深外国消费者对中国人、中国果的了解。

第二把是“文化演绎”之火。与中国许多水果相比，荔枝承载着美好的文化寄托。挖掘广东荔枝丰富的文化内涵，在国际市场上擦亮广东荔枝的金字招牌，不仅有助于加强外国消费者对这个岭南佳果的了解，也关乎产品附加值的提升。荔枝这种历时千年的水果，至今仍散发着耀眼的文化之光。正如很多中国北方人是从一些著名诗篇开始认识荔枝一样，海外消费者同样能够从中体会广东荔枝蕴含的甜美与浪漫。为此，广东可以通过国际荔枝代言人、文创产品设计等形式，传递演绎“用荔枝表达爱”的果语，强化文化烙印，打响广东荔枝品牌。

第三把是“商贸衔接”之火。如果说第一把火是让国外了解广东荔枝，第二把火是让国外爱上广东荔枝，那么，只有做好商贸衔接才能让他们吃上广东荔枝。为此，需要先“把好三关”：一是把好品种关，借助科技手段培育良种，提高出口荔枝品质；二是把好品控关，建立一整套包括种植管理、采收标准，推动荔枝标准化的全流程管理体系；三是把好品牌关，通过果品分级、产品溯源等举措，打造区域公用品牌。在此基础上，借助广东荔枝（农产品）出口联盟等多方力量，畅通海关检疫等环节，为荔枝出海创造有利条件。

广东荔枝的出海之路并非坦途，无论是产品本身的知名度，还是与海外市场的契合度，都有待进一步提升。但可以确定的是，广东荔枝这种敢为天下先、敢为天下鲜的探索，将为国内其他农产品进军海外市场提供有益借鉴。

（作者为南方农村报评论员）

踏平坎坷成大道，注定不平凡的广东荔枝季

◎ 麦倩明　张子煜

佳果誉神州，甜蜜五大洲，2021年广东荔枝交出了完美的答卷。果农们都说，“荔枝卖出了水平”。

连续三年唱响“步步高”，广东荔枝产业根基更牢，底气更足。

面对滞销困境，广东下决心解决。2019年，广东省农业农村厅组建“12221工作组”，勉力撬动千军万马卖荔枝；2020年，广东扛住新冠肺炎疫情压力，打了一场漂亮的逆转战，荔农欣喜道出“荔枝尊严”；2021年，虽然受到疫情、外贸受阻等不利因素叠加影响，但荔枝产业链新业态、新模式迭出，荔枝大步迈出国门，产业踏上新台阶……

曾经，岭南佳果偏处一地；如今，广东荔枝频上热搜，产业信心高涨。

这一切，离不开广东农业农村系统干部群众的接续奋斗，打好产业、市场、科技、文化“四张牌”，用理论与实践诠释了农产业高质量发展的方法、路径以及可能性。

唯有自信方从容

广东荔枝产业历史悠久，文化积淀深厚，品种资源丰富，种植面积全国最大。

大体量意味着大责任、大担当。在社会主义市场经济条件下，在农业领域里，政府有形之手与市场无形之手如何配合，生产与消费如何打通，城市与乡村如何互动融合，成为摆在广东农业党政干部面前的现实议题。

纲举目张，执本末从。广东农产品“12221”市场体系建设，通过抓“1”个大数据、“2”个市场、“2”支队伍、“2”场活动，实现“1”揽子目标，党政引领“为荔农办实事”，托举起180万荔枝从业人员的殷切期望。汕头市潮南区雷岭镇委书记欧阳仕表示，雷岭镇几乎每家每户都有种植荔枝，2021年荔枝季平均每户收入超过1万元。广东省农业农村厅市场与信息化处处长何霞表示：“‘12221’模式紧紧抓住品牌强农这一‘牛鼻子’将农产品生产与市场有机联结在一起，推动特色产业高质量发展。”

锐始者必图其终，成功者先计于始。

2019年，首届广东荔枝丝路行活动吹响了广东荔枝“走出去”的集结号；2020年，广东荔枝网络节云展会掀起热潮；2021年初，关于荔枝的谋篇布局继续展开，《广东荔枝产业高质量发展三年行动计划（2021—2023年）》《关于进一步做好2021广东荔枝“12221”市场体系建设工作的通知》《关于扎实推进2021年我省荔枝出口工作的通知》《关于开展2021年广东荔枝市场拓展系列营销活动的通知》《2021“我为荔农办实事”实施方案的通知》等文件相继出台，为荔枝产业精准把脉、指明方向。

荔枝红了，喜悦传递

自信源于责任担当。广东省农业农村厅以及各产区党政强化主体责任，广东根据荔枝上市时间，划分粤西、珠三角（除广州外）、广州、粤东四大产区，制定营销作战图，发布“荔十条”营销措施，分区督战。逐个产区谋划，逐个阶段推动，逐个环节攻克，形成了省、市、县（区）、镇（乡）、村五级联动“为荔农办实事”的良好局面。成立采购商服务中心，组建政务服务员队伍，为采购商提供免费住宿等服务，急调162架次航班护送荔枝出省，这一系列务实举措不断推动荔枝营销落到实处。

自信在于正确引领。各级党委、政府携手财政、商务、海关、外办、金融、保险、航空等多部门紧锣密鼓展开助“荔”实举，不仅为荔枝营销畅顺国际、国内通道，而且体现出全省一盘棋，调动各方面积极性，集中力量办大事的优越性。媒体机构深入一线，总结经验、树立标杆、传播文化，为荔枝销售营造良好氛围。“十万电商卖荔枝”“十万博主播荔枝”，中国荔枝产业技术体系首席科学家陈厚彬等一批行业人士为荔枝代言。从“5·20”这个甜蜜的日子开始，广东荔枝的海内外营销一直“在线”。一个盛大的荔枝季不但满足大众的消费需求，并且创造新的需求，果农与消费者都有获得感。

谈到政企联合“久久为功”为广大荔农办实事，广东省农业农村厅二级巡视员罗惠兰特别强调，要各协作单位乃至社会力量积极投身乡村振兴，从而产生了巨大能量。正因如此，广东荔枝才真正成为农民增收的“致富果”、乡村振兴的“希望果”。

唯有实践出真知

“看似寻常最奇崛”，广东荔枝已经存在千年，其产业发展起伏沉浮。广东农业人重新认识荔枝的地缘经济价值，制定正确的战略方针，并通过实践不断强化，是行动自觉。

2021年，广东省荔枝投产面积394.93万亩，产量147.31万吨，两项指标均占全国一半左右，涉及180万名从业人员……这组数据是广东荔枝庞大的基本盘。然而，“鲜”字也是产业发展的“拦路虎”，荔枝“一日则色变，三五日则味改”，色变味改则荔农减收失收。偏偏荔枝又体量巨大、集中上市，因此人们普遍认为荔枝“难搞”，找不到工作的突破口。

运用辩证唯物主义的方法论，尊重产业的特点，顺应产业的规律。荔枝的珍贵在于“鲜”，通过采取一系列综合手段，让“短板”变“长板”。补齐亚热带农业中农产品分级、包装、仓储、保鲜、冷链物流体系等环节中的“断链”“短链”，电商业务迅速铺开，业务占比快速增加。通过各种培训壮大农村电商人才群体，高州市根子镇元坝村荔枝销售走电商渠道的超过80%，全村2000多人中从事电商的超过300人；从化区荔枝冷链仓储物流体系让荔枝保质期达到40天，便于全球销售；高州市“田头小站”新基建稳步推进，分级接力全程冷链，新鲜农产品“最先一公里”难题得到纾解，延长了荔枝的生命周期和销售半径。

让数字农业为传统特色产业赋能，对接现实需求让应用落地。中国（广东）荔枝产业大数据中心投入运营，大数据系统建设可以让广东荔枝实现"适销对路"，帮助农户对接大市场。广东省农业农村厅总农艺师郑宏宣认为，数字农业首先是产业数字化，需要"一把手"重视，基础扎实的地方产业往往走在前面。

打造农产品区域公用品牌作为一种公共服务，绝非可有可无，政府职能责无旁贷。在"加快构建以国内大循环为主体、国内国际双循环相互促进的新发展格局"下，广东荔枝出口欧洲、北美、东南亚等的20多个国家和地区；广东荔枝陆续亮相于北美、欧洲、东南亚、中东等多个地区大城市的核心商圈、媒体版面、地标大屏；中国广东荔枝全球分享品鉴活动在美国旧金山、法国巴黎、加拿大温哥华等多地举办……一颗岭南佳果，让全球大市场收获了粤式甜蜜。据不完全统计，截至2021年6月底，广东荔枝出口量超1.5万吨，开拓海外市场创历史最好成绩。

融合、聚合，谋远、致远。广东省农业农村厅交流合作处处长黄维华介绍，串起海外宣传推广与产品出口两条链，合力推动了广东荔枝走出去。正因为有全方位、多层次、宽领域的务实举措，以及"线上+线下""国内+国际""传统渠道+数字通道"，荔枝得以实现丰产又丰收。5月20日以来，1094家媒体发布广东荔枝相关稿件，在美国、德国、澳大利亚、阿联酋等数十个国家广泛传播，浏览量超过4.3亿。

高起点谋划，高站位统筹。广东以"大气魄、大视野、大情怀"推动荔枝从南方走向全国，从东方走向世界。

唯有登高可望远

从谷雨到小暑，从粤西、珠三角到粤东，各个产区因地制宜"为荔农办实事"，不断丰富着广东农产品"12221"市场体系建设的创新实践。13个产量万吨以上的地市产区，荔枝先后成熟上市，一一顺利完成"惊险一跃"，变成果农的真金白银，历时两个月的荔枝销售"洪峰"平稳渡过。

通过全省农业农村系统的三年努力，菠萝、荔枝等已经有了多元销售渠道，打响了品牌，闯出了市场，并倒逼产业升级。广东农产品"12221"市场体系建设从初始"堵漏式""救急式"的营销，在不断巩固完善3个"2"做法的基础上，累积能量朝两个"1"方向加速延伸，向着"一揽子目标"迈进。

勇立潮头，大胆创新。国家级、省级现代农业产业园扎实推进品种改良、品质提升、品牌打造、标准化生产，生产端、供应端、销售端数字化不断突破。三年实践重塑产业形态，提升产业价值，广东农业人也在提升着认知与作为。广东农业农村系统锻炼出一支高水平、能干事的干部队伍，他们是凝聚共识的智囊团，是团结各方力量的生力军。

不畏浮云遮望眼，只缘身在最高层。

站上新的起点，进一步强化生产与市场两手抓、两手硬，让市场与生产相互作用、相互促进。广东农产品“12221”市场体系建设正在全省创建“六新”示范区，即通过培育推广新品种、新技术、新装备、新模式、新营销、新农人，全要素、系统化地推动农业高质量发展。

以田头小站作为“六新”示范基地的推广展示平台和最佳载体，“六新”示范基地到哪里，田头小站就建到哪里。田头小站以农产品仓储保鲜冷链物流设施工程为中心，具有十大功能，即仓储保鲜、加工包装、直播电商、区域农业数据收集发布、新技术示范推广、新农人创业实训孵化、市场集散、农业金融保险对接、农业生产经营信息（土地流转、农技农机农资信息）发布对接、农村政策法规宣传。

以建设“六新”示范基地为抓手，对生产端提质升级，既解决市场端对品质的需求，也有效解决生产端高质量供给。“‘六新’示范基地建设是一揽子目标的升级版，且更具体，可操作性更强。”广东省农业对外经济与农民合作促进中心副主任黎小军说。

“六新”有其相互关联的内在逻辑，其中新农人是“六新”示范基地辐射带动力的体现，只有带动和培养一大批新型职业农民和懂技术会经营的农户，才能真正实现现代农业生产的全推进、全覆盖，而“六新”示范基地将成为一个联农带农扶农的战斗堡垒。

全面推进乡村振兴，加快农业农村现代化，责任重大，任务艰巨，使命光荣。将广东荔枝打造成为享誉全球的农业品牌，向世界传递广东味道，讲述中国故事，形成可持续、可复制的经验，将进一步推动广东现代农业实现跨越式发展，在新征程上开新局、立新功。

（作者为南方农村报记者）

相关视频请扫描二维码

第三章

立局

构建优势

卖贡柑：一群农业干部的100天

◎ 李金玺　张芷瑜

100天，能做什么？

100天，贡柑可以从青绿变橙黄，节气从夏末到初冬。

100天，也可以捧红一个水果，锤炼一支队伍，见证一个品牌奇迹。

2021年12月24日下午，在区域全面经济伙伴关系协定（RCEP）生效进入倒计时之际，梁为东、傅水波等肇庆市农业农村局干部一行来到德庆县，与德庆县贡柑营销专班联合研究如何在全球规模最大的自贸协定RCEP生效后抢先机，筹划德庆贡柑出口至RCEP国家。

10月1日至12月30日，是德庆贡柑销售的“黄金100天”，也是当地农业干部与果农最为忙碌的100天。梁为东带领市农业农村局工作组不是在德庆，就是在去德庆的路上，他每周来2—3次。他们深蹲德庆，抓品控、畅渠道、统资源，助农卖果，以“实干”出“实绩”，也与德庆县贡柑营销工作专班一起，彻底激活了这个千年贡品的“网红体质”，捧红了德庆贡柑。

德庆县约1亿斤优质贡柑果已销售过七成。德庆县县长凌云表示，德庆县委、县政府以广东农产品“12221”市场体系建设为指南，提前谋划，多措并举，盘活盘大“黄金果”，让“广东德庆喊全球吃贡柑”喊得响、落得实、见得效，让德庆贡柑品牌升温、价格上扬，让果农真正丰产丰收。

◎贡柑“不够卖”

国庆不停工拉开营销大幕

2021年9月以来，德庆贡柑天天有动作，日日见媒体，时时有热点，营销行动带来品牌热度，品牌热度带来采购热潮，引得柑农点赞叫好。

“贡柑‘不够卖’，优质果‘一果难求’。”德庆兴德公司负责人告诉笔者，德庆贡柑虽然还在集中上市期，但销售已经接近尾声，优质果多数被订购完毕。

对于目前销售良好的局面，德庆县副县长植思华感触颇深。9月底以来，她的手机里始终保存着一份“2021年德庆贡柑营销工作安排”，密密麻麻的10多项工作，每天晚上查看安排表、布置工作成为她的习惯。回想这100天，国庆节营销是德庆贡柑的第一次“小考”。

国庆长假，如何以节聚势、以节兴市，肇庆和德庆市县两级党委政府铆足了劲，想方设法“开好头”。

国庆长假前一天下午，肇庆市农业农村局局长梁为东同志率队到德庆调研德庆贡柑“12221”市场体系建设工作，重点对国庆节营销进行部署安排。

10月1日，德庆县委、县政府专班专题研究部署，围绕一棵树做文章，制定了“国庆七天乐”主题宣传活动。德庆原县委书记陈元要求工作专班围绕国庆节开展借势营销，并以7天为时间线，为系列营销策划“点题”。

德庆县贡柑工作专班成员坚持7天在岗，天天有动作，招招有实效，联动全省上下，协同各方资源下好德庆贡柑“一盘棋”。

其后，“秋日情浓·共享柑甜”认养者文旅体验活动、邀请亲友吃贡柑书信活动、走访柑农送技术、走访经销商引进来系列活动陆续推出。德庆县贡柑果园热闹繁忙的景象提前出现，远远望去，拍照的、浇水的、采摘的……

从央媒、省媒到地方媒体，从公众号到微博，连续跟踪报道德庆贡柑认养模式，“橘与橙的杂交”“我在德庆有棵贡柑树”等话题持续火爆，德庆贡柑未熟先火，在国庆期间“出圈”。

10月6日上午，德庆县召开德庆贡柑“12221”市场体系建设工作推进会。县领导凌云、吴亮、植思华参加会议，会议要求深化国庆节营销成效，进一步确保德庆贡柑工作高效推进，做出成效。

国庆长假的成功，让德庆贡柑营销专班看到了努力希望，也看到了干群合力的力量。碧桂园农业（德庆）有限公司负责人赵鑫也表示：“现在全县上下一条心卖贡柑，不仅有了方向感，也有了更多信心。”

◎一个果带旺一座城

县委书记、县长成立贡柑专班

国庆节营销只是德庆打响德庆贡柑“12221”营销的举措之一。自7月以来，肇庆市委副书记杜敏琪带队与省农业农村厅多次开展专题研究，最终确定了以“12221”为指导思想的“1+2+10”行动方案。方案包括建立产业大数据、国际采购中心，开展“我在德庆有棵贡柑树”认养活动等一揽子助农营销行动。

如何推动德庆贡柑“12221”营销“1+2+10”行动方案落地？这需要一个强有力的工作队伍。德庆县委副书记吴亮介绍，7月底德庆贡柑工作专班正式成立，专班下设13个专责组，成员分别来自德庆县宣传、农业农村、人社等部门及主产区乡镇。德庆县县长凌云为专班组长，县委副书记吴亮为专班执行副组长，副县长植思华为副组长。

专班中有13人全职脱产工作，脱产成员要求在专班集中办公，重点项目实行“专班+专员”服务机制，抢时间、赶进度，实行挂图作战、一线推进。工作组带头冲锋，落实工作。

时任专班副组长、德庆县原副县长安一宁认为，德庆贡柑从种植、采摘、加工、分拣、包装、流通等全产业链入手，树立以标准促质量、以质量创品牌、以品牌占市场的发展理念，强化产品质量和品牌经营，共同打造德庆贡柑区域公共品牌全面升级，实施品牌高端化战略，实现德庆贡柑从名品到名牌的转变。

如今，接棒安一宁的德庆县副县长植思华延续工作思路，并正酝酿着将德庆贡柑食品化，通过深加工提升德庆贡柑的附加值。德庆贡柑这张“亮丽的名片”，如今又重新焕发了别样光彩。

2021年，德庆贡柑开启贡柑树认养，让德庆贡柑未上市就先火了一把。全产业融合，通过聚焦乡村旅游、全域旅游，聚集文化、生态、旅游等要素资源，打造贡柑产业与徒步游、乡村马拉松、自行车游、休闲采摘等乡村旅游相结合的精品融合项目。

德庆县副县长植思华表示，德庆转变思路，借鉴目前较为流行的“商品预售”模式，创新推出贡柑树认养活动，探索促进整条贡柑产业链由过去的“产供销”转变成“销供产”，从过去单一种植转变到一二三产融合，从买贡柑、吃贡柑到看过程、品文化，让农业文化价值与品牌宣传相结合，让果农实现“果未熟，钱先收”，增强他们发展的信心。

精选出来用于认养的果树都有严格的要求，为了保证认养的果树产出的贡柑都是精品，果园在种植管理上会投入更多的时间与精力。

在认养活动的基地之一的德庆县东璞生态农业有限公司，工人们正在生态除草，技术人员也在对贡柑果实进行抽样，实时检测果品的糖度，测量果品生长果径。“我们一定要保证认养的果树产出的贡柑都是精品果。”陈慧说。

“通过对基地种植土壤、灌溉水、贡柑果实抽样检测，我们实时掌握果树及果实生长状况，以科学数据指导基地做好管理，确保认养果树健康、安全生长。”德庆县农业农村局副局长杜庆中说。

德庆县金一百农业科技有限公司梁伟学认为，作为柑农，更应该加强贡柑质量安全及品质管理，“共同守护好德庆贡柑这块金招牌，我们的贡柑未来才会有更大发展”。

“这几年德庆贡柑的价格都挺好，2020年均价在4—5元/斤，进入丰产期的果树产量普遍在100斤/棵以上，效益可观。”德庆县马圩徐森强家庭农场负责人徐均伟表示。

在行业人看来，一场认养活动，成为联结城乡之间的纽带。以贡柑果为媒，满足了市民“归农”的体验需求，享受“与树为邻，与山为伴，与水为缘，与田为友”的绿色生活，实现“田园梦”。“这里就像一幅山水画，山美水美，空气很清新，（我）觉得这样的环境会对身体很好，很适合一家老少过来游玩。”刘满涛说。

“我觉得德庆真的是个好地方，一个农村都可以有诗馆，这种民风民俗令人敬佩。”陶女士说，“贡柑成熟了我会再来，到德庆悦城龙母祖庙、德庆学宫、盘龙峡景区等地游玩。”

德庆县作为千年古郡，拥有大美的田园山水及深厚的文化底蕴，以体验、互动为卖点，将德庆的特色农产品、旅游景点、特色民宿与贡柑认养模式相结合，打造出“柑香画廊”等农旅项目。把采购商产销对接工作与农旅体验相结合，以贡柑为媒，推农旅、推文化、推乡村产业振兴的成果，一环扣一环，形成系统性的营销模式，德庆贡柑以认养一业带旺多业，带动农民增收致富。

◎“3个月像是3年”

将市场挺在生产前面

2021年以来，肇庆和德庆市县两级强化生产与市场“两手抓、两手硬”的思想认识，高度重视市场营销工作，以全产业链思维开展工作，让市场与生产相互作用、相互促进，带动贡柑全产业链发展。

“2021年，德庆贡柑营销工作节奏快、收获大，3个月像是3年。”肇庆市农业农村局三级调研员傅水波讲到，德庆贡柑曾经造就无数个“贡柑楼”“贡柑车”，但也曾经遭遇过黯淡时期。真抓实干100天，如今德庆贡柑“大变样”。

德庆贡柑营销的成功也增强了农业干部抓市场的信心和决心。“农业农村部门要把市场挺在生产前面，因为市场是农产品实现价值、农民获得增收致富最后的实现路径，把市场抓好了，老百姓增收致富了，必将反作用于生产，让老百姓信心更足，更多资源投入到生产当中，从而促进生产的高质量发展。”傅水波认为。

近年，德庆贡柑迎来了史上最好的发展契机，在现代农业产业园与广东农产品“12221”市场体系建设的双重加码下，德庆贡柑种植面积已恢复到超10万亩，无论是德庆县政府还是德庆果农，对进一步打造德庆贡柑品牌的愿望都愈发强烈。德庆贡柑走上了一条产业精细化、品牌高端化的路子。

如今，“德庆贡柑营销专班”成为广东农业圈的网红。广东省内柑橘主产区的从业人员取经者不在少数，粤北、粤东等柑橘兄弟县域多次向省厅求助“如何复制德庆贡柑模式”。

而在肇庆市内，四会、广宁等县已经瞄准靶心，以复制德庆贡柑模式为目标，启动广东农产品“12221”市场体系建设。

“我们被‘追捧’，有压力也有动力。”德庆县农业农村局局长李永杰表示，德庆县正抢抓RCEP机遇期，推动德庆贡柑出口至越南、柬埔寨等国家。

2021年，德庆已成功申报了11家贡柑出口备案基地和加工厂，越来越多果农看到国际贸易的商机，纷纷自觉按照更高标准进行生产，希望能享受到出口红利。

自12月起，德庆贡柑开始出口欧美，12月5日，德庆贡柑发车运往北美；12月8日，德庆贡柑搭乘国际空运航班飞往荷兰；12月18日，德庆贡柑登陆德国法兰克福市场……

“2020年不知道行情，嫌价格低不肯出手，后来烂了几万斤在地里；2021年政府开展各种活动帮忙打品牌、卖贡柑，价格稳还卖得好，每天都在出货，一点压力也没有。这个收购价对于果农来说，很满足了。”德庆果农徐均伟表示。

（作者为南方农村报记者）

“品质为核，文化为魂”，擦亮德庆贡柑品牌

◎ 杜敏琪

千年贡品，中国柑王，德庆贡柑有着1300多年种植历史，因被宋高宗赞赏，被尊为贡柑，是广东省内较早到北京人民大会堂推介的岭南佳果。肇庆市主动谋划部署，提出“品质为核，文化为魂”，全面推进德庆贡柑“12221”市场体系建设，以好果要分享的底气推动实现优果优价，走出了一条生产发展、生活富裕、生态良好的新路子。

民族要振兴，乡村必振兴；乡村要振兴，产业必先行。广东省立足“三农”工作实际，扎实推进广东农产品“12221”市场体系建设，这既是加快农业农村现代化的重要举措，也为肇庆市推动乡村产业兴旺、农民富裕提供了重要契机，我们聚焦打好产业、市场、科技、文化的“四张牌”，以销与需、产与供的结合，致力寻求供需的精准对接、产销两旺，构建具有肇庆特色的农产品市场体系。

以“1+2+10”为主线，系统推进农产品市场体系建设

在广东省农业农村厅的指导下，结合市情、农情、柑情，提出了“1+2+10”的总体目标任务。“1”是一个目标，通过三到五年的努力，实现德庆贡柑的总产值阶梯式增长，重现往日的荣光。“2”是两个重点，重点打造中国德庆柑橘国际采购中心和建设柑橘大数据的平台。“10”就是三大类的十项工作，首先是品控类，要培育“六新”出口示范基地，树立德庆贡柑的田头智慧小站；其次是营销类，主要举办中国德庆贡柑的网络节、云展，“喊全球人吃贡柑”活动、“我在德庆有棵贡柑树”果树认养活动、“德庆贡柑的路演行”活动等；三是建立中国柑橘种业基地，拓展中国德庆贡柑的深加工业，推动农文旅深度融合，培养柑橘产业人才。

以果树认养为突破口，打造一业带动多业的新模式

我们以四个“六新”出口示范基地为依托，以一亩田大数据平台为支撑，统一、闪亮、创新地推出“我在德庆有棵贡柑树”果树认养活动，明确可以尊享收益、果品保障、冠名果实采摘、免费快递、定期监测等六大权利，让果农实现果正熟而钱预收的愿望，同时推动贡柑产业由产供销转向销供产。这个活动得到各类机关事业单位以及社会各界的充分认可、积极响应，我们首批推出1111棵果树，9天内被认养一空，每棵是1111元，贡柑的价格也超过了10元一斤，已经有3000多棵果树实现了名果有主。

同时，央视财经频道、新华网、南方农村报等媒体给予了持续关注和广泛报道，更是让德庆的柑农感受到了窝心的暖和畅怀的乐。

以农民合作社服务中心为载体，推动产业联农惠农

我们按照广东省农业农村厅的部署，用心、倾情、务实地建设好德庆县农民合作社的服务中心，孵化并维系好一批联农本领高、服务意识强的新型农业合作社，他们一头连接柑农，一头连接服务中心，通过我们建设的柑橘国际采购中心，实现了产销的无缝和有效的对接，让果优价优惠及广大柑农。

服务中心明确统一的种植标准和技术规范，实行了统一的收购、包装和销售，并按果品类别进行分级定价，分别定4元一斤、7元一斤和11元一斤，特优果价为20元一斤，这样既保障了柑农和消费者的权益，又形成了价由质定的鲜明导向，比如德庆县天牛膏农业专业合作社辐射带动了柑农100多户，高标准的种植面积达3000亩，预计年产值近亿元。

以开展系列活动为推手，持续加温保持市场热度

在产区，我们开展了“贡柑之旅”研学活动、德庆中小学生“邀请亲友吃贡柑”活动、德庆贡柑采摘节、贡柑主题公交车的首发仪式等，为“老树报新芽，酒香需吆喝”营造声势，焕发乡情和乡愁。在销区，我们已举办德庆贡柑高铁专列首发仪式、“喊全球人民吃贡柑”等活动，带着贡柑走世界，唤醒关于贡柑的记忆。同时，我们组织老一辈柑农讲辉煌，翻阅档案查历史，用心建设德庆贡柑历史文化长廊，策划柑香画廊文旅路线，构筑德庆贡柑农文旅超级IP形象，不断推动文化助魂赋能。

通过努力，我们相信德庆柑农一定会信心更足、底气更足，有机、绿色、生态的种植理念以及推动一二三产融合发展的执着会更加深入人心，标准化、规模化、品质化的种植气候必然形成并见效，德庆贡柑再现荣光值得期待。

（本文根据时任肇庆市委副书记杜敏琪在广东农产品“12221”市场体系探索与实践研究会上的发言整理）

德庆贡柑农场主陈慧：“网红”不能解释我

◎ 周志方

初见陈慧，她正在贡柑基地的包装厂里接受媒体采访。在她身后，一条全自动贡柑分选线马力全开，工人们正忙着对分选好的贡柑打包装箱，一切都有条不紊地进行着。

陈慧是“不一样”的新农人。她是家境优渥的城里姑娘，弹得一手好钢琴；她是下乡创业的“90后”大学生，英语说得特别溜；她是德庆县东璞生态农业有限公司（简称“东璞农业”）总经理，管理着千亩果园；她是网红农场主，德庆贡柑央视广告里的女主角。

下乡创业的大学生，“随随便便”的成功

2013年，那时的陈慧还只是一个普通的大学毕业生，面对去银行工作还是出国继续攻读金融的选择，她举棋不定。而此时，她的父亲陈朴正在德庆创业，陈慧便抱着帮忙的想法来了德庆。“我站在父亲的肩膀上创业，是一个‘创二代’。”

陈慧和父亲通过收购、复种废弃果园，建起自己的贡柑示范基地。

2017年，贡柑收成在即，突如其来的柑橘黄化病影响了基地80%的贡柑树。黄化病是德庆贡柑产业的头号杀手，当地有不少果园因此而荒废。陈慧和父亲依靠科研团队，广纳德庆当地种柑能手，从各个环节入手进行了大量试验研究，只求救活果树。“我们的投入一点点增加，资金、信心、耐心包括人的精力，都被压缩到了极限。”

陈慧印象最深刻的一次，是她与父亲顶着烈日在果园剪枝，结果双双中暑，他们是被工人发现后从果园抬出来的。

东璞农业拥有贡柑种植基地9个，总面积达1000亩。“2021年产量150万斤，2022年达到丰产年，预计产量500万斤。”出口包装厂占地2.3亩，涵盖贡柑初加工、冷库贮存、产品检测、电商培训、办公等多种功能，平均加工量30吨/天，冷库库存量最大100吨。

“2021年是东璞农业从量变到质变的一年。”陈慧说，德庆县委、县政府积极推进德庆贡柑“12221”市场体系建设，为果农做好事、办实事、解难事，实现德庆贡柑产销两旺，为东璞农业带来了极大的发展机遇。

在政府的发动、媒体的宣传下，东璞农业有近866棵果树在“我在德庆有棵贡柑树”活动中被认养，被认养的贡柑价格超20元/公斤，比2020年平均市场价翻了一番；创建了“六新”出口示范基地和田头小站，实现出口零突破；电商销量也有了质的飞跃，“双十一”3天活动就卖出了2万单，陈慧说：“相当于2020年高峰时期一个月的销量。”

“从城市到农村，从来都不是自高向下的将就，只是对于人生规划的不同选择，这个选择基于平等，且充满挑战。”陈慧早已完成了从大学生到农场主的身份转换。

千年的贡柑，依然年轻的树

德庆地处西江走廊，北回归线过境，土壤肥沃，所种植的贡柑集甜橙、糖橘、蜜柚三者优点于一身，已有1300多年的种植历史，因曾作为贡品而得名“贡柑”，也被誉为“中国柑王”。

眼下正是德庆贡柑大量上市的日子。走进东璞农业贡柑基地，金黄油亮的贡柑挂在枝头，贡柑树之间的距离标准统一，“小桥流水”般的果园惬意怡然。不久前，东璞农业正式通过GLOBALGAP（欧盟良好农业规范）认证，进入欧洲市场。

东璞农业有一套生态种植技术规程。每年下肥前会对果树当年的挂果量进行评估，把控产量与风味的平衡，不因扩大产量多用化肥；不使用除草剂，果园通过种植蕨类植物，让适当的杂草与贡柑果树共生；不打杀虫剂，利用微生物、寄生性天敌以及捕食性天敌等生物防治技术来控制病虫害；还有扩大行距株距、不进行环割、补给生物有机肥和微量元素等方法……说起多年来用无数次实验总结出的生态种植经验，陈慧如数家珍。

“东璞农业的贡柑勾起了我对90年代初德庆贡柑的美好回忆。”在2021年的一次贡柑常规送检中，肇庆市农产品质量监督检验测试中心主任陈宁在品尝后发出感慨。

东璞农业的生态种植技术规程也被越来越多的柑农接受。陈慧负责的德庆县天牛膏农业专业合作社有52户核心社员，带动贡柑种植面积约3000亩。2021年6月，东璞农业还成立了德庆县农民合作社服务中心，以生态种植技术规程为发展依托，为全县的合作社、家庭农场提供服务，力求实现两年内复种5000亩贡柑的目标。

柑农谢文雄在基地学习了生态种植技术规程之后，他于2019年开始复种贡柑，他说：“首批种植的600多棵贡柑2021年丰收了，品质和产量都十分可观！”

2020年，陈慧抓住电商直播的风口，打造了生态网红农场推动电商销售，目前电商零售5斤装按大果、中果、小果分别为88元、68元、58元，还有论个卖168元/17个的柑王装等多种规格，实现电商销售量占到总体销售量的八成以上。

除鲜果零售外，东璞农业还研发了贡柑深加工产品，包括贡皮、贡柑酒、橘香香料等。“扩大种植的产品种类，让公司在国内、国际市场上具有知名度。”谈到未来的规划，陈慧早已有了明确的方向。

农业网红很多，网红农场主很少

前不久，陈慧登上美国杂志《财富》（*Fortune*），作为广东新农人的代表，她与“菠萝妹妹”王小颖的照片一同被印在杂志上。“菠萝妹妹”是广东本土农业网红，被称为广东版李子柒，徐闻菠萝界的丁真。

在短视频兴起的时代，农村与城市的生活近在咫尺，如陈慧般拥有自己产业的网红农场主却不多。

其实从2021年9月开始，陈慧身上的关注度就越来越高，从“我在德庆有棵贡柑树”的第一次“出圈”，意大利国际果蔬线上展览会上她飚英文推介德庆贡柑给人留下深刻印象，到在德庆贡柑开摘节上代表德庆贡柑新农人参演情景剧，以及作为广东柑橘代言人登上中央电视台，陈慧“红”了。

“你认为你是网红吗？”陈慧一愣，然后说，从来没有感觉自己是网红。镜头之外，陈慧的一天从天刚蒙蒙亮就开始了，8点公司例会，之后是巡查果园、检查洗果、对接发货等常规工作，还要接待来访，录制公司宣传的小视频，接打采购商的电话，处理公文合同，她的日常和往常的区别，只是更忙了。

在做农业的路上，陈慧付出了太多时间。“工作占据了她绝大部分生活。”东璞农业技术主管温加圣说道。他是陈慧的工作伙伴，也是好友，两人在大学时就已认识。加入陈慧的团队六年了，温加圣主攻技术，协助管理电商，工作之外，他已为人夫，为人父。

“为什么不像其他女生一样朝九晚五上下班，然后结婚生子？”陈慧说，好几次她曾这样问自己。“因为创业做贡柑、运营东璞农业是我真正想要做的事？”大学选的专业是因为当时热门；毕业时曾计划出国是随大流。回顾自己曾经的选择，陈慧觉得，那应该不算选择，只是一种顺其自然。“就连一开始来德庆，我也只是想来帮忙而已。”

顺其自然的风格显然不适用于农业世界的法则。来到德庆后，不断有困难要去克服，一直有挑战要去战胜。陈慧说，是父亲教会她坚持、舍得、果断，让她能静下心来专注做农业，也能在面对抉择的时候懂得取舍。“以后我希望更多的人，能通过我的努力过上更好的日子，这能让我有成就感。”

言语之间，一个更为丰富的陈慧慢慢展现，简单的“网红”二字已不能解释她。“不过是网红也挺好的，应该可以多卖点贡柑。”陈慧笑着说。

（作者为南方农村报记者）

遂溪：有一条圣女果“亿元村”

◎ 黄楚璇　谭梦涵

“大家看好了，颜色要够红，果肉饱满，这样的果才能摘……”清晨7点多，在湛江市遂溪县界炮镇江头村田间，由周边村民组成的采摘队已在基地集合完毕。三年前成片的甘蔗田，大多已种上了圣女果，并在每年冬季迎来丰收。湛江市铭景农业发展有限公司(简称“铭景农业”)基地主管陈观辉指着手中刚摘下来的圣女果，再次跟工人强调采果标准。

在广东农产品“12221”市场体系理论的指导和引领下，江头村注入市场资源，引入龙头企业，以“市场驻村”模式将市场挺在生产前，推动小农户对接大市场。小小圣女果让江头村全村年纯收入超1亿元，一颗圣女果造就了一条“亿元村”。

圣女果卖好价，带富一方

江头村村民李春丽从家里出发，走路5分钟就能到达铭景农业的圣女果基地。作为打包组组长，李春丽将每筐采摘好的圣女果铺平，盖上塑料薄膜，确保圣女果从田间安全运到仓库。

当前正是圣女果采收季，种植基地里人来人往，工人们拿着竹筐穿梭在田间，寻找红润饱满的果实进行采摘。一颗颗光滑圆润的圣女果拥挤着，填满一个又一个货筐。它们即将被送回仓库分拣、打包，然后进入冷库等待与消费者见面。

“这段时间产量上来了，采购商订单增多，基地里每天都有四五百名工人投入到采摘、加工、打包等环节。”每天晚上，陈观辉都需要盘点并安排好第二天采果的用工人数，“春节前后将进入销售高峰，到时每天将有近1000名工人同时开工。”

除了忙碌的工人，来自全国各地的采购商也往来不绝，活跃在各大圣女果基地看果、选果、洽谈。2021年遂溪圣女果刚上市时，田间收购价达到每斤8—10元，甚至卖出每斤11元的高价。

据了解，目前遂溪县界炮镇种植圣女果6000多亩，其中江头村种植3000多亩，亩产量超7000斤。按照田间收购均价每斤8元，种植成本每斤2元算，每亩纯利润达5万元，2021年总产值达4亿元。

据遂溪县界炮镇镇长岑志东介绍，铭景农业通过“公司+合作社+基地+农户”的运营模式，联动周边农户种植圣女果，同时为周边村民创造了3000多个就业岗位，让村民实现在家门口就业。“村民们每个月有稳定的收入，同时也为遂溪圣女果产业提供人力保障，一举两得。”岑志东说。

“遂溪圣女果以一果改变了一村农业发展现状，带动了一方经济发展。”遂溪县科工贸和信息化局主任戴宏华表示，期待将遂溪圣女果产业发展打造成为可复制、可推广的模式，让遂溪更多农业产业焕发活力。

产业链条完善，连接市场

时间回拨到2019年。那一年，铭景农业总经理陈建平在广州江南水果市场从事批发工作，他发现圣女果市场需求常年旺盛，但“没有稳定的货源供应，不敢承接大的采购订单”。苦于此，陈建平产生了回乡发展种植的想法，凭借多年行业经验，他发现自己的家乡遂溪有着得天独厚的种植条件，毗邻北部湾海岸，地处北纬21度，常年光照充足，拥有富硒红土壤，正是培养圣女果的沃土。

一年后，圣女果生产基地在遂溪界炮镇江头村率先建起来了。然而，怎么提升圣女果品质成了困扰陈建平团队的大难题。

优质需先优品种，升级圣女果品种势在必行。“基地以种植千禧果品种为主，是分析市场需求后确定下来的。”陈观辉介绍，千禧果是改良而来的品种，是圣女果的升级版，遂溪千禧圣女果色泽鲜艳、甜度高、水分足，果实皮薄肉脆汁多，广受青睐。

为强化圣女果品质保障，铭景农业在田头建起6000立方米的冷库，可储藏圣女果1000多吨。在田头实现采摘、清洗、分拣、加工、包装、预冷、冷藏等全过程，有效解决了圣女果采摘后冷藏保鲜的关键问题。此外，铭景农业还引入“田头小站”移动冷库，构建更大的田头冷链仓储平台。

得益于常年积累的供应商渠道，圣女果基地成立第一年就引来丰富客源。据陈建平介绍，每年采果季全国客户都会陆续到基地谈合作。除了百果园、长沙绿叶、山东家家悦等连锁商超及北京新发地、山东济南、浙江嘉兴等地批发市场这些老客户外，2021年还有不少新客户来。

用市场指导生产，用品质征服市场，遂溪圣女果“市场驻村”模式应运而生。“近期基地每天发货1.4万斤，之后将逐日增加，预计每天发货5万斤，春节前后每天发货15万斤。”陈建平表示，铭景农业一直以来主营农产品市场端运营，能快速掌握市场最新资讯，“市场驻村”的加持，为生产端注入更多市场资源。

数字营销升级，打响品牌

基地打包工人将圣女果装进印着“岁禧”的新包装盒，设计简洁、外观靓丽。“岁禧”，取自遂溪，寓意“岁岁有喜”。“既然是带头种植，我们希望打造一个高端品牌，进军高端市场，2021年圣女果品牌与包装双双升级。”铭景农业销售总监王杰介绍。

王杰认为，开拓市场渠道是铭景农业的强项。广东省乡村振兴文化服务产业园发起短视频及微博话题营销、直播电商行动、田头直播等多个活动，覆盖微博、抖音、淘宝、微信等多个平台，助力遂溪圣女果在全网范围广泛传播，成为风靡全网的“网红果”。

遂溪圣女果从田间直播到“火”上热搜，数字赋能新业态发展，界炮江头村成为名副其实的“数字+圣女果”小村。铭景农业销售总监王杰表示：“我们也在逐步完善新零售和电商销售渠道，积极参与圣女果产业从田头到市场的各个环节，争取打通全产业链。”

岑志东表示，接下来将充分发挥省、市、县、镇、村五级联动力量，加快推行圣女果种植管理标准化，建立完善圣女果全产业链，与界炮镇红色文化及文旅产业相结合，将其打造成为具有旅游观光、科普教育、品种研究、种苗繁育等功能的圣女果现代农业产业园。

（作者为南方农村报记者）

平远：以创新展示塑造农业品牌

◎ 冯晓华　整理

梅州市平远县通过建设农产品产业园展厅，打出两张漂亮产业牌。展厅的建设不仅促使产业完成品种结构优化、产业链建设，更以一种创新的展示方式，吸引一批年轻的消费者，助力农产品品牌“出圈”。

2019年12月14日，梅州市平远县第十五届脐橙文化旅游节暨平远县脐橙省级现代农业产业园展厅开馆仪式在飞龙果业（凤池）围龙屋开幕，广东新一网红打卡景点正式开门迎客。

自2018年8月至脐橙展厅建成开馆期间，平远脐橙产业园已建成50亩脐橙脱毒苗木繁育基地、10个脐橙标准化种植示范基地、500亩脐橙特色农产品加工仓储中心、3.2万平方米大型脐橙特色农产品批发交易中心。

作为广东首家脐橙主题展馆，平远脐橙展厅被誉为“脐橙时空馆”“平远会客厅”“脐橙科教基地”“橙汁科技园”……游客通过先进的多媒体互动墙，亲身体验脐橙从一颗种子到产出一杯果汁的各个生长阶段和加工流程；或走进直播间，在聚光灯下，体验一把网红直播“带货”的新潮玩法等各类新颖体验模式。2020年5月10日，平远县举办“唱响梅字号助农平远行”直播活动，平远县副县长李万年携手农企化身“主播”带货飞龙“上橙”橙汁、华清园梅片精油、威大地葛根粉、上举仿野生灵芝等数十款平远农特产品。直播2小时成交金额便突破300万元。

另外，展厅还设有苗木繁育展、农耕文化展、加工科技展、平远脐橙形象展等多个实物展区，走过各个阶段的苗木展示区，游客仿佛亲临苗圃；陈旧的农具，再次唤起了每个都市人儿时的农耕记忆；透过锈迹斑驳的初代加工设备，游客仿佛听到了1983年橙汁加工流水线上的阵阵轰鸣。

广东是岭南医学的故乡、南药的主产地，中药材资源有2600多种，南药文化源远流长。如今，随着省级现代农业产业园项目的不断推进，广东南药又打开了一个崭新的对外展示窗口。

展厅占地面积约1200平方米，内容分为政策指导、产业发展、龙头带动、南药起源、绿色种植、科研创新、产品矩阵、产业展望、中医药科普教育基地等九大板块，同时采用LED动态视频、一比一实景还原、触屏互动、实物展示、图文展板、产品体验等多种形式进行内容呈现，借助声、光、电等多种现代化手段集中展示了平远南药产业园及梅片产业近年来所取得的发展成就。

在广东南药文化发展进程中，梅州南药独树一帜。得益于优越的自然条件，梅州平远出产的南药品种丰富、质地上乘，平远还获得“中国仙草之乡”“凉茶专用药材生产基地”等荣誉称号。在平远南药族群中，梅片首屈一指。梅片即天然冰片，学名“右旋龙脑”，是国内200多种名优中成药的主要成分，古代多用于宫廷内，历来都被视为珍品。

2019年，平远县南药产业园入选广东省级现代农业产业园建设名单，以梅片种植和研发为核心的华清园，成为牵头实施主体。通过政府、企业、银行三方协作，有效带动平远县37个村级集体经济发展，并探索出“订单保价收购+研发技术支撑+社会服务体系”保姆式联农机制，直接带动5万人增收致富。平远南药种植面积8万亩，产值达7.3亿元，其中，梅片树原料林3万多亩，产值达2.5亿元。根据规划，预计到2030年，梅片树种植面积可达10万亩，将建成全国最大的梅片树原料林种植基地，届时产值或将突破50亿元。

点评

农产品展厅建立物、人、场等要素的最佳空间关系，综合运用多媒体技术，结合声、光、电等多种展示方式，融合科技感、专业性及艺术性的数字创意个性化展厅展馆设计，将创意和一流多媒体制作水平融入展厅展馆设计中，向观众传达农产产地优势、品种结构、绿色种植、标准加工、科研创新等各类信息，通过全方面展示，释放农产品的品牌效应。

潮州：数字化令千年潮州柑“老树焕新枝”

◎ 冼伟锋　整理

作为潮州本土水果品种，潮州柑已有近1300年的种植历史，曾有过几度辉煌，20世纪80年代种植面积更是突破30万亩，而后由于种植效益下降而迅速萎缩，一度仅剩不足万亩。近年来，在当地政府和果农的齐心推动下，潮州柑种植面积回升至近4万亩，但激烈的市场竞争与频发的病虫害侵袭，使得潮州柑的产业振兴之路依旧面临诸多挑战。

近年来，利用数字手段创新行业业态已成为农业产业现代化发展的主旋律。以此为契机，潮州也依托数字资源，赋能全生产要素，大力开展广东农产品“12221”市场体系建设，为古老的潮州柑产业注入新的活力，并逐渐显现成效。

功以才成，业由才广。培育有技术、有情怀、有抱负的“新农人”，是数字农业发展的关键，也是广东农产品“12221”市场体系建设的重点之一。2020年，潮州市首创乡村服务官培育项目，计划用五年时间，在各行政村、农业龙头企业、农业专业合作社中进行选聘，共培育1000名乡村服务官。现在已有62名乡村服务官受选聘培育，其中既有年轻村干部、大学生村官，也有青年农业企业家、新型职业农民、返乡创业者等“新农人”，他们通过媒体智库、高校和主流互联网平台，为农民增收致富出谋划策，为潮州乡村振兴提供智力支撑，并借助互联网的力量推动潮州“三农”发展，打造出一支适应现代化、数字化发展的生力军。

优秀的人才，需要大好时代提供发光发热的舞台。潮州市乡村服务官成立未久，便迎来了一个大舞台。2021年1月31日，正值农历新春佳节，也是潮州柑上市旺季，潮州市迎来了首届网络潮州柑文化节。以此为契机，潮州依托广东农产品“12221”市场体系建设，聚焦潮州柑的产业、市场、科技、文化等要素，探讨数字赋能，打通多渠道销售，助力振兴潮州柑产业的新方式。在活动现场，潮州市首批12位乡村服务官走进直播间，为全国的网友推介潮州柑等潮州本地特色农产品。通过直播带货、线下推介等多个渠道，各乡村服务官为潮州柑积极代言。“1月开始，潮州柑已经成熟上市了，现在陆续有果商过来提前订货了，希望2021年村民都能过个丰收的好年！”作为乡村服务官，同时也是本地潮州柑种植大户的“新农人”王泽豪变身网络主播，在网络平台卖力为潮州柑代言带货。

为实现广东农产品“12221”市场体系建设中品牌打造、销量提升等一揽子目标，擦亮潮州柑品牌，探索“数字潮州柑”新模式，首届网络潮州柑文化节云展会也于活动期间正式上线，一个多品类、有特色的潮州食品云展会逐渐成形。面对当前相对较弱势的本地市场，潮州柑产业也通过这样的方式，加速迈开数字化步伐，积极拥抱新销售渠道，拓宽产销对接辐射面，这对潮州柑产业健康长远发展无疑是一个具有深远意义的尝试。插上了数字翅膀，以全新姿态亮相的潮州柑也很快迎来了属于自己的高光时刻。往年直到清明节前后都还有存货的潮州柑，在2021年3月中旬，市场上已基本售罄。饶平县合玉贸易有限公司总经理黄锐鹏表示，由于年前严峻的疫情，果农们原本还在为潮州柑的销路而担忧，提前售罄是“想都不敢想的”。通过一系列数字化举措的大力推动，潮州柑的品牌知名度得到全方位的提升，消费者购买热情高涨，推动市场持续火爆。

当前柑橘市场竞争激烈，各类新品种层出不穷，而潮州柑依托深厚的历史底蕴，以数字化为抓手，强化人才培育和经营创新，全面融入现代农业大市场，已经释放出一定的产业活力，也为未来的产业化发展指明了方向。

仁化：红土地上形成金色产业链

◎ 钟敏婷　整理

广东省贡柑主产区为德庆与仁化，其中德庆为传统贡柑产区，近年来复种热情较高；仁化为新兴产区，近年来发展迅速，种植面积稳步增长，已成广东省贡柑种植第一大县，以当地丹霞地貌红色土壤打造“丹霞贡柑”品牌。

仁化县地处粤北地区，气温适宜，丹霞地貌独有的红色沙壤土层深厚、土质肥沃，有利于贡柑果树的生长和果实糖度的积累，造就了丹霞贡柑个头大、口感佳、营养足的特性。目前，丹霞贡柑种植规模和产量均居广东省首位，产业覆盖仁化县全部乡镇，全县贡柑种植面积达20万亩，总产量约30万吨，总产值约18亿元，品牌价值达81.4亿元。十亿级全产业链已初步形成，成为仁化农业产业发展的“金果果”。

2020年是仁化县丹霞贡柑产业发展的关键年，上市初期，9月的连续雨天让仁化县部分果园出现减产现象，加之市场行情不明朗，青果价格低迷开局。根据广东省农业农村厅《关于扎实推进2020年全省广东农产品“12221”市场体系建设工作的通知》（粤农〔2020〕1号）文件精神，从实际出发，仁化县开展了一系列针对性的宣传及产销对接活动，全力破除销售困境。丹霞贡柑销售期为10月至次年1月，12月价格稳定在1.5—2元/斤，最高峰时优质果可以卖到2.6元/斤。2020年全县贡柑基本出售完毕，均价为1.7元/斤。

2021年8月8日，仁化县柑橘产业协会正式挂牌成立。协会将大多数柑橘生产经营主体聚合起来，为丹霞贡柑产业发展形成聚力。通过协会组织和遴选，组建了一支专业的丹霞贡柑营销队伍。早在贡柑上市前，该队伍就走访了上海各大农产品、果蔬市场，开展产销对接调研，为丹霞贡柑进军上海市场探路。稳定固有市场，加强潜力市场，发展空白市场，丹霞贡柑上市期间，该队伍先后走访了北京、长沙、重庆及大湾区各大农产品批发市场等地，举办了多场专场推介会及品鉴活动，并开启入驻北京新发地市场销售工作。

2020年11月7日，仁化县举办2020年“丹霞贡柑”电商预售发布会暨品牌联盟成立大会，33家行业知名的自媒体平台、物流平台与当地电商、贡柑企业等联合成立丹霞贡柑电商运营品牌联盟，并依托丹霞贡柑京东旗舰店发布贡柑预售，10分钟订单数超9000件，订单款超64万元，为丹霞贡柑销往全国市场注入了“强心剂”。11月以来，联盟以“丹霞贡柑”为参展代表，多次参与国家及省市级生态农业博览会，持续积累优质采购商资源。

围绕“绿色发展、质量兴农、品牌强农”的产业发展路线，仁化县建立了100多亩标准化贡柑无病毒繁育苗基地，年可繁育贡柑无病毒苗230万株。丹霞贡柑品控中心是柑橘产业品牌创建的重要抓手，可根据贡柑的大小、色泽、糖酸度、农残等关键指标，对丹霞贡柑进行现代化、智能化、高效化的认证分选，并同步实现打蜡、包装一体化。只有

仁化县“丹霞贡柑”种植基地

通过品控中心分选认证的柑橘方可授予“丹霞贡柑”国家地理标志保护农产品及区域公用品牌使用权限，确保丹霞贡柑都“统一标准、十全十美”地走上全国市场。

组织申报并通过了丹霞贡柑省级及全国名特优新农产品评选；通过海选及专家评审，选定了丹霞贡柑Logo、卡通形象及宣传广告语；为丹霞贡柑设计文创产品，推出各式各样的文创包装及纪念品等；策划开展“丹霞贡柑开园节”系列品牌活动，为丹霞贡柑地理标志品牌赋能，大大提升品牌价值。

在开展丹霞贡柑产销对接大会期间，组织30家企业参加展销，引进了60名来自全国各地线上线下各大平台采购商到田间地头进行考察，并组织了超500名种植户到现场与采购商面对面对接，现场促成超过3000万斤采购量。2020年11月27日，2020年丹霞贡柑开园节开幕式吸引了北京、上海、河南、陕西以及珠三角等地的客商前来考察市场、对接产销，促成8家采购商和丹霞贡柑种植企业集中签订丹霞贡柑50万斤采购协议。同年12月，丹霞贡柑参加了广东东西部扶贫协作产品交易市场扶贫产品暨贡柑市场对接活动，发布《2020年丹霞贡柑采购指南》，并于会上签订仁化县丹霞贡柑购销合同金额5亿元，同时将协调京东、苏宁等大型电商平台为丹霞贡柑等农产品提供销售渠道。

点评

贡柑是柑橘类水果中的上品，仁化贡柑最早于1992年由黄坑镇从外地引进优质的贡柑枝条进行嫁接。经过近三十年的改良优化，成就了独具本地特色的“丹霞贡柑”，并屡获殊荣，日益成为当地带动乡村振兴发展，引领致富奔康的核心产业。从一个外来品种成长为本地的优质产业链，丹霞贡柑受益于仁化县对该特色产业发展道路的积极探索。

仁化县坚持“绿色发展、质量兴农、品牌强农”的产业发展路线，持续深化产业链发展，在丹霞贡柑产业标准化、优质化建设上下足功夫。此外，仁化县还打出一系列创新营销组合拳，让“丹霞贡柑，果珍不凡”“不是所有的贡柑都叫丹霞贡柑”等品牌口号深入人心，使丹霞贡柑飞出粤北深山，走向大市场。

梅州：“四个坚持”提升梅州柚品牌价值

◎ 卓倩　整理

近年来，梅州市积极开展广东梅州柚“12221”市场体系建设，以带动柚农增收，促进产业升级为目标，2020年在疫情影响下，梅州柚均价上涨0.3元/斤，直接带动柚农增收5亿元。2021年8月底，新一年广东梅州柚市场营销启动，重品质、保收购、新营销、畅渠道，梅州通过一套“组合拳”，提升广东梅州柚品牌全球影响力，助力柚农增收致富。

梅州是全省最大的柚子产区，是著名的“中国金柚之乡”“中国蜜柚之乡”。2020年，广东梅州柚种植面积约62万亩，产量93万吨，占广东全省的90%，占全国的1/5、全球的1/10。当地创建了以梅州柚为主导产业的1个国家级、3个省级现代农业产业园和1个国家级产业集群。

2021年中央一号文件中明确指出要深入推进农业结构调整，推动品种培优、品质提升、品牌打造和标准化生产，这从政治战略高度提出了发展农业标准化、品牌化工作的重要性及必要性。梅州柚是梅州农业支柱产业，梅州坚持做好梅州柚“三品一标”工作，坚持以品质带动品牌的发展路线，扎实推进2021年梅州柚“12221”市场体系建设。具体做法是“四个坚持”：坚持高标准种植引领高质量梅州柚生产；坚持梅州柚“不熟不采、非熟不卖”原则；坚持梅州柚“优质优价”的分级销售制度；坚持统一名称、统一Logo将梅州柚推向市场。

梅州在梅州柚优势产区范围内已经打造4个连片1000亩以上梅州柚高标准化示范园，大力推行测土配方施肥、节水灌溉、病虫害综合防治等集成技术，建立产品可追溯体系，应用5G技术开展智慧果园和果业大数据建设试点，建成现代化、智慧化梅州柚标准示范园。保品质就是保市场，增加采购商和消费者复购率，成为广东省、市、县各级政府和企业最为关心的事情。

不是每一个柚子都叫“梅州柚”，也不是每一个产自梅州的柚子都叫“梅州柚”。合理的采收期是品质的保障，也是做好市场的关键“第一枪”，为了保障梅州柚（蜜柚）品质和口感，近年来梅州科学设定采摘日，采用黑名单制度，用实际行动保障梅州柚（蜜柚）最佳品质。为了抵制早摘，梅州还实行了柚产业红黑名单制度，到2019年，全市被授信为红名单的柚企仅30余家，“严进”成为一种常态，也是为了更好地起到引导作用。

在梅州不同柚子产区，各果园和基地长势不同、成熟度各异。梅州相关农业部门要求各地果农加强自律，做到“不熟不采、非熟不卖”，确保梅州柚上市品质。同时，要求果农增强市场竞争意识和产品质量意识，适时改变“混装统卖”“一口价买断果园”的初级交易方法，把好坏档次拉开，让好水果卖出好价钱，让良币驱逐劣币，才能让“销售路子越走越宽”。

核心是品质，关键是果品分级。从广义上讲，果品分级，就是在销售时综合考虑果子成熟度、品质、市场行情等因素，同时时刻关注天气变化，及时采摘成熟果子，主动接受分级按质论价的销售方式。果品分级是果品销售的重要一环，是主动与市场接轨、走向市场的第一步。同时，借助专用设备的分选分级，让广东梅州柚可以满足不同消费者需求，实现优质优价。

由于梅州柚种植区域地处丘陵地带，山高路远，在很长的一个时期内，各地柚果的采摘、运输、分拣等都要依靠大量人力来完成，发货效率低，出货标准不一，无法满足买家的不同需求。一直以来，梅州将柚产业发展列入全市农业产业化建设的重中之重，并制定了省级地方标准——《地理标志产品梅州金柚》《地理标志产品大埔蜜柚》，通过补贴机制和金融政策，鼓励扶持各地积极发展农机社会化服务组织，推广先进、实用的农业机械设备，并强化引导和管理，助力柚产业进一步向标准化生产迈进。梅州柚龙头供应链企业使用柚果糖度无损检测分选机来进行柚果分拣，不仅能按重量、糖度进行柚果分拣，还能大幅度提高柚果分拣效率，提高柚果出货标准，节约了时间成本和人工成本，也提高了柚果的附加值。

2021年梅州柚营销启动会上，梅州市大埔县都都蜜柚产业联盟代表、梅州市都都果业有限公司副总经理叶利珠发布2021年广东梅州柚·大埔蜜柚优质柚承诺收购价格，表示联盟收购的一级果，承诺收购价8元/个或2.6元/斤。远高于市场均价的收购价格也引导柚农精细管理种出高品质柚，以市场倒逼生产端，提升柚果品质，以提升梅州柚品牌知名度。

不是每一个产自梅州的柚子都叫“梅州柚”。只有经过标准种植，经过品质分选，经过授权使用Logo的柚子，才是梅州柚。梅州柚品牌打造需要持续发力、久久为功，以“板凳要坐十年冷”的韧劲，树立长远目光，坚持用好柚子拼市场；标识方面，要不断提升梅州柚吉祥物“客客”“都都”的知名度，以梅州柚的美好形象提升品牌影响力。

点评

不管是果品分级“高价收购”还是红黑名单制度“杜绝早摘”，核心都是为保障品质，规范企业行为，树立标杆示范，推动标准化生产，以榜样力量带动产业提质发展，维护梅州柚金字招牌。对果品进行分级不仅是商品化的一个重要手段，也是对农产品品质量控制的有效措施，是产地解决“早采早摘”难题的“后手”。

化州：让南药之光更加绚烂

◎ 谭梦涵　整理

“四大南药”之一、“十大广药”之首，多个名头加身，让化州推广化橘红更有底气。被列入新冠肺炎诊疗组方用药，更是令化橘红名声大振。但化州并不满足于此，近年来，化州市坚持“稳发展、优结构，提品质、壮品牌，拓市场、增效益”的发展理念，推进化橘红产业发展。云上赏花活动，让化橘红一跃成为“网红”，从此化橘红的标签不再只有“南药”。小小化橘红如何成为促进当地百姓增收的“致富果”，化州2021年打造广东农产品“12221”市场体系建设的一系列举措给出了答案。

化州是全球唯一化橘红种植基地，种植面积近11万亩，年产鲜果5万多吨，以化橘红为主原料的产品已有60多种，全产业链产值超35亿元，带动30万农民就业。如今的化州已是著名的“中国化橘红之乡”。2016年，化橘红成为广东岭南中药材第一批立法保护品种；2019年，化橘红（中药文化）入围国家非物质文化遗产项目评选项目，同年，化橘红入选全国农业品牌“百强榜”；2021年，化橘红地理标志产品成功入选国家地理标志产品保护示范区筹建名牌。

搭乘政策快车，化州化橘红开启广东农产品“12221”市场体系建设。2021年初，化州市人民政府印发《化州市推动化橘红产业高质量发展工作任务清单》的通知，成立化州市推动化橘红产业高质量发展工作领导小组，并组建化州市化橘红产业专责办公室，在“十四五”开局之年，打响了化橘红产业高质量发展的第一枪。

一、产业稳健，市场推广有底气。近年来，化州把化橘红产业作为“拳头”产业来抓，推动产业发展与致富奔康、发展乡村经济相结合，建成省级化橘红特色小镇、平定镇大岭村“中华化橘红第一村”等。

2021年初，化州市橘红产业协会联合发布《化橘红保质倡议书》，助力化州化橘红区域公共品牌发展。冷链、物流、信息体系不断完善，为化橘红集散、流通、交易创造了便利的条件。同时，化橘红国家级现代农业产业园成功申报，化橘红产业首次跻身国家发展战略，标志着化橘红产业发展步入了一个崭新阶段。

二、使命担当，南药之光绽放。2月伊始，当新冠肺炎疫情反复不定的时候，广东茂名化州市捐赠的427箱化橘红产品，跨越3000多公里，抵达吉林省通化市，为当地抗“疫”注入“化州力量”。这次千里驰援，让化橘红名声更响，“南药”价值得以体现。时任茂名市委常委、化州市委书记徐晓霞表示，要把化橘红的价值挖掘出来，继续为人民健康作出新的贡献，这也是化州的担当和使命。

三、文化赋能，农旅融合享誉全国。将营销做在前面，探索线上线下推广新路径。化州举办2021化橘红云赏花活动，以化橘红赏花为契机，擦亮平定“橘红小镇”品牌，促进化橘红文化主题旅游区建设，进一步做大做强化橘红生态休闲旅游产业。化州化橘红知名度不断提升。

化橘红成熟上市时，化州举行以“封一坛化橘红，存一笔财富”为主题的封坛活动，邀请多位企业家代表参加，结合化橘红“封坛”“开坛”，赋予其金融属性，推动化橘红产业高质量发展。化州市委书记邓泽友表示，要进一步擦亮化橘红区域公用品牌，以一业兴百业，推动全市乡村振兴发展。

四、品牌赋能，市场价值凸显。紧抓品牌建设，“化橘红”“化州橘红”通过了广东省名特优新农产品区域公用品牌、国家农产品地理标志保护认证。同时，化州还建立了“橘星”“橘利”“橘品”等一批名优品牌，品牌知名度不断提升。“化州市以国际化视野谋划化橘红产业发展，致力把化橘红产业打造成百亿元产业，把化州建成全球化橘红产业中心。”莫燕说。

五、科技赋能，政研联合提升附加值。地方政府与科研院所携手合作，加强以化橘红为原料（或辅料）的食品研发，开展化橘红加工机理及产品创新研究，培育“化橘红”创新的新经济增长点，为化橘红的品牌效益不断助力。全市化橘红产品加工企业65家，年产值30多亿元。带动全市橘农超30万名，为农民群众带来直接收益5亿多元。在发展化橘红产业的同时，化州市整合了290条村6000户贫困户，已为贫困户增收521万元，实现了化橘红产业发展和致富奔康“两促进”。化州市农业农村局局长彭春光对此表示，化橘红产业百亿元、千亿元阶梯式发展值得期待。

南雄：千年银杏尽展乡村旅游魅力

◎ 覃家超　整理

每年10—12月，满山的南雄银杏树由绿转黄，来自全国的游客蜂拥而至，在旅游的同时，也带动当地经济的发展。南雄银杏树的美有口皆碑，但对南雄的银杏果及银杏树的康养价值则如深巷美酒一般，有待发现。

为进一步发掘南雄银杏产业的发展潜力，探索广东（南雄）银杏广东农产品“12221”市场体系建设可复制、可推广的模式，2021年4月以来，南雄市开展一系列银杏产业调研，以乡村旅游为发力点，带动南雄银杏一二三产业融合发展。南雄市政府在坪田镇坪湖村举行了一场别出心裁的拍卖会，已吸引到数十万人次关注南雄银杏产业。

广东省南雄市是中国“银杏之乡”，银杏种植历史悠久，古树资源丰富，现存古银杏树2500多株，其中百年以上树龄的有600多株，千年以上树龄的有6株。据历史记载，南雄最老的银杏树树龄达1680年。

作为银杏的适宜生长区，近年来，南雄市大力发展银杏产业，引进银杏种植实施主体广田丰投资集团有限公司，培育了银杏产业深加工企业南雄汇浦医药有限公司，推动银杏产业发展。全市先后在帽子峰、坪田等镇新建了300多个银杏基地，面积有3000多亩；全市银杏种植总面积达11万亩，年产量有260多吨，银杏年总产值约1亿元。

一、千年古树首拍，采摘权、冠名权拍出108万元。“50万元，成交！58万元，成交！”2021年8月20日，“穿越千年　杏会南雄”南雄银杏古树采摘权拍卖会暨南雄优质农产品云展会举行。当天，南雄两棵千年银杏雌株10年采摘权、两棵千年银杏雄株10年冠名权以总价108万元拍出。

其中，侨益物流股份有限公司以50万元拍下坪田镇坪湖村1000年银杏雌株采摘权及迳洞村1000年银杏雄株冠名权；丝路之鹰中非贸易（珠海）有限公司以58万元拍下油山镇黄地村中元山1200年银杏雌株采摘权及坪田镇坳背村1200年银杏雄株冠名权。据悉，此次拍卖成交的部分款项将用于银杏古树保护。

南雄市副市长朱慧表示，2021年，南雄启动了广东农产品“12221”市场体系建设，实施农业区域公共品牌、农业企业品牌和农产品品牌“三位一体”的品牌战略，力争建设一批地理标志产品、粤港澳大湾区菜篮子基地、“粤字号”品牌、“三品一标”等有一定产业规模、特色明显的单品类品牌和区域公用品牌。南雄将以银杏为抓手，打好特色农产品的产业牌、市场牌、科技牌和文化牌，持续深入推进广东农产品“12221”市场体系建设。

二、丰富产品矩阵，全面提高银杏产业标准。“秋日必打卡的网红点”“中国最南端的连片银杏林”“坐镇广东北大门”“中国恐龙之乡”“广府文化发源地之一”……任何一个名片挑出来都足以为一个地区的产业发展锦上添花，更何况以上所有的称呼都来自广东省南雄市。在南雄众多名片中，当属“中国银杏之乡”最为突出。

通过多次实地调研，南雄市委书记林小龙表示，南雄市将会从四方面着手：以优质为目标，全面提高银杏产业标准；以市场为向导，建立银杏营销体系；以文化为动力，创“南雄银杏”产业名牌；以银杏资源为依托，延伸产业发展链条。

广东省农业农村厅相关负责人认为，南雄银杏产业发展要聚焦到每一件细小的实事上，例如：如何提高南雄银杏果价值，从论斤卖转向论颗卖；如何提高围绕银杏果、银杏叶、银杏皮等蕴藏的食用价值和药用价值，研发更多精深加工产品；如何借助南雄银杏林名声在外的影响力带动产业的发展等。

三、发挥资源稀缺优势，一二三产业融合发展。“南雄银杏产业除了旅游业与鲜果销售外，其他方面都相对比较薄弱，即使是旅游产业，主要还是集中在每年10—12月。”南雄市农业农村局党组成员、局长李泉州指出，南雄银杏果产量有限，银杏树分布分散，一定程度上制约了产业的发展。

围绕各方调研建议，林小龙总结了目前银杏产业中相对简易却有效的工作内容：“首先要加大种植力度，进一步扩大南雄银杏产业；其次要从现有产品的包装设计入手，摒弃以前在路边用塑料袋摆卖的方式；再次要加大精深加工产品的研发，主动走出舒适圈，向行业龙头学习；更重要的是要做好南雄银杏品牌价值的提升。”

澄海：网红狮头鹅飞入寻常百姓家

◎ 马千里　整理

俗话说："无鹅肉勿滂沛。"对于广东人来说，一场地道的潮汕风味盛宴，必定有鹅的存在。在潮汕，有"稚鸡硕鹅"的说法，意思是吃鹅要挑大的。其中以狮头鹅为佳，体重可达30斤，有"世界鹅王"之称，是制作卤鹅的首选原材料。

广东汕头市澄海区是狮头鹅的主产区，近年来狮头鹅产业发展迅猛，尤其随着"鹅肉饭"营销模式在广东省内外快速铺开，加上网络、自媒体的推广，狮头鹅品牌效应大大增强，产业链条不断健全，效益节节攀升。

一、狮头鹅扩张火爆，品牌推广密集高效。作为世界卫生组织向全球推荐膳食排行榜"中肉类的第一位，鹅肉与消费者对食品品质的健康需求高度吻合。近年来，潮汕卤鹅火遍北京、上海、广东、深圳等大城市，随处可见"卤鹅"二字的饭馆。与此同时，澄海狮头鹅的鹅品特色也越来越受到消费者青睐。因此，澄海狮头鹅开展品牌营销，是遵循市场规律的精准举措。

一方面，澄海区先后邀请了南方农村报、"南方+"、广东电视台经济频道、羊城晚报、汕头日报等媒体围绕狮头鹅进行专题宣传报道，推出《澄海狮头鹅年产值有望超50亿元》等多篇影响广泛的文章；邀请了央视农业农村频道《谁知盘中餐》栏目莅澄拍摄《“吃香”的丑大鹅》专题，并在黄金时间播出。

另一方面，澄海区还先后联合开平市等举办广东“四大名鹅”发展交流大会；联合广东省农业农村短视频制作推广中心、一亩田等举办“广东百万农民线上免费培训工程——走进澄海狮头鹅产业园”活动，吸引到638万人次线上围观。

一系列的宣传与推广，让澄海狮头鹅在全媒体、全社会一度“风头无两”，提升了品牌的关注度与大众的期望值。

二、搭乘产业园快车，狮头鹅品质再提升。2020年，澄海狮头鹅现代农业产业园被列入广东省第一批特色产业现代农业产业园建设名单，以科研院校为支撑，依托一批新型经营主体，联结超千户农户参与，打造一条狮头鹅繁育饲养、卤制加工、销售配送等一体的全产业链。

据澄海潮鹏生态养殖区董事长陈旭潮介绍，在产业园的带动下，狮头鹅的养殖环境不断科学优化，从泥地养殖到砖块养殖再到探索在鱼塘养鹅的“一地两用”新模式，狮头鹅的死亡率和病残率大大降低。

在汕头澄海莲下镇的广东熙望食品有限公司中，集狮头鹅清洗、卤制、包装等系列工序于一体的狮头鹅卤制加工中心已投入使用，是卤鹅制作技术的首次尝试。据负责人介绍，为了坚守传统工艺，他们自行设计机器，既能保留潮汕卤鹅的传统风味，又可以节省一半劳动力，极大提升卤制效率。

“通过政府引导、项目支持、技术指导、产业拉动等措施，我们将引导全区狮头鹅产业向园区集聚发展。”澄海区农业农村局局长王得苞表示，接下来，澄海还将打造集养殖、文旅、培训基地于一体的狮头鹅文化园，讲好狮头鹅的文化故事，打造一张特色文化品牌。

三、做实产业支撑，数字农业行稳致远。此前，数字化和农业产业已经深度融合，但狮头鹅一直走在地上，“触网”“触电”不足，与数字化仍有一定的距离。澄海通过举办狮头鹅网络节等活动，让澄海狮头鹅与数字化实现了“牵手”。

在网络节上，通过线上云发布澄海狮头鹅产业“五年百亿”发展行动共识，云签约一批狮头鹅产业重大合作项目，云评比一批最受公众喜爱的狮头鹅突出贡献企业品牌，云推广一批最具创意短视频与摄影作品，云规范狮头鹅饲养卤制加工地方标准等一系列“云上”活动，澄海狮头鹅产业终于搭上了数字化产销的“云快车道”。

疫情时期，很多农产品的销售都受影响，澄海狮头鹅销售行情却在“逆势上涨”。市面上一只15斤左右的卤鹅，价格已经超过500元，而疫情之前是400多元。特别是网络节后，澄海狮头鹅的鹅苗、卤制成品批发供不应求。政府相关负责人表示，未来，澄海狮头鹅将继续借助“数字化的翅膀”，为产业发展行稳致远保驾护航。

观察｜澄海狮头鹅几张好牌在手，要对标法国鹅肝吗？

◎ 麦倩明

一个卤老鹅头可以卖到千元，难道是令人望尘莫及的“天鹅肉”吗？其实它在潮汕地区并不罕见，是一只卤鹅身上最受当地人追捧的极致美食。同样是鹅，有一种高贵珍馐，那是闻名世界的法国鹅肝，历经悠长岁月，其不凡地位早已奠定。法国鹅与澄海鹅，时空交错间，就有了某种联想，说明鹅产业大有可为。二者的产业发展道路并不相同，但前者的名气与影响力确实令人艳羡。

澄海狮头鹅故事不缺，产业基础也不错。澄海狮头鹅外形讨喜，成年公鹅一只有20—24斤，最高可达1.5米，2020年“最大狮头鹅王”第一名重达34.4斤。扬名海内外的潮菜中，潮汕卤味排在首位，它是以卤鹅为代表的制作手法的延伸。俗话说，“无鹅不成宴”“无鹅肉不滂沛（丰盛）”。在澄海，每家每户逢年过节必备卤制狮头鹅，全鹅均入卤，市场上一只卤鹅已经形成丰俭由人的消费层次。所以，澄海狮头鹅“做更好的

潮汕卤味是以卤鹅为代表的制作手法的延伸

一个卤老鹅头可以卖到上千元

自己”是有底气的，被称为“世界鹅王”也名副其实。

潮汕狮头鹅养殖已有300多年历史，广东最有名的养殖基地在汕头市澄海区，开展养殖大概有两百多年，其地处韩江三角洲出海口，水网交错，气候温和湿润，水草丰美，是“世界鹅王之乡”，形成了底蕴浓厚的鹅文化。澄海狮头鹅网络节系列活动之“最受公众喜爱的狮头鹅突出贡献企业品牌”线上投票评选活动，有超百万人参与投票，说明在潮汕地区以外，卤鹅消费已经有很广泛的群众基础。澄海区狮头鹅出栏总产值近30亿元，占全省狮头鹅总量的46.67%。不过在消费者的认知中，知道潮汕狮头鹅的多过澄海狮头鹅，认准企业品牌指名购买者不算多，卤鹅产品以本地消费为主，市场半径也不够大。狮头鹅产业如何从地区产业走向更加广阔的市场，进一步做大做强？2020年11月22日，2020年中国·汕头澄海狮头鹅国际网络节暨农产品跨境电商发展峰会启动，这是未来鹅产业发展规划的一次全面宣示。

广东省对澄海狮头鹅产业十分重视，2021年派出两张政策“好牌”进行支持。第一，广东省农业农村厅已分别批复同意两地建设广东省农产品跨境电商综合试验区，汕头澄海是其中之一。第二，汕头澄海区狮头鹅产业园先后被认定为广东省2020年省级现代农业产业园、汕头市第一批现代农业产业园，得到了省财政资金5000万元、市级资金1000万元的支持。显然，澄海乐于“接招”，顺势“内外兼修”做大做强，一方面以跨境电商试验区为依托“上云外拓”，另一方面以现代农业产业园为阵地“固本强内”。

澄海狮头鹅产业发展是一个庞大的系统工程，“两张好牌”仅仅提供了“两大抓手”，具体实践仍有待探索。应加快推进澄海农产品跨境电子商务综合服务基地建设，以其推动澄海产业集群，推动区域电商发展，营造优质电商环境，促进电商聚集效应的形成。通过积极开展农产品跨境电子商务，探索建立农产品跨境贸易生态产业链，推动“互联网+”农产品出村进城，把“澄海狮头鹅”品牌做大做响，带动农业提质增效。近年来，农产品跨境电商试点政策不断完善，农产品跨境电商进口持续增长，渠道日渐多元化。狮头鹅故事好，潮汕菜历史长，首先从东南亚华人消费群体中打开国际市场，应大有可为。

现代农业产业园是乡村产业发展的龙头，扶持做大一批养殖加工企业品牌，是区域品牌强大的基础。产业园内养殖规模占全区的60.6%。澄海区狮头鹅总产值30亿元，近日澄海区发布狮头鹅产业“五年百亿”规划，即到2025年末，产业链总产值达到100亿元。2021年计划总投资2.3亿元，规划建设狮头鹅加工流通集聚中心、狮头鹅餐饮文化传承一条街、狮头鹅高新科技创新区、狮头鹅标准化养殖示范区等“一心一街二区”功能区。据悉，中国澄海狮头鹅发展研究基金会正筹划成立，该基金会将在澄海狮头鹅企业孵化，在科技创新、联农带农等方面发挥重要作用。

总之，传统优势特色农业是“老天赏饭吃”的第一张好牌，现代农业发展需要久久为功，不负历史，对古老产业要传承并且与时俱进。期待广东省汕头市澄海区在新时代勇于探索创新，让澄海狮头鹅骄傲“向天歌”，仰起“天鹅颈”大步走向世界。

（作者为南方农村报评论员）

观察|为梅州柚护身，大力推行分级销售正当时

◎ 李金玺

2020年9月3日广东梅州柚·大埔蜜柚正式采摘以来，多个柚果渠道商发布的采购公告引发不少热议。公告称，应用全自动无损测糖分选设备筛选，品质达到相应要求的，保底不低于2.5元/斤。统果价普遍在1.5元/斤左右，为什么它们的价格高出一大截？

核心是品质，关键是果品分级，价格差距不必大惊小怪。全自动无损测糖分选设备不再是机械分级只顾“大小”，也做到了无损伤检测糖度和水分。一个个柚果放在分选流水线上过一遍“X光”，测量糖度、水分等指标，然后选择达标的统一装箱，消费者开箱以后吃到的每一个水果，不仅大小一致，口味也一致，果品分选分级后的直接效果显而易见。

从广义上讲，果品分级，就是在销售时综合考虑果子成熟度、品质、市场行情等因素，同时时刻关注天气变化，及时采摘成熟果子，主动接受分级按质论价的销售方式。果品分级是市场经济下果品销售的重要一环，是主动与市场接轨、走向市场的第一步。同时，借助专用设备的分选分级，广东梅州柚可以满足不同消费者需求，实现优质优价。

实践证明，分级越严，效益就越好。最典型就是进口车厘子，它按照大小、糖酸度、硬度等分了9个等级，普通价格是30—40元/斤，最高价格可在100元/斤以上。不同等级精准对接不同消费市场，让不同等级的车厘子都能卖出合适的价钱，实现最大效益。百果园作为国内首家大规模对水果进行标准化分级的企业，一直实行严格的水果分级标准，其水果价高但门庭若市；阿里巴巴2021年在多个省份密集设立产地仓，其目的就是利用数字化分选设备提升果品在收获时的加工分级水平，其仅在云南帮助沃柑、百香果等18种云南农产品制定了品质分级标准并已实施。阿里巴巴、百果园等带头进行果品分级的做法不仅反映了当前我国果品分级严重不足的现状，也直接反映了果品消费市场的需求。

随着市场消费群体的细分，农产品必须严格按照标准进行分级销售，才能“嫁”得好，卖得俏。笔者认为，果品分级意义重大：一是将不同品质的水果区分开来，把价格档次拉开，实现优质优价；二是利于水果生产、流通等环节的标准化，减少损耗，降低成本；三是保证供需双方的利益，让消费者不再盲购，上游不再盲种；四是增强国内水果国际竞争力，提高国外水果的进口门槛。

蜜柚分选加工厂

“猫山王”是马来西亚独有的榴莲品种，在业内也被称为榴莲品种之最。但是近几年来其标准缺乏，让消费者购买时“傻傻分不清楚”，在售后维权时常不知所措，遭遇了区域公用品牌的“公地悲剧”困境。国内农产品区域公用品牌有8000多个，不少也没有充分发挥出应有作用，重开发轻保护，劣币驱逐良币现象突出。

不是每一个柚子都叫“梅州柚”，也不是每个产自梅州的柚子都能叫“梅州柚”。合理的采收期是品质的重要保障，也是做好市场的关键“第一枪”，控制“早采早摘”行为，也是设置采摘日的初衷所在。为了抵制早摘，梅州还实行了柚产业红黑名单制度，2019年，全市被授信为红名单的柚企仅30余家，“严进”成为一种常态，也是为了更好地起到引导作用。

梅州大埔等地蜜柚虽然已经允许采摘，但各果园和基地长势不同、成熟度各异。各地果农仍应加强自律，做到“不熟不采、非熟不卖”，确保梅州柚上市品质。同时，果农应该增强市场竞争意识和产品质量意识，适时改变“混装统卖”“一口价买断果园”的初级交易方法，把好坏档次拉开，让好水果卖出好价钱，让良币驱逐劣币，才能让“销售路子越走越宽”。

不管是果品分级“高价收购”还是黑名单制度“杜绝早摘”，核心都是为保障品质，规范企业行为，树立标杆示范，推动标准化生产，以榜样力量带动产业提质发展，维护梅州柚金字招牌。对果品进行分级不仅是商品化的一个重要手段，也是对农产品质量控制的有效措施，是产地解决“早采早摘”难题的“后手”。推行梅州柚果分级售卖，优质优价，正当其时。

（作者为南方农村报评论员）

观察|区域品牌要突围，提升长板是王道

◎ 王猛

2020年12月22日举办的“2020年中国区域农业品牌发展论坛暨2020年中国区域农业品牌年度盛典”系列活动中，化州化橘红以63.27的影响力指数，位居区域农业产业品牌中药材产业榜第九。作为一种名贵中药材，化橘红具有健脾护肺、燥湿化痰、理气止咳等功效，自古以来就有“南方人参”之称。2020年，化橘红被列为《新型冠状病毒肺炎诊疗方案》推荐处方用药。

在广东农业版图中，化橘红这类具有鲜明区域特征的产品为数不少。遗憾的是，由于长期缺乏有效统筹和引导，一些区域品牌逐渐在市场中蔽而不彰。有的地方本来有辨识度极高的产品，一看到某农产品利润高便蜂拥而至，结果丢了西瓜捡芝麻，在激烈的市场竞争中纷纷败下阵来——本地既未留下品牌，也没有创造多少经济效益。为扭转这一局面，广东农业农村部门陆续支持举办惠来鲍鱼国际网络节、澄海狮头鹅网络节、阳西“程村蚝”网络节等一系列彰显地方特色产业竞争力的活动，这些高举高打的务实之举，不仅有助于区域品牌走出广东，走进全国，迈向世界，也为全省打造有竞争力的特色产业矩阵创造了条件。

“木桶理论”认为，一个木桶的容量取决于其中最短的那块板。然而，在市场经济高度发达的今天，这一理论有了新的应用场景，比如在区域品牌建设过程中，长板就代表核心竞争力。各地与其耗费精力修补一个个短板，还不如将长板做扎实，然后通过资源配置与其他长板结合，这样就能箍一个更大的木桶。广东农业农村部门近年的很多工作，就是围绕着督促引导各地挖掘“长板”展开的：在新会，这一长板是陈皮；在阳江，这一长板是春砂仁；在电白，这一长板是罗非鱼；在翁源，这一长板是兰花；在澄海，这一长板是狮头鹅；在梅州，这一长板是柚子；而在化州，这一长板就是化橘红。

“化橘红”的品牌突围，无疑为后来者提供了重要参考。理解并尊重其中的规律，将有助于各地提升自身长板，进而更好地融入市场这个大木桶。

打造区域品牌长板，要坚持种植本地化。化州独特的气候条件、富含礞石的土壤环境，造就了化橘红的独特性、地域性和唯一性。“礞石能化痰，橘红得礞石之气，故化痰力更胜。”因此，外地种植的橘红，无论是品质还是功效都无法与化橘红相比。本地化种植才有出路，这就要求当地强化化橘红高质量发展领导小组，做好产地源头的监管把控，形成“人无我有、独一无二”的规模效应（比如设定百亿元产值的努力目标），进而提高产品竞争力。

化州化橘红位居区域农业产业品牌中药材产业榜第九位

打造区域品牌长板，要坚持生产标准化。化橘红这块木板虽大，但目前来看未必规整。过去很长一段时间，由于种植分散、管理粗放、加工技艺落后、标准不统一等，化橘红的产业结构单一，联农带农作用不够明显，品牌不断弱化。正如广东省农业农村厅相关负责人在近期化橘红品牌建设专题调研中建议的那样，唯有坚持标准化生产（比如建设化橘红标准化示范基地），通过扶持一批龙头企业、开展化橘红产业精英培训、组建全产业链的产业联盟等举措，才能让化橘红这个标准件嵌合现代市场的大“木桶”。

打造区域品牌长板，要坚持营销现代化。在广东之外，化橘红的神奇功效未被得到充分认识。需求侧的消费者不知其名，供给侧的产地也无法有效组织生产。“好酒也怕巷子深”，品牌营销势在必行。随着化橘红冲上中国区域农业产品中药材产业榜前十名，化橘红也迎来新的发展契机。近年来，在广东农产品“12221”市场体系建设的加持下，不少农产品已逐渐走出困境实现涅槃，化橘红应乘此东风加快品牌建设，利用数字工具促进产销对接，提高当地标志性农产品的综合效益和竞争力。

（作者为南方农村报评论员）

观察|南雄银杏要形成合力强化产业链

◎ 戚耀琪

2021年7月14日，广东南雄农产品“12221”市场体系建设启动。这个看起来只是个仪式的活动，其实蕴含着特别的深意和指引。

近年来，广东省农业部门以农产品“12221”市场体系建设为重要抓手，持续做好荔枝、菠萝等农产品规模化经营、精细化管理等全产业链融合发展。经过几年打磨，逐步统一了共识，调整了步骤，形成了可复制、可推广的经验模式。在市场的风浪中，联农带农惠农，产销体系走向完善，农业高质量发展保持了正增长。

南雄被誉为“银杏之乡”，银杏种植历史悠久，古树资源丰富，全市银杏果年产量有260多吨，银杏果年总产值约1亿元。这个宝贝的集中种植且形成产业在广东省内很少见，在国内也居于前列。然而，它至今在公众的意识中，仍处于不强势的状况。这种状况对于产业链的打造和提升确实有很大障碍。

比如在网上搜索“银杏”，跳出来的是银杏景区，这时候，南雄能居于一席之地。此处银杏的吸引力，在于它的黄叶而不是果实的吸引力。

但是，要说有高度完美的观赏体验，南雄还有明显进步空间。旅游观光已成为当今最绿色环保也最有生命力的产业，应做好规划、引导和服务，让银杏之乡成为热爱自然的都市群体的向往之地，而不仅仅是每年昙花一现的热闹，南雄是需要认真研究布局和投入的。

与旅游观光紧密结合的，就是银杏的核心属性。只有搜索“银杏果”，那么南雄银杏作为药材和食物，才会进入人们的视野。如何经营好银杏果产业，让它像化橘红和新会陈皮一样，成为全国首屈一指的地理标志产品，确实还有很多基础工作要长期推进。以银杏产业小切口推动农业产业大变化，示范带动全省农业产业转型升级，推动品种培优、品质提升、品牌打造与标准化生产，以农民持续增产增收为目标，立足银杏特色资源禀赋，强化特色乡村产业体系建设。这些作为基础理念应该进一步深化。

除了基础共识，具体到食用方式和药用体现方面，银杏果也需要重点强化。人们了解到它的珍贵，还只是从植物学角度，不是从功效角度来说的。这和消费者的需求有不小距离。比如人们为什么要买银杏果，谁最应该吃银杏果，什么银杏果才是上等的，如何让银杏果为健康加分，这些都有待清晰化。

既然银杏集食用、药用、材用、绿化和观赏等多种用途于一身，具有较高的经济价

南雄被誉为“银杏之乡”，银杏年总产值约1亿元

值、药用价值和生态价值，那么农业和旅游业的结合、药用和观赏的结合，是需要有机联系的，不但要有“12221”，也要有“1+1＞2”的思维，农业与旅游互相支持。

作为外来的观赏者和消费者，只有真正理解银杏带给人们精神上和生活上的价值内涵，才可能在时间上、金钱上和传播上产生投入行为，最终一二三产业融合发展和供给侧结构性改革才会出成效。

（作者为羊城晚报财经评论员）

第四章

布局

前沿引领

数字化

着力打造数字农业高地

数字农业，未来已来

◎ 李俊豪

“在这里读懂世界数字农业秘密，看到世界数字农业未来”“推动数字农业要保持‘闯’的精神、‘创’的劲头、‘干’的作风”……冬日暖阳，晴空万里，2020年12月12日上午，在广东省农业农村厅、新华网等单位联合主办的2020年世界数字农业大会上，与会者妙语连珠，佳句不绝。

国内外专家学者和企业家们群英聚首、荟萃众智，为数字经济风口下农业农村现代化发展建言献策，为农业高质量发展提供深邃思考，指明方向。

农业既安天下，又稳民心，关乎百姓饭碗和亿万农民生计。如何颠覆传统生产方式，重塑数字农业新生态？如何打破“老一套”思想桎梏，发散“新农人”思维逻辑？“疫考”之下，如何“共命运、心连心”，打造世界数字农业产业共同体？……大会现场，众人以真知灼见和远见卓识有力回应着一个又一个全球农业发展的时代之问。

◎数字赋能
带动农业全产业链迭代升级

大会场内熙熙攘攘，人头攒动。农业农村数字平台带来“云”上观感，植保无人机正在喷洒作业，撒播种子，热量、光照、水等监测显示一应俱全，数字科技最强大脑“随时学”赋能广东百万农民线上免费培训工程，新华智云机器人与观众互动……来自世界各地的数字农业“黑科技”动感十足，轮番演绎。

“锄禾日当午”“垄上扶犁儿”的场景将成为历史，取而代之的是智能化、精准化、无人化，农产品加工、运输和销售全产业链锻造升级的日新月异。农业农村部信息中心主任王小兵认为农业的高质量发展要做到产量高、质量优、生态绿、效益好，要以数据推动农业质量变革、效率变革、动力变革。

中国工程院院士、中国农业大学教授汪懋华表示，“互联网+农业”将带给“三农”新未来。要推动智慧农业的发展，就要投入更多精力把问题想深、想细、想透。

春江水暖鸭先知。作为经济体活跃的细胞，不少农业企业扎根田间地头，洞察市场走向，“抢滩”布局数字农业，以敏锐的听觉感知农村改革强音。

“推进解决农机农艺融合、机械化信息化融合，解决农机服务模式与农业适度规模经营相适应、机械化生产与农田建设相适应难题，支持农业高质量发展。”广州极飞科技有限公司创始人兼CEO（首席执行官）彭斌说。

北京一亩田新农网络科技有限公司创始人兼CEO邓锦宏表示，利用大数据技术可以预测农业产地价格，进行价格预警。数据越丰富，供需关系“画像”也会越精确。

如何推动农产品走上云端，走向市场？在广东华芯数字科技有限公司创始人、董事长刘永佳看来，为应对农产品销售难题，他们以“网络+云展会”创新探索了“一线一展会”，2021年将以“一线一展会”构建线上农交会，为农业赋能。

嘉宾观点金句频现，精彩纷呈，折射出农业产业以改革谋发展、以开放求变革的创新理念，释放出我国农业农村现代化建设蹄疾步稳、质量效益持续提升的强烈信心。

◎创新引领
牢牢端稳百姓饭碗

2020年接近尾声，全球疫情和世界经济形势仍然严峻复杂，我国发展面临的挑战前所未有。在党的十九届五中全会擘画的波澜壮阔经济新蓝图中，坚持把解决好“三农”问题作为全党工作重中之重，强化以工补农、以城带乡，提高农业质量效益和竞争力等远景目标高瞻远瞩、高远务实。

手中有粮，心中不慌。通过注入创新因子推动农业产业结构转型升级，通过智慧手段保质保鲜农产品，打造产供销一体化闭环，最终回归到促进广大农民群众增收增产、

5G创造更多数字农业应用场景

致富奔康，助力乡村振兴，提高获得感、幸福感、安全感上。

现场，广东联合宁夏、广西、陕西、海南等十省（市、区）共同倡议，开辟我国数字农业赋能乡村振兴的新道路。

农民丰产不丰收，供需不平衡是重要原因。广东阳江市委常委、阳西县委书记孙波表示，建立销售大数据，精准分析市场需求，创新推动农产品商贸一体化发展，为供需对接闯出新天地。

着眼长远，把握大势，开门问策，集思广益。数字农业50人论坛上，新华网副总裁、董事会秘书杨庆兵向论坛嘉宾抛出了问题："从农业文明、工业文明，到信息文明，如何推动农业与信息文明握手，推动农业的数字革命，助力智慧农业在广大农村地区生根发芽？"

中国农业科学院农业资源与农业区划研究所副所长吴文斌认为，发展数字农业要把数字体系建设作为基础，迸发新的生产力。

5G创造更多数字农业应用场景，提升农业精细化和高效化。广东联通党委副书记、副总经理冯华骏认为，5G技术令整个农业生产的过程可感知，品质可管控。

观点互相切磋、智慧碰撞交融的场景正在上演，与会代表敞开心扉，各抒己见。

阿里巴巴集团战略发展总经理李瑞华认为，应该抓美丽乡村软环境建设、乡村治理智能化建设，加速农业现代化。新华网物联网技术总监、中国通信学会理事葛振斌认为，要利用新华网信息的汇集资源优势赋能品牌经济。拼多多副总裁韩东原认为，应通过农货智能处理系统，让优质的农产品找到目标消费者……

台上发言振振有词、掷地有声，台下观众心潮澎湃、热血沸腾，雷鸣般的掌声中承载着对未来数字农业的美好期许。

◎抱团发力
打造世界数字农业产业共同体

当今世界正经历百年未有之大变局，新冠肺炎疫情全球大流行使这个大变局加速变化，世界进入动荡变革期。面对时代之变、世界之变，我国将以推动高质量发展为主题，以深化供给侧结构性改革为主线，以改革创新为根本动力，为世界各国提供更加广阔的市场机会，打造新的国际合作和竞争生态。

在“加快以国内大循环为主体、国内国际双循环相互促进”的新发展格局下，如何积极参加国际分工与合作，为全球农业发展贡献中国力量和中国方案？

从全世界范围内来看，农业正加速向“信息知识+智能装备”方向发展。国家精准农业航空施药技术国际联合研究中心主任、法国欧洲科学院院士兰玉彬说：“要加快推进资源节约、环境友好的农业绿色发展，为全球数字农业建设提供更加有力的科技支撑。”

五色交辉，相得益彰；八音合奏，终和且平。“以推动数字农业产业健康发展为共同愿景，以打造世界数字农业产业共同体为目标。”广州天河区向国内外数字农业领域优秀企业和研究机构发出入驻邀请。

暮色降临，华灯初上，建言献策声音依然回响，激荡思潮仍在观众心中涌动。扬合作发展之帆，圆全球农业繁荣之梦。2020年世界数字农业大会嘉宾们正围绕实现全球数字农业超链接的宏伟目标谱写一曲凝心聚力的“世界合奏”。

（作者为新华网记者）

数字化：农业高质量发展的广东答卷

◎ 袁瀚　黄婵

2020年12月17日，高州市委、市政府与华南理工大学乡村振兴与发展研究院在高州市正式签署战略合作协议，其中共建高州市智慧乡村云平台是协议的重要内容之一。

双方因2020年世界数字农业大会（简称“大会”）达成合作共识，在大会开幕式上就智慧乡村云平台建设签署合作协议，17日再签署协议，推动项目真正落地。

事以终为始。2020年世界数字农业大会仅是新起点，广东数字农业相关工作正稳步推进，在数字农业领域里大干一场已成为有关方面的共识。在12月21日举办的总结会上，华为技术有限公司（简称“华为”）、广州极飞科技有限公司（简称“极飞科技”）等企业代表多次表态：未来将不断加大投入，大力推进广东数字农业发展，为打造数字农业硅谷贡献科技力量。

“大会是平台，星火相聚，燎原可期。农业发展关系人类生存。我国就温饱问题给出了中国方案，在农业未来发展上应有中国担当。广东创建具全球影响力的数字农业高地，是中国担当的体现之一，也是农业高质量发展的广东答卷。”广东省农业农村厅有关负责人说。

◎撬动资金
创建数字农业产业园

冬至，阳江市阳西县程村蚝产业园里，生蚝正肥美。近期冷空气来袭，年轻的蚝农小谢不时查看仪器。借助传感器，他可以实时远程查看养殖水体的盐度、温度等参数变化，“正是收成的时候，不能功亏一篑了”。以前，小谢每隔三天就要出海人工测量盐度，凭经验决定自己下一步要干什么。现在有精准的参数参考，他对自己的判断更有信心了。

程村蚝产业园是广东省级现代农业产业园。2021年5月，阳西县入选省数字农业乡村发展试点县（市、区），9月入选国家数字乡村发展试点县（市、区），程村蚝产业园也开始创建数字农业产业园。

建设一批数字农业产业园区，是《广东数字农业农村发展行动计划（2020—2025年）》（简称《计划》）中的“八个培育”之一。根据《计划》，他们要以国家级和省级现代农业产业园为重点，以园区带动、科技支撑、质量优先、培育主体、打造品牌为思路，建成主导产业突出、现代要素集聚、设施装备先进、生产方式绿色、辐射带动有力的数字农业产业园区。

农业高质量发展是重点任务之一。2018年，广东启动省级现代农业产业园建设，并以“广东速度”快速推进，产业园规划总投资326.93亿元，75亿元省级财政资金撬动比例达到1∶4.36，创建了14个国家级、161个省级现代农业产业园，若干个千亿产值、具有国际竞争力的现代农业产业集群雏形已出现。

规模化、集群化的现代农业产业园，是数字农业发展的沃土。同时，产业园发展要不断突破自身发展天花板，数字化是必然的选择。在2019年数字农业农村发展论坛上，广东明确提出，要走出一条具有广东特色的农业数字化发展之路。2020年世界数字农业大会上，发展成果初显。在“5G+农业大数据平台”的助力下，大埔蜜柚实现精准化管理，成功入选“中欧100+100”地理标志互认互保产品。新会陈皮国家现代农业产业园打造了产业园智慧农业大数据平台，覆盖全区6000家新会柑种植主体、近10万亩新会柑种植基地及162家加工或流通经营主体，实现了全产业链数字化。

为了鼓励更多企业投身数字农业建设，在大会上，广东省农业农村厅提出，省级农业产业园5000万元建设资金中，至少拿出其中300万元支持企业发展数字农业，即至少6%的建设资金用于发展数字农业。按照6%的建设资金、1∶4.36的资金撬动比例计算，省级财政将投入4.5亿元，撬动接近20亿元用于发展数字农业。海珠子蚝业有限公司是程村蚝产业园的实施主体之一，除了数据监测，该公司还把VR（虚拟现实）等技术用于养殖。获悉此消息，该公司副总经理梁文军表示受到鼓舞，未来将继续加大数字技术方面的投入，“这是顺应趋势发展的举措”。

◎巨头布局

农业提档增速

广东要成为数字农业的创新者、探索者和引领者，需要政府夯实基座，需要企业作为发展的核心力量。

在广州增城的幸福田园智慧农场，多架无人机在耕地上空飞来飞去。播种、撒肥、施药、测绘等多项任务，无人机皆可完成。在操控室的超高清大屏幕上，土壤水分、pH值、肥料等数值可以实时监控。测绘无人机与AI（人工智能）技术结合，还能预测产量。

利用无人机，农民能精准高效地管理农田，农民会种一亩田，就能种万亩地，这是极飞科技的智慧农业系统技术及实施模式，被大会评为“十大创新案例”之一。极飞科技高级副总裁王晓在大会论坛上介绍，极飞科技的智慧农业，不仅是无人机技术，更是一种生产系统，使农资、农艺、农事完全数字化，实现全链条可追溯。极飞模式备受瞩目，已进入各地政府部门的议程，谋求落地推广。

广东企业一向领风气之先，敢创新，勇担当，服务意识强。2005年，温氏食品集团股份有限公司已自主启动现代化数据中心建设，如今已形成5万养殖户协作共享的数字养殖新格局。

数字农业也是数字技术企业的未来。《计划》提出，要建设覆盖农业全产业链条的数字农业试验区，鼓励引导非农企业、数字技术产学研机构进驻。华为、极飞科技、腾讯、华大基因等企业热情拥抱数字农业，积极参与大会，并寻求项目落地。

较之于赢利，拥抱数字农业的企业更在乎共赢，并主动承担社会责任。“我们要把数字化技术交到农民的手上，使他们能通过物联网、区块链、大数据等，把生产过程与城市的消费者绑定，推动价值链往上转移，让品牌有更多的溢价能力。”12月15日极飞科技联合创始人龚槚钦在2020年极飞科技年度大会上表示，农业无人化技术推动价值链重新分配，让农业重获竞争能力。

企业的创新和担当正是广东创建全球数字农业高地的底气。

◎星火燎原

让农民实现增产又增收

人是广东创建全球数字农业高地的根本。农产品品质不仅要过硬，更要“卖得出”，让农民增产又增收。

2021年，“菠萝妹妹”成为传播热点。“菠萝妹妹”原名王小颖，是徐闻妹子，从小目睹亲人因菠萝滞销而发愁的情景，2016年大学毕业入职徐闻县广播电视台任新闻主播后，开始参与徐闻县菠萝文化旅游节等活动，并多次直播为菠萝代言，因而被称为“菠萝妹妹”。2021年3月，她和徐闻副县长搭档第一次直播卖菠萝，累计4万多名采购商在线观看，当场订货165万斤；与徐闻县七镇镇长直播销售，40分钟“云销售”280万斤徐闻菠萝，成绩亮眼喜人。

广东抢先站在短视频和直播的风口。2019年，广东省农业农村厅已专门召开“短视频+网红”农产品营销（粤港澳大湾区）研讨会，研究如何发挥数字力量，推动农产品出村进城，助力乡村振兴战略实施。由省级政府部门组织网红研讨会，当时在全国罕见。借助网红力量，更要培养网红力量。2021年4月，广东发起千名村播在线培训活动，为广东、湖北两省培训了过千名“村播”，切实将流量变销量。

与此同时，为了切实解决类似徐闻菠萝的农产品销售难题，广东于2019年启动广东农产品“12221”市场体系建设，第一个“1”即建立一个农产品的大数据，以大数据指导生产和引领销售。当年徐闻菠萝实现产销两旺，在主要产区曲界镇，邮政银行农户新增存款达9.25亿元；2019年5月，全省荔枝出口数量和出口金额分别同比增长250.9%和262.7%。

新冠肺炎疫情发生后，在此基础上，广东在大年初五即搭建了“保供稳价安心”

平台，各级领导干部直播开路，创新探索“云销售”“云展会”，确保农产品销售与供应，还唱响了多个南粤名特优农产品品牌，广东荔枝、菠萝打了一场漂亮的“营销逆转战”。

技术不仅重塑了农业全产业链，还重塑了城乡关系。农产品“出圈”，成为公共话题，引发社会各阶层关注，从另一个方向促进了广东农业高质量发展。“广东必须抓住举办世界数字农业大会这一契机，集聚资源，创设机制，打造模型，切实推动广东数字农业大发展。”广东省农业农村厅有关负责人说。

（作者为南方农村报记者）

一个数字化平台如何守护“民生温度”

◎ 王富迪

“菜篮子”与“米袋子”，一头是老百姓的一日三餐，另一头是农民的“钱袋子”，这保供稳价的两头，体现的是“民生温度”。

广东农业农村部门深刻地认识到，保民生不是埋头只管生产，而是要时刻关注市场、回应市场，为有效市场组织生产、及时供应。应对新冠肺炎疫情带来的不利影响，创新性探索以数字化助农保供，广东搭建“农产品保供稳价安心”数字平台（简称“保供稳价安心”数字平台），打通供需，保障民生；并以此为抓手，引领帮助一批农业企业走进数字时代，通过新营销模式促进城乡互动，并形成一套社会化助农的机制。

◎因抗疫而诞生
扛起保供稳价的责任担当

有需求，供给到；有号召，即响应。

2021年秋冬，天气及运销受阻等综合因素，给鲜菜的生产和运输带来了一定的挑战，多地蔬菜生产和市场供应呈现短期阶段性缩减。广东省农业农村部门第一时间作出对应，自2021年10月29日，广东省农业农村厅召开座谈会。10月30日，“保供稳价安心”数字平台发出倡议书，各企业在第一时间采取了各种加强蔬菜增量的手段：组织工人加班加点收割生产，龙头企业向周边农户收购合格蔬菜；协调冷链物流运输资源，畅通蔬菜外运渠道；严格检测保障蔬菜质量标准，保障消费者吃上“放心菜”。截至11月2日，广东省共90家规模化蔬菜基地（其中80家为省级“菜篮子”基地）积极响应保供倡议书。

粤旺农业集团组织跨区域蔬菜采购，整体订单量提升30%以上。汕头市远绿种植有限公司刘镇涛表示，已经安排种植一些生长周期较短的叶菜就近供应，愿意将自己现有的蔬菜品种纳入政府应急调控范畴，保证不哄抬物价。

“没有绿色通道通行证，我们公司9000亩的蔬菜可能就烂在地里了。”回忆起2020年疫情期间的艰难，深圳鸿霖农业的张海波心有余悸。“还好加入了保供平台，不用多层级办理。我们在第一时间就收到了通行证，蔬菜运输不受阻。再加上保供平台的产销大数据支撑，指尖一点微信小程序，买卖双方的信息都能收到。”2021年秋冬，深圳鸿霖农业成为响应广东蔬菜“保供稳价安心”倡议的首批企业。“这次我们扩种抢播了30%左右的菜心，这些菜11月上旬就可以上市了。”张海波说。

气温回升，加之多方努力，保供平台蔬菜大数据显示广东菜价稳中回落。2021年11月2日，广东批发市场黄瓜3—3.5元/斤，土豆（整箱）1.1—1.3元/斤，米椒4—4.2元/斤，与先前价格持平；西兰花4.5—5元/斤，价格有所回落。此外，广东省农业农村厅的数据显示，冬种蔬菜产量将超1000万吨，全省蔬菜供应总量充足。

保供稳价安心数字平台诞生于非常时期。

2020年1月27日，在疫情防控关键时期，在广东省农业农村厅的指导下，经广东一人一亩田网络科技有限公司提议，广东农产品采购商联盟（简称“采购商联盟”）牵头，南方农村报社推动，向社会发出农产品“保供稳价安心”倡议。1月28日，经过技术人员的连夜奋战，“保供稳价安心”数字平台搭建起来了。

2月3日，广东省委有关领导调研指导“保供稳价安心”数字平台建设情况，强调充分发挥平台优势，把平台建成让老百姓放心、安心的重要载体。2月7日，他们还连线驰援湖北抗疫公益捐赠仪式现场，对全力以赴做好农村疫情防控和“菜篮子”产品生产保供稳价等工作提出要求。

回忆平台初建的日子，广东省农业对外经济与农民合作促进中心主任丘志勇记忆犹新。“倡议发出后，我们的电话都被打爆了，越来越多企业参与进来。”丘志勇说。倡议群的群聊人数也一夜破百，参与企业纷纷加入平台，开启“云对接”模式。南方农村报经营有限公司总经理张璐、北京一亩田新农网络科技有限公司联合创始人刘志嘉积极调研，他们说：“要弄清楚现时农产品供给的关键问题出在哪。”与此同时，时任广东省农业农村厅市场与信息化处处长韦浩、渔业发展处处长于培松、畜牧与饲料处处长罗一心和广东省畜牧技术推广总站站长陈三有都积极解决平台建设的问题。

需求与供给一直都在，缺的是一条通道，甚至只是一声召唤。

“这是好事实事，国联坚决参加”“我们微视也加入进来”“深圳鸿霖非常愿意加入此件有意义的事”……短短两小时内，便有25家广东省内畜禽产品、水产品、蔬果等企业以及媒体、互联网企业率先响应。“广佛深社区需要大量蔬菜供应，需支持落地配和一件代发，有蔬菜资源的小伙伴联系我！”有人当即回应“可供一万斤蔬菜”。

一个月时间，全广东省农产品供应商、采购商、流通商等企业纷纷响应入驻。逾1800家企业入驻保供平台，全广东省主要农产品生产稳定，供应充足，价格平稳，并顺利完成驰援武汉任务。32车共652吨合计1835万元，这便是广东150多家农企捐赠农产品支援湖北的爱心成绩单。

“保供稳价安心”数字平台带来了新的春天，同时成为疫情期间广东“保供应”的一个重要阵地。同时，“采购商网络直通车”“采购商网络会客室”“网红直播间”等新营销载体也如雨后春笋般出现。

◎因数字化而兴

促进农企迈进数字时代

“保供稳价安心”数字平台具备引领性，这体现在它像一个推进器，助力基层政府、农产品企业开展走进农产品互联网营销的新时代。

丘志勇介绍，2020年在广东新冠肺炎疫情防控工作的关键时期，“保供稳价安心”数字平台累计产销对接9000次，曝光101万人次，销售农产品超30亿元，为广大农企复工复产探索了一条全新道路。

2020年2月19日，时任徐闻县县长吴康秀站在菠萝地里，摘菠萝、切菠萝、去果眼，吸引了超过30万人的关注。2月24日，腾讯微视平台上的一条带货短视频，在短短1小时内卖出了将近15吨徐闻菠萝。“短视频+网红”的直播带货形式，就是那时火起来的。两年来，“保供稳价安心”数字平台开展了“一县一园、一镇一业、一村一品”等系列直播活动，实现互联网赋能。

此外，揭阳市惠来县率先开创了“网络节+云展会”模式。据县委常委蔡汉春介绍，活动开幕式当天，220多万直播流量直达顾客，81 831名采购商在线围观，活动举办以来，销售鲜鲍鱼3万多斤、干鲍1万多斤、鲍鱼罐头和粽子6万多盒、鲍苗1亿多粒，总额为3500多万元，推动每公斤鲜鲍鱼价格增长10元以上。

授人以鱼，不如授人以渔。

2020年10月11日，“广东百万农民线上免费培训工程”第一课在“保供稳价安心”数字平台正式开讲：广东省技术推广总站林绿站长把课从田间地头讲到线上云上；盒马市场总监手把手教农民走进大市场，在田头考虑餐桌，把“冰箱”放到田头，做好加工保鲜工作，确保质量安全；农民变身“食品生产流水线工匠”，百万农民线上听课，课程尽在“指掌”中……

“百万农民免费线上培训工程”负责部门的刘楚雄处长表示，农业农村人才是做好党的农村工作、实施乡村振兴战略的根本。依托广东农产品“保供稳价安心”数字平台，“百万农民免费线上培训工程”探索打造“办在田间地头，农民在田间地头学”的接地气的农民大课；探索打造以市场的为导向，推动市场连接生产，着力培育既会种又会卖，善于变产品为商品，善携产品闯市场的新型农民的大课；探索打造确保产品质量安全，着力培养生产、加工、冷链物流、营销全链条“全能冠军”的农民大课，努力实现“农民得到提升，讲师实现价值，产业有所支撑，乡村加速发展”这一目标。

“百万工程”创新探索的创立，最顺应农民需求，最符合农民习惯，最能学以致用，是广东新农人培训的“线上农广所”。

◎因机制而强大

形成社会化助农强大合力

通过分析发现，“保供稳价安心”数字平台的背后，是广东农产品“12221”市场体系建设的逻辑在起作用，该平台也是“12221”的成果之一。它以大数据为依据，精准分析需求，及时调度对接供需；以线上平台为依托，组织起采购商、产区经纪人两支队伍，举办“走出去”与“引进来”两场活动，打通产区与销区两个市场，实现农民增收、农业增效等一揽子目标。

生于疫境，却不止于抗疫的广东农产品“保供稳价安心”数字平台，在继续承担保供给、稳价格、安民心功能的同时，蜕变出广东数字农业新业态，成为加快推进广东数字农业转型升级，推进“3个创建、8个培育”的有益探索；成为服务抗疫“六保”，服务广东乃至全国的农业数字平台。

“南品北上，北品南下。”2020年5月23日，“荔枝北上，苹果南下”粤陕云连线活动在“保供稳价安心”数字平台举办，高州市与洛川县结为连理，荔枝、苹果搭乘粤陕合作的快车驶向两地，两地线上、线下渠道相继打通，拓宽岭南佳果与陕西苹果的销售渠道，助力更多“粤字号”和“陕字号”优质农产品从产区走向销区，进一步打开全国市场。2021年9月，在粤陕、粤黑、粤鄂省际合作的基础上，“贵州农特产品中秋推广专区”上线。2021年10月，“西藏农牧产品线上专区”成功搭建，全面推进省际合作。两个专区共上线产品500余个，上线企业80余家，实现撮合交易200万余元。

广东农产品“保供稳价安心”数字平台，聚拢了一批农产品供应商、流通商、物流企业、电商平台以及媒体，这支队伍各司其职，各尽所能，共同支撑。当年的应急之举，在一群人的坚持下，正成为一种长效机制。

2021年春，广东农产品采购商联盟及广东省快递行业协会联合，以“保供稳价安心”数字平台集结供应商、采购商、经销商、互联网平台、物流快递等，打造市民掌上的年货节、农民指尖的大卖场。该平台将花市及广东特色农产品集中搬到网上，线上逛花市，一键下单购买年货，共24家单位联合发起倡议。广东省农业农村厅产业园办公室向全省产业园发布报名消息，汇总了B2B、B2C（企业对消费者）及淘宝直播三种参与方式，其多平台、多形式的特点可以满足各产业园的不同需求，以此共征集到全省53家企业共108款农产品参与直播，蝴蝶兰、年桔、惠来鲍鱼、澄海狮头鹅、梅州柚等将在直播期间重点推介。

据统计，共有165家商家入驻，共发布上架406个产品，采购商查看17 941人次，达成交易合作2832对。广大人民群众的“菜篮子”“米袋子”“果篮子”供应充足，城乡居民共同度过一个欢乐祥和的春节。

2021年广东省线上农民丰收节活动，八大专区助农庆丰收，共上线1000多款产品，点击量超千万。2000多万采购商进行线上选货，实现撮合交易2000多万元。有关专家认为，“保供稳价安心”数字平台是广东制度优势、市场导向和数字技术融合的成果，平台所体现的组织动员能力、统筹协调能力、贯彻执行能力，与广东“先行先试”的基因有关。

“当物流板块、大数据板块、金融板块等逐渐丰富起来，整合‘政府+银行+媒体+企业’四方力量，云上展会、省际直播卖货、农产品品牌打造等服务接踵而至，它才开始真正有了数字平台的风采。而‘广东百万农民线上免费培训工程’‘农产品中央厨房线上专区’等项目的出现，则展现了‘保供稳价安心’数字平台具有链接多领域、多层次资源的进阶能力。”刘志嘉说。

据统计，截至2021年11月，“保供稳价安心”数字平台已入驻农业企业3605家，已开展各类直播200余场，已推动粤黑、粤鄂、粤藏等5个省际合作，已开展44次线上云展会活动，实现累计对接13 380次，曝光260万人次，推动对接销售农产品超46.5亿元。

（作者为南方农村报记者）

以短视频创新驱动农产品经营

◎ 王清

短视频作为互联网时代的一种创新内容展现形式和传播方式，具有阅览时间短、承载信息量大、传播速度快、创意趣味性强等优势。随着我国短视频产业规模日益壮大，“短视频+”产业链发展日臻成熟，现代农业依靠短视频力量推动数字化发展转型升级方兴未艾。

2020年，习近平总书记在陕西考察调研时指出，电商作为新兴业态，既可以推销农副产品，帮助群众致富奔康，又可以推动乡村振兴，是大有可为的。广东农业始终紧抓粤港澳大湾区建设机遇，高度重视短视频场景化应用，积极探索构建短视频营销新模式，助力广东省农产品“12221”市场体系建设，推动小农户连接大市场。

一、短视频对农产品市场营销的驱动作用

长期以来，农产品市场开拓是制约产业规模化、市场化的一大难题。农业存在小农户居多，分散式经营的普遍现状，而移动互联网下的短视频直播模式，给小农户开拓市场提供了行之有效的解决方案。短视频对广东农产品市场体系有什么驱动作用？一是扩大市场空间和销售半径。二是链接品牌宣传与市场销售。三是让小农户低成本、高效率链接大市场。

一是短视频引领新营销。“读屏时代”短视频已成为互联网电商的重要销售利器，引领消费新趋势。在5G、大数据等技术的赋能下，短视频能帮助农业生产端快速进行品牌推广，精准匹配供给需求，推动农产品营销转型升级。

二是短视频链接大市场。短视频去中心化的传播方式，打通产销对接“中梗阻”，有效降低农产品销售的时间成本、流通成本。巨大的辐射效应，帮助农产品从产地走

向销区，迅速“出圈出海”，不断扩大农产品市场的物理空间和销售半径，加速农业变现，实现效益倍增。

三是短视频催生新业态。“短视频+农业”的融合发展，汇聚人才、市场、技术资源，催生农产品网红经济，加速推动田头直播基地、智慧农业科创园等数字化产业园区建设，以市场为导向倒逼生产端发力，助推全产业链提质增效。

二、乘短视频浪潮，创市场化建设

为解决农产品“买难卖难”问题，广东省农业农村短视频制作推广中心（简称“中心”）应运而生，组织开展农业农村短视频宣传推广工作，培育广东农业农村短视频人才，构建农产品短视频直播带货营销体系，促进广东省农产品“12221”市场体系建设，助推广东农业迎来新发展。

第一，汇聚多方力量，整合资源优势，提供理论支撑。

“大潮起珠江，敢为天下先。”要想把广东打造为短视频促进农产品营销模式转型升级的策源地，做好顶层设计，找准发力点是前提。

2019—2020年，中心成功举办第一、二届“短视频+网红”农产品营销研讨会，为构建广东农业短视频营销模式“把脉开方”，为农产品营销谋划新途径。第一届研讨会成立了农业“短视频+网红”联盟和研究院，推动“广东农产品短视频+网红直播基地”在广州落地，搭建起农业“短视频+网红”互动交流平台。第二届研讨会直击行业发展痛点，发出《广东农产品直播“八要八不要”倡议书》，进一步净化农产品直播行业生态。

2020年在数字农业大会举办之际，中心联合艾瑞咨询发布《广东省农业农村短视频发展白皮书》，研判广东农业农村短视频的发展态势，聚焦农业农村短视频创作者基本概况、国内农村短视频成功案例、短视频受众分析等内容，从大数据维度解读广东数字乡村发展战略的成效，推动广东农业数字化转型，为探索新时期农产品市场推广、营销以及农产品品牌打造提供了可行性依据。

2021年，聚焦南雄银杏药食同源价值和旅游开发潜力，深入南雄坪田、油山、帽子峰等乡镇，开展工作调研，形成《南雄市银杏产业调研报告》，为做大做强南雄银杏“12221”市场体系奠定理论基础。

第二，培育数字营销“生力军”，打造高素质人才队伍。

成事之要，关键在人。广东农产品“12221”市场体系建设中，始终坚持以人为本。既不断优化市场环境，形成“栽下梧桐树，引得凤凰来”的良好局面，又立足市场需要，从源头培育发展高素质人才，不断充实创新创业的新鲜血液。

一是重点孵化数字营销人才。一方面借助媒体资源优势，强势打造推动“菠萝妹妹”“菠萝姐姐”“银杏姐姐”等人物“走红”，依托人物力量讲好“粤字号”农产品故事，促使“电商+网红+直播+短视频”农产品营销模式落地发芽。另一方面，先后举办数十场线上线下培训班，分享拍摄创意、直播技巧、品牌建设、平台搭建等知识，结合线下田间直播实操，广泛培育短视频制作、电商直播领域人才。

二是精心培育农业技术人才。创新开辟线上培训阵地，将课堂开设在田间地头，以“微综艺”形式进行全程直播，第一期在遂溪县界炮镇圣女果基地举办，两小时直播吸引超过300万人次观看；第二期在汕头市澄海区隆都镇前美村开播，吸引海内外638万网友观看，社会反响良好。

三是深度锻造农业干部队伍。深化政企合作，邀请字节跳动、腾讯、新浪广东、广东新华网与农业干部职工开展交流学习活动。介绍广东农产品“12221”市场建设的理论体系、成功经验及前沿技术与资源优势，大力培育具有经济思维、产业思维、数字思维的高素质农业人才队伍。

三、多措并举促产销，建强农产品销售线上市场

聚焦农产品滞销难题，做好农产品保供稳价工作是农产品“12221”市场体系建设的重中之重。“双循环”背景下，在RCEP和“双区”建设等重大机遇面前，更须抢抓机遇，充分运用短视频直播手段，探索线上营销新模式。

第一，举办云上“带货”活动，以短视频促销售。

2020年，受疫情影响，徐闻菠萝前期销售遇阻。中心组织腾讯微视、拼多多、新浪等短视频直播平台，通过县长、镇长、果农、采购商开通“广东徐闻菠萝”微视号，推出为徐闻菠萝带货的短视频，视频总流量达千万级，带动订单累计超过5万单，销量近30万斤。有了徐闻菠萝短视频营销模式成功经验，又紧抓时机推出“520我爱荔”短视频，并积极探索其他特色农产品的短视频制作。

在妇女节之际，中心与腾讯微视策划举办“十大女县长直播卖货”活动。来自广东、陕西、黑龙江的女县长联袂组成“网红天团”，向网友们推荐猕猴桃、沃柑、圣女果、鲍鱼、高良富笋、冰糖金桔膏等农产品，共吸引370万人次观看，累计售出农产品58吨。

过年行花街一直是广东特有民俗。2021年，为贯彻落实省委、省政府关于冬春季疫情防控工作部署要求，顺畅春节期间农产品产销对接，中心举办“2021迎春网络年货节活动”，重点办好“云上花市”推介，开展优质农产品专场直播，保障起广大群众的“花瓶子”“菜篮子”“果盘子”，凝心聚力充实花农、菜农、果农的“钱袋子”。

第二，多元化开展系列宣传，以短视频树品牌。

在农产品“12221”市场体系指导下，中心积极推动“一村一品、一镇一业”特色农产品品牌建设，联合新浪广东发起“粤品新视界”第一届广东省农业农村短视频大赛。大赛开启征集以来，受到各大农企、农人积极响应，收到近千部参赛作品。一批批农产

品破围出圈，形成精优品牌阵列；一个个广东现代农业产业建设经验走向全国，形成农业发展优秀案例；一位位勤勉耕耘的新农人展示风采，新农人队列力量越发强大。

短视频追剧，是当前备受年轻人追捧的新娱乐形式。中心与时俱进，以遂溪圣女果、澄海狮头鹅为主题联合智令互动创意打造出30条电商短视频，有爆笑的“阿珍阿强”土味故事，有奇葩怀旧情景剧，有美食创意Vlog，也有农产品人文历史典故……精彩纷呈的短剧以软性植入方式让“粤字号”农产品深入人心。推出的《寻乡百味-粤味江湖》精品武侠食材系列短片，通过拟人手法博取广泛关注，将小众食材推向大众市场。《村晚》“三农”系列精品短剧更是让“粤字号”农产品在Youtube上火出国门，走向国际。

此外，中心也在农业虚拟IP的孵化上积极探索。设计出“大头”与“粤小宝”，用既接地气又未来感十足的农业IP组合形象，制作老少皆宜的动画宣传短视频，并将之灵活运用在各类农产品品牌推广中。

第三，构建线上流量聚集区，以短视频扩市场。

短视频是展示广东农业的重要窗口。中心充分运用短视频为中国农交会、食博会、数字农业大会等线上展会和境外宣传提供配套服务，大力推介农产品，系统介绍产业链，创意展示现代农业技术。在第六届北京国际优质农产品展示交易会上，广东展馆通过5名人气网红主播在多个直播平台上推介农产品“带货”；在中国国际薯业博览会上，广东展区特设网红直播展位。短视频综合运用为产销商畅通“点对点”采购渠道，为国际农产品贸易搭起交流合作平台。

雄关漫道真如铁，而今迈步从头越。以短视频为切口，推动广东省农产品“12221”市场体系建设行稳致远，还亟须加速构建成熟的短视频营销体系，久久为功，直面挑战，以实践为基，总结形成短视频农产品营销可复制、可推广模式。

（作者为广东省农业农村短视频制作推广中心主任）

阳西：探索数字农业发展“县域样板”

◎ 罗琳　整理

近年来，阳江市阳西县先行先试，实施一批数字农业试点项目。一是以点带面，依托5G网络技术建成“一馆一云四园”示范项目。“一馆”即打造集产业展示、数据共享、交易流通、农业培训、网红直播等为一体的数字农业展览馆；“一云”即建设一批数字农业云应用，包括建设产业园大数据平台、区块链安全追溯系统、数字农业云店、“VR+”互动体验系统等数字农业云应用，为农民、农企提供一系列数字化服务，推动农业数字化改革；“四园”即推进荔枝、程村蚝、罗非鱼、东水山茶四个产业园数字化转型，带动数字技术在重点农业领域的广泛应用。二是点面结合，发挥“四园”示范效应。县财政安排资金，对全县30个县级产业园每个扶持20万元（15万元用于农业数字化建设，5万元用于“一村一品”品牌提升），全面推广“四园”数字技术应用经验，促进“一村一品”等富民兴村产业高质量发展，打造全县数字农业新格局。

一、发展程村蚝省级现代农业产业园等特色产业。近年来，阳江市阳西县着力推进程村蚝“12221”市场营销行动，重点推出一个程村蚝大数据，以大数据指导生产引领销售；组建销区采购商和产区经纪人两支队伍；拓展销区和产区两大市场；策划采购商走进程村和程村蚝走进大市场两场活动；实现品牌打造、销量提升、市场引导、品种改良、农民致富等一揽子目标，加快现代农业产业园能力提升。

二、创新技术，推动农业生产数字化。程村蚝养殖户可借助传感器实时远程查看水质数据，改变隔三天出海人工测量盐度的模式，实现精准测量并节约出海成本，大幅减少因水质、盐度的剧烈变化而导致的生蚝死亡现象。此外通过程村蚝养殖管理平台可以实现对农事计划、收获记录、资源管理、销售管理等流程的上云管理，提高生产企业的信息化水平。

三、加强大数据技术应用，推进供应端数字化。建立农产品流通大数据平台，依托程村蚝实时销售大数据，通过对多品种的程村蚝在全国不同地方的销售数量、销售价格、消费者购买需求进行收集汇总并进行分析，让农户第一时间知道市场当前供需情况，真正做到市场需要什么种什么，需要多少种多少，市场需要什么产什么，需要多少产多少。

四、坚持“走出去”“请进来”，推进销售端数字化。通过举办蚝美阳西美食展、中国农民丰收节（阳西）暨程村蚝“网络节+名优农产品云展会”活动，“B2B+C2C”双管齐下，为程村蚝专门打造线上云展会专区、直播专区，带动程村蚝销量增长，品牌效应进一步凸显。其间，56家生蚝企业上线云展会平台，产生了近1500万元的直接销售额。2021年程村蚝养殖面积扩展到4.2万亩，带壳的蚝升至每斤7元，产值达4.5亿元，同比分别增长10.5%、16.6%、7.2%。

借助传感器实时远程测量养殖水质情况

点评

阳江市阳西县瞄准了数字赋能农业，坚持推进生产端、供应端、销售端“三端数字化”，落实政策、基础设施与人才“三大保障”，发挥数据的基础资源作用和创新引擎作用，创新技术，推动农业生产数字化。在农业生产关键环节，应用新装备、新技术，通过采集大量数据分析来进行生产管理，实现智能化决策、精准化种养、标准化生产和数字化管理，推动现代信息技术同农业经济深度融合。

数字将农业生产、加工、经营、管理和服务等资源聚合成整体性产业链，将大数据、互联网、云计算、人工智能等现代信息技术植入阳江的热土，传承千年的农耕文明与现代信息技术交融，实现“促进销售、产品创新、提升效率、优化成本”的目标，进一步打响了阳江特色农产品品牌。

惠来：一只鲍鱼开创“网络节+云展会”先河

◎ 黄楚璇　整理

农产品销售在疫情之下困难重重。云展会，打开了一扇农业新经济、新业态的大门。

广东惠来在2020年率先发力数字农业，首创了惠来鲍鱼“网络节+云展会”（2B+2C）模式，并创新升级到“惠来五宝”（鲍鱼、凤梨、荔枝、隆江猪脚、鱼丸），在实践中不断丰富完善“网络节+云展会”形式，实现了“新模式”“新价值”“新市场主题”三大突破，是全省数字农业的有效探索。

疫情常态化下，农产品产业如何实现产业观念、产业模式、产业业态的转变，保障农户增产增收？数字农业为广东农业营销提供新思路，惠来用实践为广东打造农产品数字营销，创建广东线上农产品交易会提供了可借鉴、可复制、可推广的“惠来模式”。

广东惠来是地处粤东沿海的农业大县、渔业强县，属南亚热带季风气候，山海秀丽的好生态孕育了种类繁多的农产品和海产品。2020年以来，在广东省委、省政府的关心和广东省农业农村厅的有力支持下，惠来县积极贯彻落实广东农产品“12221”市场体系建设，探索完善“网络节+云展会”模式，通过惠来鲍鱼、荔枝、凤梨等农产品系列实践活动，以市场为引导，以品牌建设为抓手，以互联网数字经济为手段，以“网络节+云展会”为小切口推动市场大变化，变滞销为热销，为广东发展数字农业提供可借鉴、可推广的实践案例。

一、聚焦数字农业，首创“网络节+云展会”模式。2020年6月，在广东省农业农村厅的指导下，惠来县依托疫情期间搭建起来并发挥积极作用的广东农产品“保供稳价安心”数字平台，在云端举办惠来鲍鱼“网络节+云展会”，C端直播获得220多万流量，B端吸引81 831名采购商在线围观，意向签约金额超过1亿元，为农产品开创了网络销售新路子。

二、发力云端营销，探索线上农交会新模式。在首届惠来鲍鱼“网络节+云展会”上，依托拼多多、淘宝、腾讯微视、字节跳动、京东等市场主体力量，通过云直播、云展示、云论坛、云贸易、云拍卖、云培训等方式，变革惠来鲍鱼、荔枝、凤梨等农产品传统销路，创新“远程采购+线上直销”的产品销售新模式，为惠来农业产业注入数字化新动能。

三、深化营销模式，创新“网络节+云展会”2.0模式。2021年，惠来加快探索完善“网络节+云展会”2.0模式，实行“链长制”推动现代农业全产业链发展，紧抓产区与销区，充分应用数字农业新技术、新模式、新动能，创新引入农产品拍卖、中英泰三语微综艺直播、村播达人直播带货、名人代言、靶向推广等方式推动惠来五宝品牌建设和产业振兴发展。

四、汇聚多平台资源，打造高能级发展平台。惠来充分发挥其数字农业优势，聚集“互联网+数字”资源要素，组织引入互联网资源优势，联合南方农村报、中国农业电影电视中心、中国三农发布、农视网、一亩田、中国移动、华友拍卖、华芯数科、春丰天集等单位，线上线下相结合开展15项系列活动，深入探索“网络节+云展会”模式。

五、紧抓产销市场，畅通农产品销售新通道。依托广东农产品“保供稳价安心”数字平台云展会、移动5G+云展馆、京东“惠来五宝”专栏等，惠来促进以“惠来五宝”为代表的特色农产品通过网络平台与全市场要素的融合对接。引进来，组织30多家采购

“惠来五宝”

商到惠来荔枝产地开展活动；走出去，开展惠来荔枝凤梨品鉴会成都站活动，“喊全国人民吃广东荔枝”惠来专场在12个平台全网联播，观看人次超1299.7万；惠来荔枝亮相加拿大温哥华品鉴会、广州地标亮屏广告等活动，着力打造一个畅通线上线下、产区销区、国内国际市场的新通道。

观察|惠来鲍鱼走出惠来，好生意才会来

◎ 戚耀琪

海鲜里广东人耳熟能详的极品，应该就是“鲍参翅肚”四大传统海味，尤以鲍鱼为首。2020年6月12日，2020年中国惠来鲍鱼国际网络节暨惠来名优农产品云展会举行，“中国惠来鲍鱼产业数字网络联盟”挂牌成立，这是疫情后期继广东国际网络荔枝节后，又一次难得的农产品交易展销盛会。

通过地方展会，凸显地域成就，强化地标品牌，这是农产品对外传播和营销的重要路径。虽然疫情使得线下规模受限制，但是网络的无界限又倒逼农产品努力求存，上云来传播，线上找客源，此为网络节的含义所在。但更重要的是，既然网络无界限，就要接受互联网“去中心”的思维，就是要有一种“走出惠来，什么都会来”的愿景。

惠来鲍鱼并非今天才有，而是历史、自然与市场的结晶。惠来海域面积7689平方公里，年产成品鲍鱼2000多吨，产值约15亿元，从业人数1万多人，整个鲍鱼产业举足轻重。尤其是大众对水产品的消费开始由传统低价的四大家鱼向高价值的经济品种转变，鲍鱼等海产品的消费频率在大城市也必然提高。

从现阶段来看，惠来鲍鱼确实是地方做品牌的一个样本。在县域经济尤其是农业经济中，确立一个最强而有力的地理性标志产品，悉心维护，做大做强。这既是经过千千万万的淘汰后市场形成的自发需求，也是当地政府的自觉意识。在广东，也有一批在全国具有响当当名气的农产品，诸如湛江对虾、顺德鳗鱼、增城迟菜心、德庆贡柑、英德红茶等，无不是有强烈地理属性的农业存在感。

一个本地品类的广泛种养，让一个地方对外形成记忆点，这叫名片。一大批龙头企业的存在，让它有了全国竞争力，这个叫名气。对县域经济而言，光有名片是不够的，能有排到全国第一第二的名气，才更值钱。所以不能局限于“产品让地方出名”，而要依靠龙头的辐射作用，加上互联网思维与工具，在国内外市场“攻城略地”，这应该是决策者和企业家们的志气。

当前，即使是惠来鲍鱼这样的知名水产品，也和很多农产品一样，缺乏品牌支持，营销模式落后。过于原生态的经营链条，既有可能无法全面达到高端消费者的要求，形成品牌高地，又可能在低端消费中内耗周旋，形象贬值。再加上品质控制和监督缺乏透明度和溯源性，“劣币驱逐良币”现象无法杜绝。一个品类如果停留在价格竞争而不是品质和品牌竞争上，那么再强调地方属性也不过是自说自话。

纵观国内，惠来鲍鱼要真正崛起，还需要时间积累和市场选择。如果仅仅把惠来鲍鱼看成是惠来县出产的鲍鱼，是县里水产部门管的产品，这样的视野还是不够的。可以参考的是“阳澄湖大闸蟹”，消费者其实不关心阳澄湖是哪个县市的地盘，大闸蟹是哪个城市的特产，但最终“阳澄湖”形成了高度的市场排斥性和竞争力，原因就在于来自四面八方的无数从业者早已经把这个地理属性转换为商业定语，最终简化了消费认知，形成了共同默契。如果这个转换不成功，就只能画地为牢，彼此内耗。看看很多地方的大闸蟹，总想强调地方属性，结果总是走不出自己的圈子，最终连品牌都建立不起来。

所以，从一地出发又不局限于一地，不在地理归属争第一，而要在市场概念和消费认知上争地位，这是现代商业的思维逻辑，也应该是广东名优农产品需要有所突破的地方。类似于广东荔枝已经创立出不同的品类，这就远比争辩从化荔枝和高州荔枝谁更好要高明多了。

（作者为羊城晚报财经评论员）

观察｜“线上农讲所”用新农具为农民赋能

◎ 王猛

2020年10月11日下午，“广东百万农民线上免费培训工程”平台第一课在湛江市遂溪县界炮镇圣女果基地上开讲，并同步在广东农产品“保供稳价安心”数字平台、腾讯微视直播间直播。当天，仅腾讯微视直播间就吸引了近350万人次在线观看，其中有大批“90后”农人。

用手机学农业知识来指导生产，靠手机卖农产品，手机已经成为当之无愧的“新农具”。“高大上”的数字经济正在渗透到农业农村生产生活的每个角落，不仅重塑着产业的发展方式，也改变着个体的思维习惯。顺应时代开启强农富农的新阶段、新征程，教育农民、服务农民是乡村振兴的重大课题。

由广东省农业农村厅人事处等部门牵头落实的“广东百万农民线上免费培训工程”适逢其时，有如新时代的“农民讲习所”。该工程正以手机为载体，以数字为动能，让新农人搭乘互联网时代的快车，走向新生活、新业态的“蓝海”。

当乡村振兴的潮头遇上了数字经济的风口，农民培训不仅在内容需求上呈现井喷态势，方式方法上也赶上技术赋能这个风口，将网络直播方式引入农民培训领域，便是这种融合与转型的新路径之一。当这种日臻成熟的商业模式被“嫁接”在农民培训中，不仅能够克服传统培训模式自身的先天不足，比如对学员参与学习的时空限制等，还能够通过规模效应，在平台上实现政府、市场、技术多重主体和要素各归其位、各展其能的最优化格局。

精准推送、广泛覆盖、指尖掌握的线上培训新模式，能让农民随时随地参加学习，想学什么就能找到什么来学，真正从“要我学”的被动状态转换到“我要学”的主动求知状态，从而最大限度地尊重学习者的积极性。可以说，该“线上农讲所”工程是顺应农民需求、符合农民习惯、能让农民朋友学以致用的“随身听”，可以改变传统农民培训“拉郎配”的尴尬情形。

正如“广东百万农民线上免费培训工程”的实施初衷，为农民量身订制的“网课”应以数字平台为载体支撑，以“开放+合作”为原则，汇聚科研、教育、产业及互联网等领域的多层次资源，让农民得到提升，讲师实现价值，产业得到支撑，乡村实现发展。更重要的是，该培训工程是免费提供给农民的，这种以人民为中心的公共服务值得点赞，是党和政府对“三农”工作重视与支持的体现。

当然，“线上农讲所”的星星之火刚刚点燃，要想成就数字农业的燎原之势，还需要在探索中发展完善。特别是在政府层面上，让这个新事物与现有财政资金使用规定接轨，需要在政治任务与市场服务中找到“公约数”，兼顾社会效益与经济效益。除了“政府+市场化技术平台”之外，也可以探索政府部门采取购买服务形式、委托农民培训社会化服务机构等方式，在坚守农民培训公共服务公益属性底线的同时，配合运用市场机制的力量，在提升内容供需对接的精准度、培训与产业发展的融合度，乃至教学互动性应答等方面实现新的突破。既要有对社会全面开放的公共平台，也要有体现专业性、行业性和区域性的专门通道，特别是对于纳入财政项目资助的特定培训对象，考虑建立配套身份认证、过程监控、考核评价等网络技术机制。

“线上农讲所”培训现场

（作者为南方农村报评论员）

观察|让“数字农业先锋”引领城乡融合发展

◎ 王猛

2020年12月11—13日，2020年世界数字农业大会、第十九届广东种业博览会拟于广州柯木塱举行，大会以种业为引领，以数字化为抓手，为现代农业增添更持久动力，迎来更广阔的应用。大会组委会面向全社会发出征集令，寻找数字赋能“三农”的先锋企业、先锋人物。

以数字化助力乡村振兴，需要先行者的探索与引领。十九届五中全会公报提出，应“全面实施乡村振兴战略，强化以工补农、以城带乡，推动形成工农互促、城乡互补、协调发展、共同繁荣的新型工农城乡关系，加快农业农村现代化”。数字时代的来临，无疑为冲破城乡藩篱提供了新的契机与“武器”。正是由于互联网手段在打破城乡边界、市场边界方面有着不可替代的作用，而数字农业在生产环节的应用亦是前沿先锋，一批批数字赋能的农业先锋异军突起，成为促进城乡交流的“桥梁”和“推手”。他们将手机当农具，让农民成为新职业，努力消解横亘在城乡之间的森严壁垒，破解城乡二元难题。

城乡之间长期存在发展不平衡的问题，究其原因，主要是城乡各要素资源无法自由流动，工农业之间很难实现良性循环。构建新型工农城乡关系，要通过“以工补农、以城带乡”推进农业的工业化和产业化，进而提高农业生产力和农民收入。

那么，数字农业先锋是怎么样的群体？或者说，农村农业需要怎么样的数字先锋？

数字先锋能够大幅提升农业生产力。数字农业将一切可用资源数字化，通过消除不确定性来优化生产全流程。有了先锋企业的参与，就能将风、光、土、热、温等自然资源及种养技术等进行有效整合，推动农业全链条数字化、网络化、智能化。例如，极飞科技、大疆农业在疫情期间利用无人机等助力春耕春管，正大集团利用大数据和区块链技术实现“舌尖上的安全”，以上都是借助数字力量提高农业生产力的生动实践。

数字先锋能够不断壮大人才队伍。尽管数字化能够提高农业生产力，但数字农业的目标，从来都不是让机器取代人，而是为人类赋能，因而涉农人才的作用更加凸显。先锋企业有技术也有动力去挖掘培养综合型涉农人才，进而把更多农民吸引到数字化浪潮中来。在“广东百万农民线上免费培训工程”中，腾讯微视等企业全方位连接城乡，在为广大农民提供免费培训的同时，也给农产品插上了“数字”翅膀，使其飞到城市居民的餐桌。

数字先锋令城乡关系变得更加紧密。城市与乡村天然的资源禀赋差异，本来是工农互促、城乡互补的基础。可在过去，由于缺少沟通渠道和载体，城乡隔离广泛存在，形成极大的资源人才浪费。而那些经过数字浪潮洗礼的先锋企业和人物，不仅可以将更多乡村产品带至城市，也能将先进的数字农业新理念播撒到田野乡间，使之在农产品生产、销售和乡村治理等领域落地。比如，阿里巴巴、拼多多等企业通过电商直播等形式带动农产品销售，千鲜汇总经理尹祥利用微信群和小程序等流量红利实现了新型的家庭消费社交电商模式落地。在这些先锋的沟通协调下，城乡人员物流交往日密、鸿沟渐合。

数字先锋是勇敢拥抱时代的弄潮儿。任何一项伟大的事业，都不会一帆风顺。数字农业先锋军接下来也会遇到各种困难和挑战，甚至可能在市场风浪中遭遇失败。可是，这些优秀的企业和人物之所以被称为先锋，不就是因为有冲锋陷阵、打破一切的勇气吗？所以，扶持与培养数字农业先锋，值得大张旗鼓，同时，政府部门还要继续有所作为：既要为先锋们提供政策支持和资金扶持，也应提供更为稳定的数字新基建平台，还要搭建数字农业各类参与主体交流共享的平台，及时总结推广好做法、好经验、好模式，让生态系统更加有活力，更加完善。如此，这支先锋队必将为构建新型城乡工农关系发挥更大作用，作出更大贡献。

（作者为南方农村报评论员）

国际化

高水平开放走在全国前列

用好RCEP红利，培育农业国际竞争新优势

◎ 马洪涛

区域全面经济伙伴关系协定（RCEP）于2022年1月1日正式生效，其覆盖的人口、经济体量和贸易总额均占全球的30%左右，是当前世界最大的自由贸易区。RCEP也是我国继加入世贸组织后又一重大开放成果，它的生效实施将为农业领域构建双循环新发展格局提供有力支撑。当前要着力把握好RCEP机遇，培育农业国际竞争合作新优势。

RCEP框架下农业领域开放特征

农业关系粮食安全和农民生计，在多双边经贸谈判中备受关注，更是RCEP谈判的重点、难点和焦点。在各成员国共同努力下，农业领域实现了区域开放的新提升、新突破。

一是消费市场空间广阔，农业贸易合作潜力巨大。RCEP区域是全球重要的农产品生产地，2020年RCEP各成员国农业增加值约占全球的43%。其中，东盟国家农业资源优势明显；澳大利亚、新西兰农牧业综合竞争力强；中国则是发展中的农业大国。成员中既有日本、韩国等农产品进口大国，也有澳大利亚、新西兰等农产品出口大国，还有中国、印度尼西亚、越南和马来西亚等农产品“大进大出”的国家，是全球农产品贸易最活跃的区域之一。据2019年的数据统计，RCEP成员国农产品贸易额共6916.7亿美元，占全球的22.2%。RCEP覆盖人口约23亿，且主要分布在发展中国家及新兴经济体，当前农产品消费需求和未来增长潜力均较大。

二是市场开放程度提高，贸易投资更为便利和自由。在RCEP达成前，东盟10国与其他5个成员国之间均签有“10+1”自贸协定，5个非东盟成员之间，除中日、日韩之外也两两签有自贸协定。RCEP的落地生效，将进一步提升区域内农业货物贸易、服务贸易和

投资的开放水平，为产品和生产要素在区域内自由高效的流动创造条件。货物贸易领域，十五方之间采用双边两两出价的方式进行关税减让，最终实现零关税的农产品比例总体达到90%的较高水平。具体来看，中国对其他成员的农产品自由化水平普遍在92%左右；印度尼西亚、越南、马来西亚、泰国和菲律宾普遍在80%—93%；澳新在96%—99%；日韩在60%左右。其中，中日之间首次达成农产品关税减让安排；中国与韩国、东盟之间在若干农产品上做出超出现有双边自贸协定的开放承诺。在服务贸易领域，印度尼西亚、马来、日本、韩国、澳大利亚等7个成员国采用负面清单方式承诺，我国等其余8个成员国采用正面清单承诺，开放程度全部高于原有“10+1”自贸协定。在投资领域，各成员国均采用负面清单方式，提升了涉农行业的投资开放程度和政策透明度。

三是相关规则实现一体化、现代化，企业享惠更便利。RCEP成员之间此前已签订不少双边自贸协定，但各协定的关税减让安排、原产地规则等均有差异，繁复的规则标准使得企业利用协定的难度较大。RCEP整合建立了统一的规则，提升了利用协定的便利性。特别是，协定允许商品原产地价值成分在15个缔约方构成的区域内进行累积，显著降低了享惠门槛，有利于各成员国在区域内灵活配置资源、开展产业链合作。协定将允许出口商自行出具原产地自主声明并凭此享受优惠关税，手续更为简化。海关程序与贸易便利化、卫生与植物卫生措施等领域引入了更加高效透明的规则，整体水平超过了世贸组织《贸易便利化协定》和《卫生与植物卫生措施协定》。例如，RCEP协定要求对快运货物、易腐货物等力争6小时通关，这将促进海鲜、果蔬、乳品等生鲜农产品的快速通关和贸易增长，也有利于农产品跨境电商发展。

RCEP给我国农业带来的机遇和挑战

我国与其他RCEP成员国之间的农业经贸合作关系紧密。2020年，我国与其他RCEP成员农产品贸易额约占我国农产品贸易总额的三分之一，其中进口占比为25.8%，出口占比高达46.8%。RCEP其他成员国也是我国农业对外投资的重要目的地，相关国家占我国农业对外投资存量六成以上。RCEP的达成进一步降低了我国与相关国家之间贸易、投资和服务的制度性门槛，为拓展和提升农业经贸合作提供了难得机遇。

一是有助于扩大优势农产品出口。日本是我国农产品重要的出口目的地，在RCEP项下，中日首次达成农产品关税减让安排，我国部分水产品、果蔬、加工食品、酒类等可享受输日免税待遇，有利于促进我国优质农产品出口日本市场。此外，我国在原有中国—东盟和中韩自贸区基础上取得新的产品开放待遇。如东盟国家将对我国加工对虾、加工马铃薯、鱼酱等产品实施零关税，韩国将对我国干鹿茸等产品实施零关税。关税减让安排有利于提升我国农产品出口优势，有助于扩大出口。据专家测算，到2031年，我国果蔬、水产品和肉类出口额将比没有RCEP的情形分别增长15.6%、4%和3.6%。

二是有助于增加调剂型、紧缺型农产品进口。澳新是我国牛羊肉、乳品的重要进口来源，东盟、日韩在热带水果、加工休闲食品上有优势和特色，这些产品正是我国满足消费升级所需求的。RCEP项下高水平的贸易便利化安排、灵活的原产地规则等，将促进上述产品更便捷地进入国内，丰富消费市场选择。根据专家测算，到2031年，我国肉类、果蔬和奶类进口额将比没有RCEP的情形分别增长5.3%、3.9%和1.9%。

三是有助于提升跨境农业投资合作。在RCEP项下，东盟国家大幅减少涉农领域的投资限制措施，农业投资准入门槛显著降低。例如，泰国取消了禁止外资进入大米种植、牲畜饲养、蔗糖加工等领域规定，允许乳制品制造、淀粉产品制造、通心粉制造等行业外商独资；越南取消了对外资从事水产品加工、植物油加工和乳品加工须使用本国原材料的限制；印度尼西亚将椰子肉加工、腌鱼熏鱼等水产品加工从禁止外商进入清单移除，调整为允许外商合资。除了农业种植和农产品加工领域，RCEP各成员国在仓储、物流、贸易等上下游环节的开放程度也显著提升，有利于各国开展区域农业产业链、价值链合作，对我国提升在产业链的市场地位和话语权具有重要意义。

在抢抓RCEP机遇、从开放中获益的同时，我们也要看到，RCEP规则标准更高，给我国农业发展也带来了一些挑战。一是国际竞争将更加激烈。RCEP项下，我国农业将全方位高水平开放。尽管在谈判中争取到了对敏感产业的关税保护，但替代性产品进口以及利用宽松的原产地规则“绕道”进口的情形仍难以避免，这将使国内相关产业面临较大竞争压力。另外，各成员国均在积极谋划利用RCEP优惠政策促进农产品出口，带来更大的出口竞争压力。二是产业向外转移可能加速。在货物市场准入、投资开放等安排下，部分劳动力密集型农产品生产、加工业可能转向土地和劳动力成本更具优势的东盟国家，可能对我国中西部地区承接产业转移带来一定压力。三是非关税壁垒依然存在甚至加剧。尽管各成员国在RCEP项下均作出了农产品关税减让承诺，但由于协定对各成员国技术性贸易措施等非关税壁垒的约束力较为有限，影响农产品贸易的一些隐形壁垒依然存在，甚至不排除有些成员国为规避市场开放而更多借助技术性贸易措施以保护本国市场。

借力RCEP培育农业国际竞争新优势

RCEP为我国农业提供了更加开放、稳定、透明的贸易投资环境，为用好RCEP机遇，提升参与国际农业合作和竞争新优势，建议从以下几个方面努力：

一是学习掌握RCEP相关规则。只有精通规则，才能借助规则趋利避害。RCEP内容丰富，议题广泛，必须深入和系统地学习，深刻理解和准确把握其实质要义。例如，RCEP原产地规则允许“区域累积”，这就要求农产品出口企业熟悉有关要求，最大限度地利用协定提供的优惠实现高效的资源配置。有的企业拟到东盟投资，这就需要了解相关国家在RCEP项下的投资开放承诺，读懂协定中的“负面清单”。针对国内农业产业可能受到的影响，加强预研预判，早做预案，主动应对。

二是拓展提升农产品贸易。一方面，要利用好RCEP的优惠市场准入条件，促进向周边特别是主要市场的农产品出口。实施特色优势农产品出口提升行动，建好农业国际贸易高质量发展基地。加强对RCEP成员国贸易政策、市场容量、需求特征等方面的研究和评估，做好信息公共服务。强化以RCEP区域为重点的海外营销促销，引导企业通过参加行业展会，借助境外农产品展示中心和“海外仓”等平台途径，广泛结识客户，拓展出口渠道。另一方面，可引导贸易企业顺应国内消费趋势，扩大满足人们美好生活需要的高质量农食产品进口。

三是谋划区域内产业链价值链布局。借助RCEP区域贸易投资环境改善的机遇，运用好各成员国资源、人力、市场、技术等优势，深入开展跨国产业链合作。发挥资源禀赋和市场优势，结合农产品降税安排和原产地规则要求，引导企业优化农产品加工原料进口来源，提升产业链稳定性和竞争力。面向RCEP成员国延伸产业链，建设农产品展示中心，积极发展跨境电商和海外仓，强化国际品牌和营销渠道建设，直接对接广阔的终端消费市场，加快形成新的农产品出口竞争优势。

广东是我国改革开放前沿阵地，近年来立足要素禀赋和比较优势，以发展精细农业为主攻方向，通过农业园区化、数字化、品牌化，走出了广东特色的农业高质量发展路子。广东农业开放领域走在全国前列，既是农产品出口大省，也是进口农产品进入中国市场的“桥头堡”。广东是我国与RCEP成员国农产品贸易第二大省和农产品进口第一大省。2020年，广东向RCEP成员国出口农产品22.3亿美元，主要向马来西亚、日本、泰国、越南等国出口，出口农产品主要为糖食、动物饲料、糖渍食品等；自RCEP成员国进口农产品83.3亿美元，主要自泰国、澳大利亚、新西兰等国进口，进口农产品主要为榴莲、婴配粉、棕榈油等。2021年，广东与RCEP成员国农产品进出口额增速均显著提高。2020年1—10月，广东向RCEP成员国出口农产品18.8亿美元，同比增7.4%，其中对日农产品出口额同比增32%，主要是鳗鱼出口增长较快，日本成为RCEP成员国中广东第一大出口市场。而广东自RCEP成员国进口农产品77.7亿美元，同比增11.8%，其中自印度尼西亚农产品进口额增长较快，同比增463%，主要是棕榈油、豆蔻进口激增。可以说，广东与RCEP成员国深入开展农业贸易投资合作的基础良好。

期待广东省在农业领域紧抓RCEP机遇，全面提升参与国际农业竞争合作的意识和水平，主动对标国际先进产业水平、质量标准和技术标准，积极引进国外先进农业技术、人才和管理模式，不断优化农业产业链和供应链布局，促进企业向国际农业产业链价值链高端迈进，推动广东农业高质量发展。

（作者为农业农村部农业贸易促进中心主任）

广东农业积极部署迎接RCEP机遇，促进高水平开放

◎ 叶香玲　包睿　林晓岚　赵晓娜

2022年1月1日，新年的钟声响起，湛江海关签发广东首份农产品出口到新加坡的RCEP原产地证书。这份编号为“001”的原产地证书连同当天签出的001号报关单，属于湛江国联水产开发股份有限公司（简称“国联水产”）的一批水产预制菜。这标志着RCEP第一时间在广东农业领域落地，开启了广东农业国际贸易高质量发展新征程。

历经八年共31轮谈判，纸上的文本终于落地实践。区域全面经济伙伴关系协定（RCEP）不再是一个专业的名称，而是实实在在的机遇，无边胜景更在前：让农产品市场成为“世界的市场”“共享的市场”“大家的市场”。

广东农业开放领域走在全国前列，既是农产品出口大省，也是进口农产品进入中国市场的“桥头堡”。对广东来说，RCEP具有“双刃剑”效应，是“礼包”更是“赛道”，带来广阔市场机遇，也将使其面临更激烈的市场竞争，对市场主体适应规则的能力提出了较高要求。2021年12月14日，广东省农业领域对接RCEP十大行动计划启动仪式举行，发布了国内首个农业领域对接RCEP的工作举措。广东农业领域对接RCEP十大行动，坚定地表明了广东的态度和决心：要把握RCEP发展机遇，推动广东农业市场化、数字化、食品化、国际化发展，创建国际农业合作高地。

开放格局，广东农业如何深入认识自己

开放带来进步，封闭必然落后。开放是当代中国的鲜明标识。

中国入世二十年的经验告诉世界，发展是硬道理，开放是制胜术。广东是我国改革开放前沿阵地，立足要素禀赋和比较优势，以发展精细农业为主攻方向，通过农业园区化、数字化、品牌化，走出了广东特色的农业高质量发展路子。

RCEP的生效，对广东农业形成较大压力。但业内人士指出，广东具备多方面优势，为农业发展应对挑战提供了坚实基础。

一是看地缘。广东邻近东南亚，坐拥湾区经济带，是中国的南大门和世界观察中国的窗口。2020年，东盟成为广东第一大贸易伙伴。对东盟，广东是进入中国大市场的首站；对国内，广东是走向东盟的重要枢纽。广东与东盟各国存在着源远流长的文化、政治、经济友好联系，所以文化认同成为跨区域经济合作的“黏合剂”。

二是看产业。广东是我国人口第一大省，超1.2亿人口提供了广阔的消费市场，为广东农业产业参与国际竞争提供坚实基础。加入世贸组织二十年来，广东培育了一批竞争力较强的农业市场主体，截至2020年底，共有65家广东企业主体在境外设立81家涉农企业，布局在越南、美国、澳大利亚、文莱等33个国家和地区。产业方面，2020年，广东农林牧渔业总产值全国排名第五，是全国主要的饮料、糖果、米粉、酱油生产出口地区。现代农业与食品战略性支柱产业集群列为广东十大战略性支柱产业集群之一。

三是看外贸。广东是我国与RCEP成员国农产品贸易的第二大省和农产品进口的第一大省，贸易比较优势已经显现。2021年1—10月，广东农产品出口额18.8亿美元，同比增长7.4%，其中，对日本农产品出口额增长32%，日本由此首次成为RCEP成员国当中广东第一大出口市场。此外，粤港澳大湾区、深圳先行示范区的“双区”建设，以及《广东省推进农业农村现代化“十四五”规划》都为广东实施高水平农业对外开放合作提供政策支持。

广东高度重视RCEP带来的影响，农业农村部门积极谋划、统筹推进，组建工作团队，建立研究智库，启动专项研究，举办RCEP农业研讨会和培训班，成立广东RCEP全产业链联盟，频出实招、硬招。2021年11月10日，广东召开RCEP柑橘采购交易（广东德庆）中心建设工作座谈会；2021年11月22日，全省RCEP农业工作会议召开……广东农业领域对接RCEP工作开局良好。

“广东要更加积极对标RCEP标准规则。”广东省农业农村相关负责人表示，一是培育一批产业优势明显、公共服务完善、带动效应突出的农业国际贸易经营主体，做大做强特色优势农产品出口；二是落实好RCEP投资开放措施，引导市场主体赴RCEP地区开展

相关领域农业投资，建设好国家级、省级农业对外合作园区；三是加强与RCEP国家驻广州总领馆的沟通与交流，利用广东现代农业博览会、种业博览会、世界数字农业大会等活动，大力宣传推介广东现代农业发展和“粤字号”优质农产品。

应对挑战，本地产品如何在国际市场胜出

农业是涉及各国国计民生的基础产业，农业问题是RCEP谈判中的重要领域，也是敏感领域。RCEP下农业抢机遇、迎挑战，考验的是科学决策，丈量的是发展远见。广东如何顺势而为，借力RCEP，使得农业高质量发展再上新台阶？

广东农业面临的是新形势。

一方面，来自东盟同质化竞争。广东是我国荔枝、菠萝、龙眼、香蕉、优质稻等农产品优势产区。但和东盟相比，同质化程度高，竞争大于互补。未来五年中国将从东盟进口1500亿美元农产品，更多优质、低价的农产品会流入国内市场。

另一方面，来自发达国家的规锁阻力。RCEP项下，我国首次对农业、林业、渔业作出高水平自由化承诺，农业全方位高水平开放。专家认为，目前日本、澳大利亚、新西兰等国生物育种、机械化等技术领先，随着我国农业进一步开放，农业发达国家可凭借先进农业技术和成熟资本进入广东市场，冲击我省既有农业产业链。专家指出，如果应对不力，可能严重妨碍广东农业转型升级，迫使广东农业长期在中低端环节徘徊。

“我国和日本之间首次达成农产品关税减让安排，日本六成以上、我国八成以上的农产品将互相取消关税。RCEP生效后中日之间的贸易开放实质性意义是最大的。广东要重点关注中日农业相互开放对相关产业带来的影响。”中国农业大学经济管理学院教授、经济贸易系主任、国际经济研究所所长李春顶说。

“广东要充分发挥市场主体企业的积极性，提高参与度，开拓市场，错位发展，突出优势。”商务部研究院原院长、中国世界贸易组织研究会副会长霍建国说。

对冲国际挑战，要先亮王牌。广东率先筛选出德庆贡柑和预制菜两个拳头产品先行探索，以更积极的姿态迎接RCEP生效后的挑战，大胆“走出去”。

柑橘是世界最大宗水果，中国是世界上最大的柑橘生产国和消费国之一，广东是中国柑橘的优势产区之一。2021年，广东柑橘面积126.05万亩，年产量149.17万吨。广东和东盟农产品同质化程度高，对接RCEP规则时，广东要扩大优质农产品出口，使柑橘成为差异化产品。

2021年12月底，德庆贡柑首次出口RCEP成员国泰国。2022年1月，德庆贡柑还出口到越南、柬埔寨等国。目前德庆已有11家贡柑出口备案基地和加工厂申报成功。

我国预制菜行业起步较晚，但近两年发展迅猛，2021年全国市场规模到达3459亿元，这一数字在两年后有望超过5000亿元。2021中国预制菜产业指数省份排行榜上，广东排名第一。2021年12月初，广东省农业农村厅启动“双节”营销工作，打造广东预制

菜高地，助推广东预制菜走向世界。恒兴集团、国联水产、正大集团等一批龙头企业的提前布局，也为抢占预制菜国际市场奠定了基础。

2021年12月16日，广东汕头的澄海狮头鹅卤制品首次出口泰国，抢滩东南亚市场；2022年1月1日RCEP生效当日，国联水产装载水产品预制菜产品的6条货柜出口RCEP成员国澳大利亚和新加坡。

“预制菜给我们企业打开了新思路，过去我们主要做畜牧原料出口，近两年才转做预制菜，没想到短短两年时间销售额已达2亿元。”广东恒兴集团有限公司总裁助理何国华说。

创建高地，农产品国际交易中心如何落地

广东农业农村部门提出，要探索创建RCEP农业大数据中心及菠萝、香蕉、荔枝、龙眼、柑橘、柚子六大水果国际交易中心。创建农产品国际交易中心，广东有足够的诚意与善意，也有足够的担当与底气。交易中心实现“买全球、卖全球”，更是世界观察广东农业扩大高水平开放的窗口。

这是一个汇产品的平台——RCEP成员国优质农产品通过六大中心销往各国大市场。

这是一个惠区域的平台——合作共赢、开放包容、普惠平衡，朋友越交越多，辐射面越扩越广，交流越来越深。

这是一个集众智的平台——集标准制定、新品种研发推广、市场信息服务、技术服务、金融服务、物流服务为一体。

“创建RCEP农产品国际交易中心是广东立足地缘经济，结合资源禀赋开展的有益实践和探索。”广东外语外贸大学教授、国际经济贸易中心主任陈万灵说。

一招棋活，满盘生辉。广东敢闯敢试，“摸着石头过河”，在探索中前行，在实践中完善。2021年11月，广东德庆率先推动RCEP柑橘采购交易中心落地运营。2021年12月3日，RCEP广东高州荔枝龙眼国际采购交易中心揭牌。2022年1月1日，遂溪县RCEP香蕉国际采购交易中心、徐闻县RCEP菠萝国际采购交易中心授牌。

地方因地制宜，探索建设路径。

高州市市长卢巧智表示，交易中心揭牌只是第一步，高州正谋划引入大资本，加速形成涵盖交易、结算、数据、保险等功能的农业产业化联合体。高州接下来预计总投资2亿元，重点建设交易中心生产基地、冷链仓储物流服务、交易场所、产品质把控窗口、产品分级定价平台、农业大数据交易信息报价区块链平台、电子结算交割平台、产品可溯源平台、产品保险制度和线上线下售货退货平台等10项工程。

德庆县委副书记吴亮在全省率先发布支持德庆中心10项建设政策：建设国际柑橘大数据平台，组建RCEP柑橘贸易联盟，深化柑橘原产地合作，建立柑橘种质资源研发中心，构建柑橘疫病防治体系，建设柑橘加工创业创新基地，推动冷链清关无缝对接，搭

建国际柑橘文化交流平台，推广“我在德庆有颗贡柑树”认领活动，培育高素质柑橘人才队伍。

遂溪县RCEP香蕉国际采购交易中心定下五大目标：打造一个中国—东南亚影响力第一的香蕉集散交易中心；形成一个完整的香蕉产业链生态，带动各产业高质量发展；培树一个区域香蕉品牌，打造强大的销区影响；建设一批高质量发展核心示范区；占领一批理论高地、种业高地和物流冷链催熟等基础设施高地。

徐闻县RCEP菠萝国际采购交易中心将打造立体市场交易体系，配套完善菠萝溯源、菠萝分选、质量检测监控、产品展示、电商直播、加工预处理、冷链仓储物流等功能；建设国际菠萝大数据，完善徐闻菠萝产销大数据系统，升级为国际菠萝大数据平台；建立RCEP菠萝服务智库，提供智力支持与人才支撑，服务好国际采购商对徐闻菠萝的采购需求。

梅州市RCEP梅州柚国际采购交易中心坚持匠心种好柚，以品质赢市场；依托产业园建设，提升产业链竞争力；建设采购商服务中心，打造国际交易新高地。

综合来看，各地充分把握好了市场化、数字化和国际化的机遇。

霍建国认为，要重点关注仓储、包装、物流配送等环节，形成强大的产业链、价值链。

中国国际经济交流中心首席研究员张燕生表示，广东创建RCEP农产品国际采购交易中心，要坚持公平、公正、公开三原则，采用“线下现货+线上期货”模式，可充分参考芝加哥商品交易所，努力成为农产品交易的市场风向标。

马来西亚水果批发商公会会长陈玉梅说，广东水果在马来西亚有广阔的市场前景，每年的消费潜力非常可观。协会在进口水果的报关、通关环节都可以提供全方位一站式服务，也可以协助联络买家开拓市场，帮助广东水果第一时间进入到零售、终端市场。协会将发挥在马来西亚水果市场的优质资源，尤其是在新鲜水果方面，开辟贸易的新方向，共同推动双方农业经贸发展。

农业农村部农业贸易促进中心主任马洪涛认为，广东农业要全面提升参与国际农业竞争合作的意识和本领，主动对标国际先进产业水平、质量标准和技术标准，积极引进国外先进农业技术、人才和管理模式，不断优化农业产业链和供应链布局，促进企业向国际农业产业链、价值链高端迈进。

（作者为南方农村报记者、南方日报记者）

广东农业对接RCEP十大行动发布

2021年12月14日，广东省农业领域对接RCEP十大行动计划启动仪式现场发布了《广东省农业农村厅推动对接RCEP十项行动》。

一、创建广东农业RCEP发展联盟。联合农业、海关、金融、科技、品牌资源等各类主体，集聚信息技术和人才资源要素，加快农业生产、国际交流合作与信息技术的深度融合，组织开展政策咨询、业务交流、学术研讨、人才培训、经营合作等系列活动。

二、创建RCEP农产品国际采购交易中心。合理运用RCEP易腐、快运货物6小时通关便利措施，鼓励支持地方创建RCEP农产品国际采购交易中心，对标RCEP成员农产品准入标准，做大做强大米、果蔬、水产品、茶叶、花卉、加工食品等优势特色产品出口。

三、创建广东RCEP农业对外合作先行区。把握RCEP成员农业服务市场扩大准入机遇，大力培育农业对外合作“两区”，提升我省在农业投入品、农业机械、农业技术等方面集成优势，带动农业服务“走出去”。

四、推动举办广东RCEP农业发展高峰论坛。充分发挥海外粤商会、广东省华侨联合会等组织作用，搭建农业国际交流合作平台，开展RCEP涉农政策国际交流研讨，与RCEP成员建立经贸信息互通机制，对接促进海外合作。

五、推动建设RCEP农业贸易公共服务平台。提高RCEP线上咨询、商事认证、海关通关等服务水平，帮助企业寻找RCEP潜在机遇，着力构建跨境、跨语言、不同法律管辖权的争议协调机制。

六、推动农产品食品化工程。利用原产地规则构建跨境价值链，挖掘新兴食品饮料领域潜力，发展预制食品、即食食品、定制食品、特殊膳食用食品等。鼓励农产品加工企业到海外建立种养植基地，开设加工厂，开拓海外市场渠道，畅通销售渠道，将“粤字号”农产品卖向全球。

七、推动RCEP农业示范经营主体培育。依托现代农业与食品产业集群、现代农业产业园、“一村一品、一镇一业”等平台打造“点线面”贯通的农业全产业链，对标RCEP农业相关标准规范，实施省市县三级龙头企业专项培育工程，提高精深加工和高附加值农产品出口比重。

八、推动RCEP农业领军人才培育。培育一批“读得懂协定、理得清规则、说得透农业、联得上企业、出得了主意”的RCEP政策专家。开展长期政策研究，围绕RCEP研究和重点课题进行跟踪报道，通过舆论引导打造RCEP的国内策源地。

九、推动开展RCEP农业营销展示活动。组织RCEP成员农业企业在区域内开展国际巡展，畅通国内采购商、投资商、代理商与外方洽谈的通道，开拓进口渠道，满足国内需求。结合广东农产品“12221”市场体系建设，开展优势特色农产品海外营销活动，持续唱响广东声音。

十、落地一批RCEP农业模式项目。创建RCEP农业贸易大数据开发应用中心，依托大数据带动广东农业产业聚集、创新和结构升级。探索建设农产品跨境电商综合试验区，促进农产品跨境电商规范健康持续发展。

相关视频请扫描二维码

广东农业RCEP首期建设“施工图”来了

◎ 包睿

2021年是中国入世二十周年，是中国—东盟建立对话关系三十周年，也是“十四五”规划提出要“实行高水平对外开放 开拓合作共赢新局面”目标的开局之年。国务院常务会议召开，确定跨周期调节措施，推动外贸稳定发展；部署做好区域全面经济伙伴关系协定（RCEP）生效后实施工作。会议指出，经过国际国内相关方共同努力，RCEP于2022年1月1日正式生效实施，要支持企业抓住协定实施的契机，增强参与国际市场竞争力，进一步提升贸易和投资发展水平，倒逼国内产业升级。

为贯彻落实党中央国务院和广东省委、省政府决策部署，推动广东农业品牌和市场体系建设，促进农业国际交流合作，2021年来，广东省农业部门通过成立“市场体系+数字农业+国际合作”工作专班，早谋划早布局促落地，推进农业国际交流合作工作有条不紊地开展。

顶层部署，画好“施工图”

广东是改革开放的前沿，截至2020年，全省农产品年进出口总额达337.2亿美元，农产品年出口额约占全国农产品出口总额的十分之一，多年位居全国前三名。2020年10月，习近平总书记在广东考察时，对广东提出要求：要以更大魄力在更高起点上推进改革开放，在全面建设社会主义现代化国家新征程中走在全国前列，创造新的辉煌。总书记的寄望明确了全面建设社会主义现代化国家新征程中，广东在全国大局中的总定位、改革发展的总目标。

大政当前，画好“施工图”才有发力点。为充分把握RCEP签署机遇，推动广东农业高质量发展和高水平开放，广东农业部门主动牵头，组织召开多场RCEP工作会议，从顶层部署各项工作。2021年10月17日，“RCEP与农业贸易高质量发展”研讨会在广东东莞举行，会上农业农村部农业贸易促进中心（简称“贸促中心”）联合广东省农业农村厅进行RCEP农业贸易基地创建工作启动仪式，拟指导支持一批市（县）创建RCEP农产品国际采购交易中心、培训基地及大数据中心。其间获创建市县和单位及省内媒体、电商、物流、出口单位相关负责人一同座谈，部署工作计划。11月22日，广东省农业农村厅组织召开全省RCEP工作会议，邀请来自广州、佛山、湛江、茂名、梅州、肇庆等地市农业农村部门的相关负责人，围绕如何统筹推进RCEP工作进程展开讨论，广东省农业农村厅相关负责人在听取交流后指出，将推进四项重点工作：一是研究出台广东农业RCEP专项政策；二是举办全省RCEP专项培训；三是开展RCEP国家广州总领馆走访活动，研商对接RCEP务实合作；四是联合农业农村部贸促中心举办RCEP农业对接大会，推动RCEP机遇落到实处。该负责人表示，各地也要借此机会，先行先试，努力做好十件实事：结合自身实际，开展RCEP政策研究；举办RCEP专题培训；推出符合自身特点的RCEP重点工作；围绕重点工作，构建“微笑曲线”，集聚配置资源；引进培育RCEP市场主体，打造一批生产企业、生产基地、服贸企业；创建RCEP服务平台；促成一批示范引领合作项目；出台地方性RCEP支持政策；培育RCEP领军人才；制定RCEP长效工作机制。12月14日，广东省农业领域对接RCEP十大行动计划启动仪式现场发布了《广东省农业农村厅推动对接RCEP十项行动》。该计划提出要创建广东农业RCEP发展联盟；创建RCEP农产品国际采购交易中心；创建广东RCEP农业对外合作先行区；推动举办广东RCEP农业发展高峰论坛；推动建设RCEP农业贸易公共服务平台；推动农产品食品化工程；推动RCEP农业示范经营主体培育；推动RCEP农业领军人才培育；推动开展RCEP农业营销展示活动；落地一批RCEP农业模式项目等具体举措。

座谈共商议，政策定重心。顶层部署帮助广东在RCEP实施之前抢抓节奏，干在前头，有利于在国际竞争中引导农业资源要素实现高效配置，在农业“加与减”中促进高质量发展。

找准抓手，推动平台建设

找准小切口，做好大文章。广东紧紧攥住六大水果采购交易中心建设这一工作抓手，逐渐打造涵盖分拣加工、冷链物流、大数据中心、检测中心、电商直播等多功能的综合性平台。

2021年，在贸促中心的指导下，广东遂溪县RCEP香蕉国际采购交易中心、广东德庆县RCEP柑橘国际采购交易中心、广东高州市RCEP荔枝龙眼国际采购交易中心、广东梅州市RCEP柚子国际采购交易中心、广东徐闻县RCEP菠萝国际采购交易中心、广东东莞市人民政府RCEP农业贸易人才（大湾区）培训孵化基地、广东省农业对外经济与农民合作促进中心RCEP农业贸易大数据开发应用中心等7家单位入选首批RCEP农业贸易基地拟创建名单。

梅州市作为广东省最大的柚果产区、全球最大的沙田柚生产基地，享有“中国金柚之乡”“中国蜜柚之乡”的美誉。2021年，梅州全市蜜柚种植面积约30万亩，产量约50万吨。梅州市政府办公室副秘书长梁志坚提出将以梅州沙田柚和现代农业产业园为抓手，成立专门的领导班子，推动RCEP柚子国际采购交易中心尽快落地，结合梅州当地实际制定政策，采取行动，扩大梅州柚影响力，为当地百姓创造更多财富，提供更多实惠。

遂溪县香蕉优势产区面积已超过15万亩，年产优质香蕉约40万吨，产业发展规模逐渐扩大。遂溪县人民政府副县长方乐羽指出将会加快推进创建遂溪县RCEP香蕉国际采购交易中心，并完善配套设施，如全球香蕉大数据中心、线上线下交易平台等，发挥遂溪作为国家电子商务综合示范县的优势，培育壮大遂溪香蕉品牌，推动遂溪香蕉走出去。

高州是世界最大的荔枝主产县（市），面积达55万亩，有“桂味”“白糖罂”“妃子笑”等30多个品种。高州龙眼种植面积也超32万亩，2021年产量约20万吨。高州市人民政府副市长岑解明表示，高州成立以市委书记任组长的领导小组，把RCEP中心建设写进政府工作报告，从顶层设计上谋好篇、布好局。同时高州引入国内知名平台担任运营建设主体，打造物流、检测、研发中心，制定荔枝、龙眼品质等级评定标准和评价体系，通过大资本撬动形成涵盖交易、结算、数据、保险等功能的农业产业化联合体，以合力推动RCEP交易中心建设。

全县种植面积超12万亩，品牌价值高达108亿元，这是德庆贡柑交出的成绩。在“12221”市场营销行动方案中，德庆明确“1+2+10”总体目标任务，高质量发展德庆贡柑产业。德庆县委副书记吴亮提到，RCEP对德庆贡柑产业竞争全球市场来说是一个必须抓住的历史性机遇。德庆将研究吃透RCEP政策，积极与其他贸易国市场、物流、金融等体系对接，结合广东农产品“12221”市场体系建设，把RCEP国际化的要求融入柑橘大数据中心、贡柑“六新”出口基地、田头智慧小站等柑橘新基建建设中，擦亮即将创建的RCEP柑橘国际采购交易中心金字招牌。

徐闻菠萝种植面积约35万亩（含农垦田），年产量约70万吨，是全国最大的菠萝种植基地。面对创建农产品国际采购交易中心的机遇，徐闻县人民政府县长梁琼荣认为其应具备强大的交易功能、国际化的服务基础和独具吸引力的品牌价值。徐闻将围绕这些功能进一步聚集采购商资源，强化品牌基础，完善产地市场，升级菠萝大数据，出台一系列扶持政策，为徐闻菠萝的海香飘世界提供强力支撑。

省农业农村厅相关负责人指出，各创建单位应珍惜来之不易的机遇，要通过细化工作完成“十项硬任务”：要党政一把手亲抓，分管领导具体抓；要设立工作专班专项抓；要写进党委政府工作报告形成制度安排；要纳入财政预算统筹涉农资金强化保障；要制定工作方案系统推进；要搭建平台集聚配置资源；要培树一批市场主体市场化运作；要创建基地示范引领；要出台政策刚性支持；要策划活动有机运行。

众人拾柴，多方联动推进

国际形势日趋复杂，抱船出海才能行稳致远。在省农业农村厅的领导下，广东各有关部门本着“一群人、一件事、一条心、一起拼、一定赢”的工作态度，投身到相关工作中。

作为贡柑的生产加工和出口主体，东璞生态农业有限公司始终坚持绿色生态种植，2021年更是加入田头加工和田间直播。据了解，东璞农业积极建设“六新”出口基地，围绕新品种、新技术、新装备、新模式、新营销、新农人帮助贡柑提档升级，两个种植基地获“出境水果果园注册登记证书”，一个包装厂获“出境水果包装厂注册登记证书”，2021年还成为国内零售百强武商超市的采购直供基地。

作为科研院所代表，广东省农业科学院蚕业与农产品加工研究所所长徐玉娟及其团队的最新研究发现：贡柑皮里富含香精油、黄酮，皮用价值不亚于陈皮，并且因为果肉品质高，是真正意义上的“果可吃皮可留，一果卖出两倍价”。通过农产品精深加工，可以有效延长产业链，提升价值链，为RCEP背景下贡柑“海外掘金”提供了理论支撑。

作为媒体代表，南方农村报在省农业农村厅交流合作处的指导下，成立国际版“世农之窗”，自2021年8月起刊发报纸国际专版约20期，在新媒体平台撰发图文稿件近百篇，短视频及海报数十个，开辟了国际资讯的展示窗口和对外宣传的平台，营造了良好的舆论氛围。新华网广东公司组织广东优势农产品海外亮屏活动，先后推动荔枝、梅州柚、贡柑等登上美国纽约时报广场“中国屏”，与世界人民共享岭南佳果，并组织在海外主流媒体、门户网站及重点资讯网站发布广东农产品的宣传视频，进一步提升广东农产品的全球知名度与美誉度。

主力搭建广东农产品“保供稳价安心”数字平台的广东一人一亩田网络科技有限公司2021年也推动广东农产品国际交易云展会上线，设置广东省六大农产品国际采购交易中心专区和RCEP成员国产品展示专区，为社会各界了解RCEP相关政策和广东农业贸易工作部署提供了便利。

延伸阅读

德庆：RCEP柑橘采购交易（广东德庆）中心冲出“正负零”

为了帮助德庆扛起RCEP交易中心建设担子，更快融入推动广东农产品“走出去”的排头兵角色，2021年11月10日，RCEP柑橘采购交易（广东德庆）中心建设工作座谈会在德庆县举行。

“做得较好的进出口企业都倾向把标准化话语权攥在手上，甚至参与到国际标准的制定中。”肇庆海关政务服务科科长周文飞在会上表示。事实上“建标准”不仅能倒逼国内产品质量提升，也能优化进口选择，是作为中心掌握国际交易主动权的前提。侨益物流股份有限公司董事长黄一笃提到，采购交易中心应积极争取区域内的定价权和话语权，推动市场交易规则的建设，特别是交易救济机制建设，能够帮助提升德庆柑橘交易规则的有效性，并由此带动相关种植加工仓储标准的建设。

为了扩大德庆贡柑出口，不少职能部门献计献策，通过一揽子服务帮助基地企业

RCEP柑橘采购交易（广东德庆）中心

走出去。例如肇庆海关启动政企“点对点”对接服务，主动为德庆县有出口需求的果园和加工包装厂提供政策咨询，指导企业办理出口注册登记事项；通过国际贸易“单一窗口”“线上海关”“粤商通”“粤省事”等政务服务平台，为企业提供涵盖线上线下的多元办事服务渠道；建立查验绿色通道，优先安排查验、属地查检，优先取样、送检、检测并及时反馈结果，实现快速放行。优化物流模式，推进出口货物“湾区一港通”“组合港”等改革试点。

广东省农业农村厅分管领导指出，柑橘是世界产量最大的水果，是世界上仅次于玉米、小麦的第三大国际贸易农产品，作为驰名中外的贡柑产地的德庆县，在RCEP于2022年1月1日生效，世界上最大自由贸易区诞生之际，先人一拍，快人一步，搭建RCEP柑橘采购交易中心，彰显了担当作为，体现了敏锐创新。

该负责人表示，广东省农业农村厅将联合农业农村部贸促中心、外经中心，在RCEP农业政策研究、RCEP柑橘产业人才培训、RCEP全产业链资源引进对接等方面支持德庆。希望德庆在RCEP柑橘产业政策规则娴熟应用、RCEP柑橘产业企业培育、RCEP柑橘产业服贸平台建设、RCEP柑橘跨境电商扶持等方面下好先手棋，落实功夫，健步快跑，为全省探索RCEP农业贸易合作高地形成可复制、可推广的模式，为全国乃至全球柑橘产业创建贸易合作高地。

高州：抢抓RCEP机遇助荔枝龙眼出海

2021年12月3日上午，RCEP广东高州荔枝龙眼国际采购交易中心在根子镇荔谷广场揭牌成立，标志着高州瞄准RCEP，加速荔枝龙眼产业国际化、市场化建设迈出了实质性步伐。

高州是广东省农业大县，农业资源丰富，荔枝、龙眼、香蕉等特色水果产业在全国均处于领先地位。近年来，高州做了许多工作推动高州农产品“走出去”，比如打造“中国荔都”IP，举办招商大会等，给农业从业者带来了实实在在的利益。

高州市委副书记、市长卢巧智表示，交易中心揭牌只是第一步，高州正谋划引入大资本，加速形成涵盖交易、结算、数据、保险等功能的农业产业化联合体。接下来，高州将在提高农产品质量、发展数字农业、拓展出口市场、提升农业服务水平、提升农产品加工规模与水平、推动双向投资、培育专业人才等方面下功夫，实现农业贸易高质量发展，努力为广东以及全国创建可复制、可推广的高州农业国际化建设模式。

交易中心平台怎么建？下好先手棋是关键。参加揭牌仪式的广东桂江农产品电子交易有限公司总经理雷剑敏认为，平台要以线上交易系统、数据中心、物联网技术平台与线下种植基地、加工基地、冷链物流中心、质量监控检测中心、农业机械设备研发中心、金融机构形成合力，盘活资金、技术、人才、资源，打造全链条式的产业生态圈。

制定标准，形成体系，是发挥平台作用的另一方面。雷剑敏认为，交易中心要针对农产品的品种、品质以及计量单位等作出明确的标准定义，特别是加大对适用的国际标

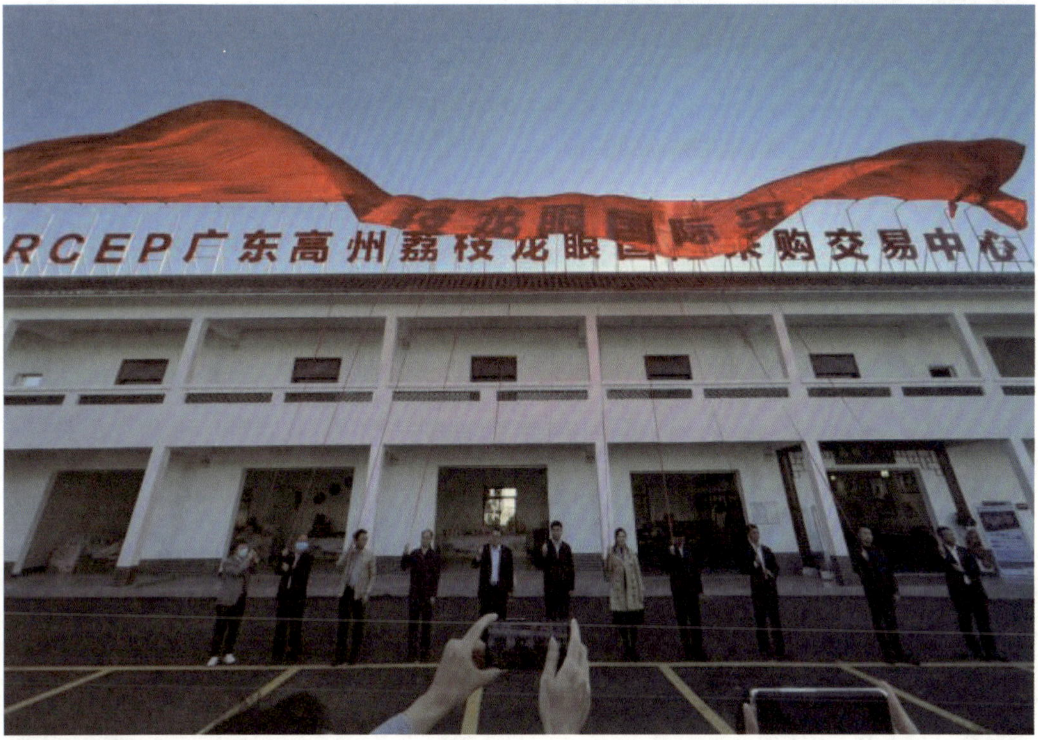

RCEP广东高州荔枝龙眼国际采购交易中心

准的采标力度，促使荔枝及龙眼产业链往标准化发展，用标准为高州农产品走向国际市场提供有力支持。

“RCEP生效会不会导致更多的越南荔枝、泰国龙眼等进入中国市场？对我们的产品销售会产生什么影响？我们应该怎么做？”面对高州新农人代表何辉亮的困惑，广东外语外贸大学教授、国际经济贸易中心主任陈万灵表示，RCEP有利于降低进出口交易成本，促进国际贸易便利化。但同时，这也意味着国际贸易竞争加剧。他建议企业可以走差异化发展道路，通过品质提升、品牌建设等方法，提升产品附加值。

（作者为南方农村报记者）

新闻直播间：广东瞄准RCEP打造六大农产品国际交易中心，助推农产品全产业链提质增效

区域全面经济伙伴关系协定（RCEP）于2022年1月1日对已经完成核准程序的10国开始生效，这也将为我国农产品贸易发展提供众多机遇。在此背景下，广东农业部门在六大优质水果主产区打造农产品国际交易中心，助推农产品全产业链提质增效。

这段时间，广东多个地方的水果进入集中采摘期。德庆县是广东柑橘的主要产地，种植户徐均伟所经营的这片果场种植面积达到120亩，2021年产量达到50万斤。这两年，通过改良品种和种植技术提升了柑橘的产量，于是2021年他瞄准了海外市场。

徐均伟表示：“销售渠道扩大了，销售价格也提高了，使我们果农在生产过程中效益得到更好保障。”

在区域全面经济伙伴关系协定落地的政策背景下，广东农业部门相继在柑橘、荔枝、龙眼等6种优质农产品种植区创建了农产品国际交易中心，让优质农产品“走出去”，推动广东农业高质量发展。

广东省农业农村厅交流合作处处长黄维华：“我们瞄准2022年初开始生效的RCEP，先行一步，指导支持建设了一批农产品国际交易中心，我们可以推动提升我们农产品走向国际市场的能力，从而推动农产品种养生产、物流加工的全产业链的提质增效。”

（来源：CCTV-13新闻频道）

广东为何下大力气筹建RCEP农产品国际交易中心？

◎ 黄海洋

区域全面经济伙伴关系协定（RCEP）于2022年1月1日开始生效。RCEP抛来国际农业合作“绣球”，广东如何接招？2021年以来，广东紧抓RCEP时代发展机遇，高位布局，先行先试，探索建设一批农产品国际交易中心。

农产品国际交易中心，重点在于打造平台、聚集资源，有利于树立标杆，形成示范。在各类资源要素聚集之下，各交易中心将搭建起一条宽敞的赛道，让各类主体在RCEP赛道上尽情驰骋。

农产品国际交易中心的建设，是广东农业融入RCEP的小切口，是推动广东农业产业转型升级的具体抓手，广东农业有望借力RCEP历史性机遇进入跨越式发展新阶段。

◎树立标杆，形成示范

筹建农产品国际交易中心的逻辑与外延

2021年10月，农业农村部农业贸易促进中心联合广东省农业农村厅支持广东遂溪县（香蕉）、德庆县（柑橘）、高州市（荔枝、龙眼）、梅州市（柚子）、徐闻县（菠萝）等地方创建农产品国际交易中心。

为什么是选择这几个地方筹建农产品国际交易中心？

从平台运营角度来看，国际交易中心至少要满足三个维度：一是具有强大的交易功能。交易功能是交易中心的核心，只有商品具有强大的流通性和交易属性，才能体现交易中心的价值。二是具有国际化交易基础。RCEP拥有庞大的国际交易属性，要建设农产品国际化交易中心，必须有服务国际、推动农产品走向国际市场的能力。三是要有独特的品牌吸引能力。国际交易中心交易的不仅仅是本地的产品，更重要的是吸引更多的产品进来，依托地区的交易功能进行交易，这需要中心具备地区或某个单品的品牌影响力，形成农产品品牌集散中心，能利用品牌为产品延伸价值，才能吸引更多农产品到中心进行交易。

徐闻是全国菠萝最大产区，梅州是全国第二大柚子产区，广东是全国最大香蕉产区，广东是全国荔枝最大产区，广东是全国柑橘重要产区……这些都是相应品类生产与交易最集中的地方之一。尤其是广东的荔枝和菠萝，2021年更是创下出口量的新高。2021年在广东省农业农村厅的指导下，广东下大力气打造六大水果品牌，选择以六大水果主产区作为小切口，这些地方创建交易中心有基础有条件，更是先人一步进行了小尝试。

然而，我们必须清醒地认识到，并不是每一个交易中心都能成功，在RCEP的赛道上，有些交易中心会一马当先，有些则会在路上“掉队”，这都是正常现象，关键在于敢尝试，肯探索。

◎列入规划，形成机制

广东农业为拓RCEP“朋友圈”做“功课”

实际上，广东农业一直在为迎接RCEP做准备。

2021年以来，广东以荔为媒，联动各荔枝主产区和国际国内销区，传播广东荔枝文化精神，让“广东喊全球吃荔枝”的口号响彻海内外。从5月开始，广东荔枝拉开出口的序幕，在海外十大城市进行“接荔”传播推广，陆续登陆东南亚、中东、北美、欧洲等海外市场。

不仅喊全球吃广东荔枝，还喊全球吃广东贡柑，喊全球吃广东柚子，喊全球吃广东狮头鹅……广东的农产品，诚意满满邀请全世界品尝。

广东农业对RCEP的重视程度可谓是相当高度。

广东湛江遂溪县把高标准建设广东遂溪县香蕉国际采购交易中心，促进“双循环”下农业高质量发展，纳入了政府“十四五”发展规划。

2021年11月，在德庆贡柑开采之际，德庆贡柑RCEP国际采购中心已冲出“正负零”。德庆贡柑RCEP交易中心已涵盖分拣加工、冷链物流、大数据中心、检测中心、电商直播等八大功能。

广东省农业农村厅相关负责人给农产品国际交易中心提出10个具体要求：要党政一把手亲抓，分管领导具体抓；要设立工作专班专项抓；要写进党委政府工作报告形成制度安排；要纳入财政预算统筹涉农资金强化保障；要制定工作方案系统推进；要搭建平台集聚配置资源；要培树一批市场主体市场化运作；要创建基地示范引领；要出台政策刚性支持；要策划活动有机运行。

◎思路要通，路径可行

RCEP是农业高质量发展的“助推器”

农产品价值最大化在于空间最大化，空间最大化在于全球化。毫无疑问，更大的销售半径能更大程度地提升农产品价值。

很多人会问，RCEP农业是不是太遥远、太高大上或太深奥？RCEP国家中，大多是农产品丰富的国家，大量产品进来，会造成对本地的冲击吗？

我们先看看基本盘子。

从经济体量看，RCEP涉及东盟10国与中国、日本、韩国、澳大利亚、新西兰共15个国家，其总人口、经济体量、贸易规模均占全球30%左右。作为全球最大自贸区，RCEP成员国人口总数最多，GDP总量最大，贸易量最大，吸引外资最多。

中国、澳大利亚、新西兰、日本等都是传统的农产品贸易大国。东盟国家的农业资源丰富，那里有全世界第二大香蕉出口国、全球最大的新鲜榴莲出口国、全球第二大第三大的稻米出口国等，RCEP国家之间的农业贸易合作、农业投资合作，将随着协议的生效更具发展空间。

据媒体报道，截至2020年，全广东省农产品年进出口总额达337.2亿美元，农产品年出口额约占全国农产品出口总额的十分之一，多年位居全国前三名。

据统计，2020年RCEP协议签署时，其成员国农产品总产量约占全球的20%，广东农产品出口到RCEP成员国约占出口总额的24%，从RCEP成员国进口农产品占进口总额的34%。

实际上，重视RCEP，能给当地农业带来有效的产业升级。以德庆为例，在以往几乎没有贡柑出口备案基地的背景下，2021年德庆看准RCEP机会，奋起直追，成功申报了5个贡柑出口备案基地。据了解，德庆正在申请的贡柑出口备案基地近20家。可以说，对RCEP，对农产品国际化的认知和实践，德庆贡柑走在了全省前列。

◎激活功能，配置资源

修炼内功完善配套服务

对农产品国际采购中心建设而言，盘活赛道上各类资源要素尤其重要，中心的软硬件基础配套也要进一步完善。

聚集采购商资源，发展国际采购商资源。可以说，只有抓住采购商，才有交易的基础，才能激活交易中心的作用。政府要扮演好采购商服务者的角色，要以抓招商引资的力度，做好采购商服务，盘活交易中心的交易功能。

广东拥有一定体量的农产品采购商基础。以徐闻菠萝为例，在农产品“12221”市场体系持续建设下，近年来徐闻聚集了一批菠萝采购商资源，他们在菠萝上市前就驻扎在徐闻。徐闻是全省首个为采购商提供免费食宿的地方，可以说，产区的诚意聚集了一大批采购商，极大地促进了菠萝交易。

采购商来了，更重要的是把交易中心的产地市场配套设施做好。走向国际市场，必须大力发展物流冷链技术，加快建设一批田头仓储冷链，着力解决农产品出口保鲜、远程配送、选品分拣等技术问题，提升农产品全产业链生产效率。

要在国际上建立良好口碑，首先要确保产品品质过硬。要以出口标准指导生产，以出口标准的产品拓展市场。要推进农产品标准化生产，制定标准化生产技术规程和产品标准。

采购中心产地市场的优化，离不开政策支持。这需要政府出台一系列扶持政策，优化产业营商环境。比如出台专项资金支持交易中心建设；加大品牌建设力度，用抓国内品牌建设的力度打造农产品的国际品牌。在RCEP的大格局下，广东农产品的文化、品牌也要"走出去"，只有讲好产品品牌故事，才能提升价值链。

实际上，RCEP范围之大，一个地市、县域，最好的切入方式之一，就是根据自身定位，找准一到两个RCEP国家的城市进行深度合作，特别是农产品的"互卖互通"，相互共享资源。

◎立足优势，打差异化
做国际农业产业的微笑曲线价值链顶端

广东似乎在RCEP中找到了突破口。广东下大力气，通过中央厨房预制菜，找到了面向国际市场的强有力抓手。广东的食品配料产业在国内领先，是全国主要的饮料、糖果、米粉、酱油生产出口地区，已形成门类齐全、品种繁多、产品质量较高、经济效益较好、产业链较完整的产业体系。

广东省成熟的农产品加工体系，成熟的人工养殖、种植技术，特别是养殖方面，能大大降低水产品、畜牧产品的综合成本。成熟的加工体系，能有效地将RCEP各国优质的农产品原材料转换成优质的食品，把预制菜通过国际市场渠道进行营销。

近期火热的德庆贡柑"一果两用，品果留皮"的发展模式，据德庆贡柑全果营养品质检测报告，德庆贡柑果皮可加工成类似陈皮一样的贡柑皮。徐闻菠萝在探索削皮小菠萝营销，把菠萝按标准加工成便于食用的便捷食品。综合德庆贡柑与徐闻菠萝的探索，其逻辑也是走出鲜活农产品销售的单一路径，依托加工延伸农产品附加值，为农产品国际交易中心增添一个极富竞争力的产品。

值得注意的是，在持续输出模式、人才、技术、资金等资源方面，广东有着不错的经验。RCEP区域是我国农业"走出去"的重要目的地，占我国农业对外投资存量比重超过40%。以香蕉投资为例，据不完全统计，当前中国农业企业在东盟地区投资香蕉种植业总面积近110万亩，以广东与福建农业企业为主。以柬埔寨为例，许多广东香蕉种植户到柬埔寨投资香蕉生产，并反向出口到中国，这种"技术输出—产品输入"产业链也越来越成熟。

面对机遇与挑战，广东只有打造差异化品牌，真正吃透RCEP规则，把机遇转化为发展优势，才能更好地适应RCEP大格局。

（作者为广东一人一亩网络科技有限公司副总经理）

聚“蕉”广东，迈出RCEP农业国际交流步伐

◎ 李力嘉

香蕉是全球鲜果贸易量第一的品种，我国进口水果中香蕉数量最多，这些香蕉主要来自东盟。中国从成员国进口香蕉鲜果，向成员国出口香蕉冻干片；中国人到东南亚投资种植园，产品返销国内市场，这是当前中国与RCEP成员国之间“双循环”的小缩影。

2020年11月，东南亚国家联盟10个国家以及中国、日本、韩国、澳大利亚、新西兰等15个国家，正式签署《区域全面经济伙伴关系协定》，简称RCEP，这意味着总人口、经济体量、出口总额均占全球总量约30%的全球最大自贸区正式诞生。

广东依托湛江独特的区位优势和产业优势，在湛江市遂溪县推动建设广东香蕉国际交易中心。

◎新协定

推动新一轮高水平开放，利好加工出口双向贸易

2020年12月30日至2021年1月1日，中国（广东）香蕉国际网络文化节（简称“香蕉网络节”）于广东遂溪举办。大会以“聚蕉广东，链接全球”为主题，为湛江以及广东香蕉产业发展探索道路，明确方向。

“RCEP签订对于广东农产品来说是个机遇。”农业农村部农业贸易促进中心副主任宋聚国表示，RCEP达成后，将对贸易国实行6小时通关便利，对于广东鲜活农产品，如生鲜蔬果等出口来说是极大的优势，为加工企业进口原材料提供了便利，构成利好环境。

RCEP成员均是我国重要的经贸合作伙伴。商务部数据显示，2019年，我国与其他RCEP成员贸易总额达10 550亿美元，约占我国对外贸易总额的三分之一。值得关注的是，RCEP成员多为农产品生产大国或贸易大国，农业问题一直是RCEP谈判的焦点之一。商务部原党组书记、部长钟山撰文解读，RCEP签署既是区域经济一体化的标志性事件，也是我国继加入世界贸易组织后又一重大开放成果，对推动新一轮高水平开放、开拓合作共赢新局面产生深远影响，对促进全球经济复苏、维护多边贸易体制发挥重要积极作用。

RCEP的核心在于自由贸易，而自由贸易的关键又在于消除关税壁垒。根据RCEP规则，成员国在货物贸易方面采用双边两两出价的方式进行关税减让。而对生产者来说，出口或投资RCEP成员国也将更加便利。据悉，RCEP协定下，投资采用负面清单方式，“非禁即入”。以东盟国家为例，各国普遍大幅压缩涉农投资领域的限制措施，如泰国取消禁止外资进入大米种植、牲畜饲养、蔗糖加工等领域的规定；越南取消对外资从事水产品加工、植物油加工和乳品加工须使用本国原材料的限制；印度尼西亚将椰子肉加工、腌鱼熏鱼等水产品加工从“禁止外商进入清单”移除，改为允许外商合资等。

◎新局面

境外投资火热返销增加，探索建立国际交易中心

在RCEP背景下，贸易便利化也是双向的，中国关税的逐步降低，成员国出口农产品在我国的市场份额也将进一步扩大，比如中国第一大贸易伙伴东盟的农产品。其中，香蕉是重要的贸易农产品之一。

香蕉是全球鲜果贸易量第一的品种，在我国，以水果进口量计，也数香蕉最大，而东盟是我国进口香蕉的主要来源地。中国食品土畜进出口商会水果分会的报告显示，2019年，我国水果进口金额排名前三的果品依次为鲜榴莲（16亿美元）、鲜樱桃（14亿美元）、香蕉（11亿美元）。

受香蕉黄叶病影响，近年来我国香蕉种植有转移之势。东盟国家农业资源丰富，可开发空间大，成为承接产业转移的主要地区。当前，东盟水果投资热品有香蕉、火龙

果、芒果、龙眼等，其中香蕉面积最大。以柬埔寨为例，其境外农业投资火热，以华人投资推动为主的柬埔寨香蕉产业依靠中国大市场，正逐渐朝规模化、标准化、集约化、国际化发展。

广东是中国最早种植香蕉的地区之一，传统岭南佳果，高峰时种植突破200万亩，在全国乃至全球地位举足轻重。如今，广东持续输出智力、人才、技术、资金等资源，涉及海南、云南、广西等省区，以及老挝、缅甸、越南、柬埔寨、菲律宾等东南亚国家。据不完全统计，当前中国农业企业在东盟地区投资香蕉种植业总面积近110万亩，其中老挝约40万亩，缅甸约40万亩，越南约15万亩，柬埔寨约10万亩，菲律宾约5万亩，以上皆以广东与福建农业企业家为主导。近年来，不少到东盟种香蕉的广东人在国际香蕉产区打拼之后，带着新技术、新经验回到“发家之地”广东，开启新一轮种植，通过中国与东盟多基地联动，以实现对市场的周年供应。

随着RCEP的推动，通关便利、关税减免、物流冷链等的完善，中国企业到柬埔寨、缅甸、老挝和越南投资香蕉等水果种植生产，农产品再返销中国乃至日本、韩国，这一流程将成为趋势。预计未来三年内，柬埔寨、老挝和缅甸将因香蕉、柑橘等鲜果类农产品，由此前的边境贸易进入到中国贸易名单，进而提升双方贸易总额。

在此背景下，为充分利用RCEP创造的统一大市场和更加开放、高效、透明的投资政策环境，进一步深化广东香蕉国际合作，推动广东香蕉走出去，在区域内优化资源配置和产业链布局，广东在湛江市遂溪县建设广东香蕉国际交易中心。该中心依托湛江独特的区位优势和产业优势，搭建以香蕉为主的农产品国际交易平台，将湛江建设成参与东盟合作发展的门户和桥头堡。

湛江处于粤港澳大湾区、北部湾经济圈和海南自贸区交汇处，是中国通往东南亚、非洲、欧洲、大洋洲和中东航程最短的对外贸易口岸，在亚太经济圈中具有极其重要的战略地位。

湛江与东盟一衣带水，是中国面向东盟国家对外开放的重要门户。湛江也是海南岛与大陆农产品贸易的核心集散地，在香蕉产业方面，湛江也有着良好的基础，是广东最大的产区，遂溪又是湛江的核心产区，在种植、采后处理、加工、包装、物流、冷链、销售等产业链各环节都有着丰富的资源和畅顺的运作模式。

◎新机遇

找准定位和比较优势，联通国内国际双循环

开放、竞争、合作、共赢，是发展的永恒主题。香蕉作为广东重要的传统特色产业，在新形势下，把握大方向，找准位置和比较优势，不断增强畅通国内大循环和联通国内国际双循环的功能，倒逼苦练内功，提质增效，提升竞争新优势。

广东泽丰园农产品有限公司总经理林波表示，广东拥有良好的产业基础，进一步发

展深加工，是一个很好的方向。其所在的公司深度转化香蕉深加工科研成果。“香蕉冻干的市场需求很大，尤其是国外，我们在这块的生产刚起步，还有很大的拓展空间。”林波说。

在鲜果出口方面，借助粤港澳大湾区强大的市场以及交通运输的便利性，广东香蕉出口港澳地区竞争力较强，特别是广东粉蕉出口势头强劲。这一方面是由于广东粉蕉产量高、品质优异，另一方面是与广东、广西、福建地区一样，港澳市民长期有食用粉蕉的消费习惯，对粉蕉产品情有独钟。

“国外香蕉进口量逐渐增加是肯定的。但我们有一个缓冲期，持续改良提升国产香蕉品种。”拥有百年历史的全球顶尖水果生产经销商都乐公司，其在菲律宾生产高品质香蕉，出口市场遍布日本、韩国、中国、新西兰等地。“80后”邓文涛是广东嘉涛农业有限公司董事长，公司在老挝、柬埔寨设有分支机构，他认为进口香蕉在国内推广其实也有一定困难，国产香蕉要抓品质提升竞争力。但不管如何，品牌是一定要打响的。作为广东特色优势农业品牌（六大水果品类）宣传推介及品牌运营项目的重要内容之一，这次大会以“云展会”形式，通过东南亚最大的在线购物网站Lazada（来赞达）直播平台向东南亚友人推介广东香蕉，开启了广东农产品跨境电商直播的首秀。

近年，作为“一带一路”建设战略枢纽、经贸合作中心和重要引擎的广东，出台了“广东省境外经贸合作区扶持政策”，重点支持企业在东南亚、非洲、拉美等地区投资建设合作区，并在金融、外汇、保险、招商以及出入境等方面提供保障与支持。广东省农业农村厅相关负责人表示，广东将借本次香蕉网络节之机，探索RCEP和数字时代背景下，农业国际交流合作新业态、新模式。

（作者为南方农村报记者）

潮州饶平探路农业对外开放合作试验区

◎ 李力嘉　黄冰溶　任峻男

朱砂漆船头，白粉油船腹，黑色钩船舷……在潮汕地区，“红头船”是民间对商船、洋船的俗称，而位于潮州市饶平县东南部的柘林港，便是“红头船”的重要发源地之一。“未有汕头埠，先有柘林港”，番船常泊，商贾云集，是饶平历史上大小港口对外贸易繁荣发展的标志。潮涨潮退，饶平作为广东沿海地区最东端的县城，逐渐奠定了其地位——闽粤经济合作高地，21世纪海上丝绸之路重要节点。

风云变幻，港口蜕变有了新定位，商埠升级有了新突破。

2017年7月，饶平县被列为全国首批农业对外开放合作试验区（简称“试验区”）。获评以来，试验区年均涉农外贸出口额约2.73亿美元，共引进外资农业企业11家，投资总额2.7亿美元。

“在全国10个试验区中，饶平是广东省唯一获此殊荣的县市。”饶平县农业农村局副局长朱文鹏说，想用好试验区这块招牌，就要乘政策之风先行先试，破企业发展瓶颈，寻试验区功能定位，饶平正在加速前行，推动饶平经验上岸。

◎起航

企业探路，开辟产业振兴新通道

“饶永不瘠，平永不乱。”饶平，东临福建，南濒南海，县域总面积2227平方公里，海域面积533平方公里，海陆资源丰富，既是著名的侨乡，也是历史悠久的岭南农业基地。然而，农户规模小、缺品控把关、周边市场销售难等问题，让饶平农业产业化发展道路频频受阻。与此同时，如何因地制宜发展特色农业，走好产业振兴道路，让村民共享致富奔康成果，成为当地政府及干部迫切需要解决的问题。

伴随试验区的发展，饶平当地龙头企业在对外出口贸易的带动下，为产业振兴引进一套市场化的运作模式。

新圩镇长彬村第一书记汤汉忠介绍，长彬村立足当地实际，实施“一户一法”，着力打造青梅、溪黄草、狮头鹅、无穷蛋鸡四大产业。

以青梅为例，全村种植面积达4000亩，依托广东梅业食品有限公司（简称“梅业”），采取“公司+基地+农户”的利益联结机制，形成集种植、收购、加工、销售于一体的青梅产业链格局，企业在收购价的基础上，采取“以奖代补”的方式，再按一定比例金额补贴村民。

“村民的青梅也须按照公司标准种植，才能被收购。”在村企合作里，梅业负责人陈镇业始终把品控放在首位。

青梅质量好，生意自然来。从2016年开始，梅业便与日本永旺集团合作，在日本境内100多家永旺超市上架梅业产品。受新冠肺炎疫情影响，在对外出口大幅减少的背景下，日本永旺集团基于对梅业产品品质的信赖，采购量不降反增，计划2022年上架梅业产品的永旺超市数量从100多家增加到300多家。

在助力致富奔康的路上，梅业通过对外出口的蓬勃发展，拓宽长彬村及周边地区农产品的销售渠道，打通产业兴旺的“最后一公里”，在长彬村内建立持久、长效的“造血”机制。

◎护航

政府支持，多措并举推动行稳致远

饶平县地处北纬23° 28′ —24° 14′ ，北回归线在县境南部穿过，其水域环境为石斑鱼提供了良好的养殖条件。“从20世纪80年代开始，由于经济价值高，我们这个区域便开始养殖石斑鱼，销往中国台湾、新加坡、马来西亚等地区。”饶平县万佳水产有限公司（简称“万佳水产”）负责人詹德强介绍道。

作为国内小有名气的石斑鱼养殖、加工企业，万佳水产不仅有着丰富的水产品对外出口贸易经验，其专利低温微冻加工技术更是走在行业前列。詹德强表示，万佳水产将结合自身多年的石斑鱼养殖加工经验，与南海水产研究所合作出台国内首个石斑鱼行业相关养殖标准、加工标准。

回顾疫情期间的公司发展，詹德强感慨万千。万佳水产鱼类出口物流、通关、检疫各环节成本均有所上升，导致出现资金短缺问题。雪上加霜的是，2021年8月，包括万佳水产在内的18家水产品出口企业的海域养殖证均已到期。“证件到期后如不能立即办理，相关企业将无法继续开展进出口业务。”詹德强说。

步骤多、流程长、涉及部门广成为单个企业重新办理海域养殖证面临的难题。

得知企业发展“困局”，饶平县委、县政府积极协调相关部门协同推进落实企业海域养殖证申办流程。随后，在一个月内，饶平县内18家企业海域养殖证全部办理完成，解决了企业的燃眉之急。

此外，在试验区整体规划背景下，饶平县政府计划建设活鱼出口备案基地、活鱼出口绿色通道，为饶平注册的活鱼出口企业提供物流补助的同时，通过资金补助的方式，鼓励企业参加国内外的展览展销活动，培养企业自主探索精神，促进全县外贸往更高质量、更具活力方向发展。

“参加展销活动，既可以提升企业知名度，更能广泛接触信息，有利于业务的开展。”广东健源匠心食品有限公司（简称“健源匠心”）负责人余小姐说，“以试验区成体系化对外进行展销贸易，客户也会更加认可和信赖。”

据了解，2020年11月27—30日，梅业、万佳水产等六家当地企业，组成饶平试验区龙头企业参展团，代表广东省参加第十七届中国—东盟博览会，开展农业对外交流合作。

“企业以试验区建设为契机，‘抱团’对外出口，有利于集中力量办大事，增强企业对外议价能力，降低农产品出口所面临的风险指数。”宇祥水产养殖有限公司业务负责人林东杰说。

◎开新航

内外共建，升级试验区对外服务平台

2016年，饶平县汫洲镇政府瞄准电商风口，组织村民进行电商销售培训，催生出一批小微电商从业者。然而，规模小、分布散、无品牌等情况，使得小微电商发展特别是水产品类电商销售，面临物流、仓储成本高、市场竞争力弱等问题。

但值得期待的是，在不久的将来，随着海润电商基地的建成，小微电商们“单打独斗”的现状将得以改变。

广东海润冷链物流有限公司（简称“海润冷链”）负责人黄俊彪介绍，电商基地建成后，能够同时容纳30余家小微电商，为150余人提供办公场地，并为入驻商家提供2年的免租优惠，带动汫洲镇等周边乡镇电商发展。

为打造农业对外合作服务平台，建立农产品出口基地与物流平台，在仓储功能的基础上，海润冷链计划申报保税仓，对2万吨大型冷库进行升级改造。“企业进口货物后，存放在这里不用马上交税，等到提货时再交税，有利于缓解企业流动资金的紧张。”

而关于如何引进外资，更好地盘活饶平当地资源禀赋的问题，益海嘉里金龙鱼粮油食品股份有限公司（简称“益海嘉里”）通过实际行动作出了回答。2018年，益海嘉里被潮州良好的营商环境吸引而落户饶平，填补了该县粮食加工企业的空白。

“蒸汽能源是我们选址最重要的考虑因素之一。”益海嘉里负责人陶志总结道，“粮油的生产加工离不开蒸汽，但在广东地区，对企业独立配套锅炉满足生产需求的把控是十分严格的，依附大型电厂建厂投资是优先选项。”因此，饶平现有的大唐电厂成为试验区一块“吸金石”。据悉，益海嘉里计划投资约45亿元，建成后预计一期产值100亿元，二期产值300亿元。

“饶平县内的港口，一是没有大豆等相关原料的进出口资质；二是泊位太小，停不了大船。”从全国范围上看，饶平港口条件暂时还比不上厦门、深圳等港口。鉴于此，益海嘉里已与试验区当地企业合作，将现有码头升级，共设计两个泊位，分别是7万吨和1万吨，用以运输原料和成品。

夕阳余晖下，海润电商基地外墙已基本落成，柘林镇“荒郊”上的益海嘉里拔地而起，初具规模……“试验区的建设发展，有利于解决县内产能过剩等问题。通过扩大对外交流，为我们约三分之一的农产品找到‘出路’。”朱文鹏表示，在“十四五”规划的指导下，试验区建设将进一步推动饶平农产品对外贸易做优做强，形成具有借鉴价值和推广意义的饶平经验。

（作者为南方农村报记者）

广东农产品跨境电商试验区值得期待

◎ 李力嘉

手机登录跨境电商平台，点击下单一只由20多种香料熬成的浓汤卤制的澄海狮头鹅，卖家收到订单后对海外仓库下达指令，不多久货物就送达消费者手上，一解海外潮汕同胞思乡之“馋”。随着汕头市澄海区创建农产品跨境电子商务综合试验区获广东省农业农村厅回复同意，这样的场景值得期许。至此，广东“农产品跨境电子商务”综合试验区增至两个，在深入实施乡村振兴战略、积极探索数字农业农村实施道路上又迈出重要一步。2020年3月，佛山市南海区里水镇率先获批创建农产品跨境电子商务综合试验区。广东两大农产品跨境电商综合试验区的集结号已然吹响，正广纳产业链相关人才、企业加入，成为这场新实践的“排头兵”。

◎跨境电商
逆势跑上快车道

2020年11月4日晚，习近平总书记在第三届中国国际进口博览会开幕式上以视频方式发表主旨演讲，再次发出推动建设开放型世界经济的中国倡议，展示中国发展新蓝图，宣示开放合作新举措，传递出新时代中国坚定深化改革、全面扩大开放，与世界共享美好未来的积极信号，其中提到将推动跨境电商等新业态新模式加快发展，培育外贸新动能。

全球疫情持续发展，国际贸易遭受重创，全球经济秩序正在重构，中国通过发挥内需潜力，建立“国内循环为主、国内国际互促”的双循环新格局，实现经济社会持续强劲发展。跨境电商正是连通国内市场与国际市场的重要形式，起到举足轻重的作用。前三季度，我国通过海关跨境电商管理平台进出口1873.9亿元，同比增长52.8%。跨境电商凭借其线上交易、非接触式交货、交易链条短等优势逆势上扬，成为稳外贸的重要力量。

过去习惯了开车到大型超市“扫货”的一些外国人，也逐步转为线上购物。这就给包括农产品在内的跨境电商品类创造了新机遇。随着我国农业开放水平不断提高，农产品借助跨境电商出口的速度在不断加快。《全国农产品跨境电子商务发展研究报告》显示，2019年食品，饮料、酒及醋，烟草及制品出口额为20.7亿元，位列跨境电商出口额第十位；进口额为311.1亿元，在跨境电商零售进口额中排名第二。

没有人预想到2020年疫情的到来，在数年前开始的跨境电子商务综合试验区的探索，却为疫情下跨境电商业务的逆势增长奠定了基础。从2015年国务院批复同意设立中国（杭州）跨境电子商务综合试验区（简称“综合试验区”）起，综合试验区的探索步伐随之迈开。经过5次“扩围”，全国已有105个跨境电商综合试验区，覆盖30个省区市，形成了“陆海内外联动、东西双向互济”的发展格局。

在综合试验区的作用下，普通老百姓通过便捷的通关、快速的物流、简易的支付享受全球众多的商品，实现“足不出户，购遍全球”。过去处于“灰色地带”的海淘或代购被引导走向正规，“沐浴阳光下”，加强了对消费者的保障。企业特别是中小微企业以更低成本更好地拓展国际市场有了可能。

广东凭借制造业产业链、交通基础设施等区位优势，引领着中国跨境电商的发展，已累计有广州、深圳、珠海、东莞、汕头、佛山、梅州、惠州、中山、江门、湛江、茂名、肇庆等13个城市获批设立跨境电子商务综合试验区。

佛山市南海区里水镇农产品跨境电子商务综合试验区，以及汕头市澄海区农产品跨境电子商务综合试验区，正是分别在中国（佛山）跨境电子商务综合试验区和中国（汕头）跨境电子商务综合试验区基础上，在农产品领域开展的创新与发展。

◎广东实践

开辟农产品出口新通道

广东创建“农产品跨境电商”综合试验区，具体要怎么做？

立足优势，补齐短板。广东批复创建的两个“农产品跨境电子商务”综合试验区在依托国家级综合试验区的基础下，正发挥各自优势，有序推进各项工作。佛山是制造业大市，又是外贸大市，第三方电商交易平台、自建平台、通关服务平台、物流仓储、电商服务、贸易公司、生产企业等产业关键要素齐备，跨境电子商务产业生态圈基本形成。但农产品有限的货架期、对冷链物流的依赖等特质决定了其与一般商品的贸易过程有所区别。《中国（佛山）跨境电子商务综合试验区实施方案》（简称“佛山综合试验区方案”）在提升跨境冷链服务水平方面，专门单列一项，有针对性地提出加快布局农村物流代收点、田头预冷、冷链储存与冷链运输车辆等，优化农村物流基础设施，实现对淘宝村、淘宝镇货物快速及时收揽，推动水产品、农产品等利用跨境电子商务冷链物流出口海外。这将对南海里水农产品跨境电子商务综合试验区建设起到良好的示范和带动作用。

聚焦特色，升级品牌。农产品的最大特点在于地缘性，一方水土育一方好物，这也缔造了每个地方各具特色的农产业，是特色也是优势。《汕头市澄海区创建“农产品跨境电子商务”综合试验区实施方案（试运行）》（简称“澄海试运行方案”），明确提出要突出澄海特色优势产业，鼓励创建电子商务示范基地，以本地特色农业蔬菜种植、狮头鹅饲养产业园区打造跨境电子商务园区。借助综合试验区的契机，澄海将加快知识产权国际认证进程，鼓励跨境电子商务企业开展国际商标注册，创立自主品牌；同时扶持和引入一批有自主品牌、较高知名度和较强市场拓展能力的跨境电子商务经营主体做大做强。特色产业同样受到佛山的关注，其实施方案明确支持特色农业专业镇、数字农业龙头企业拓展农产品跨境电商业务。

理顺关系，做好服务。众所周知，农产品出口标准较严，手续相对繁复，综合试验区的创建正是要在合法合理的前提下不断优化流程。为此，澄海试运行方案提出，要积极探索形成符合农产品国际经贸规则和跨境电子商务发展相适应的制度体系，打造粤东跨境电子商务创新枢纽；同时，加大优惠和扶持力度，推动实施跨境电子商务出口农产品退（免）税及无票免税等配套服务政策。

◎激发活力

抓住小切口谋求新增长

广东创建农产品跨境电商试验区正是抓住全球“宅经济”的风口，以农产品小切口进一步挖掘外贸新的增长点，以跨境电商加速广东农业国际品牌出海，倒逼农产品供应链转型升级，巩固脱贫攻坚成果，助力全面推进乡村振兴。

先行先试的里水、澄海两大农产品跨境电子商务综合试验区大平台已搭起框架，正待各领域人才共谋发展。

在澄海试运行方案中就多次提到人，包括优先建立跨境电商智库：一方面是组建由行业专家、农业电商龙头企业、政府工作部门组成的专家团队，把脉和指导整个综合试验区工作；另一方面是制定实施跨境电子商务中高端人才培养计划。此外，还将引进跨境电商龙头企业，积极引进、培育10个以上农产品跨境电子商务龙头企业，扶持、集聚50家以上跨境电子商务企业，打造两到三家优质特色跨境电子商务产业园区，实现跨境电子商务进出口交易总额增速。

广东省农业农村厅交流合作处副处长林爽表示，农产品跨境电子商务综合试验区建设将充分发挥市场在资源配置中的决定性作用，更好发挥政府作用，激发各类市场主体活力，以数字农业赋能乡村振兴，助力粤东西北协调发展，加快构建“一核一带一区”区域发展新格局。

可以预见，在两大综合试验区的带动下，广东农产品跨境电商渗透率将日益提升，产业链和生态体系将不断完善，进一步推动广东省“互联网+”农产品进城出海，促进农产品产销对接和农业品牌建设，带动农产品提质增效和农民增收。

（作者为南方农村报记者）

食品化

抢占风口发展预制菜

预制菜“吃”遍全球

◎ 林晓岚

在这分秒必争的时代，就连吃饭都开始以分钟计算。3分钟快速出餐，5分钟美味即享，8分钟外卖送达，10分钟做出一桌丰盛的饭菜。为了追求出餐速度，餐饮行业使用预制菜已是一个公开的秘密。

疫情让不少人“被迫”走向厨房，开始自己做饭，也让预制菜从餐厅后厨走向百姓餐桌。2021年4月，中国“预制菜第一股”味知香上市，在过去3个多月里连收12个涨停板，预制菜成为中国农产品加工行业的新风口。

“二战”时期兴起于美国，20世纪70年代风靡日韩，在国外市场发展成熟的预制菜，已然融入全球人民的生活，也正在渗透中国百姓的餐桌。

美味便捷，催生千亿元“懒人”生意

周六上午，一个来自“蓝围裙”（Blue Apron）的包裹顺利送达劳拉手中，里面有定量的新鲜食材、酱汁和一张步骤清晰的食谱。趁着切片牛肉解冻的间隙，劳拉将青椒、姜蒜等食材切好，按照食谱的步骤操作。30分钟后，热腾腾的蒙古牛肉面端上餐桌，供一家四口享用。

劳拉是"蓝围裙"的老顾客，每周都会预定两到三次送餐服务。作为美国首家公开上市的快煮餐公司，"蓝围裙"成立于2012年，为顾客提供食材半成品和食谱建议，便于顾客在家中烹饪美食，2018年年营业额已达到6.7亿美元。

"在过去，我需要开车40分钟到超市采购食材。而超市供应的食材分量很大，有时为了做一道菜要买超出需求量的食材，花更多钱。"劳拉表示，"蓝围裙提供的食材很新鲜，肉类品质较高且预先处理好，定量供应不会浪费，也节省大量准备时间。"对于注重生活仪式感的劳拉来说，边看简单明了的食谱边下厨，让她体验到烹饪的成就感，"比起订外卖，这样更营养健康，而且更有爱"。

在世界公认"不爱做饭"的国度，英国的人民对预制菜的需求更简单直接，Cook Food、Wiltshire Foods、Field fare等企业致力于为顾客提供优质的冷冻即食食品。"我们用相同的食材和标准化程序制作食物，用低温冷冻技术锁住新鲜和风味，杜绝浪费。顾客只需要把冰冻状态下的产品放入烤箱，就可以方便地获得美食。"Cook Food首席执行官埃德介绍。这家有着24年历史的老牌企业，在全英国拥有90家线下商店。2020年受疫情影响，Cook Food发展了线上订购业务，订单量暴涨8.5倍。

在与中国饮食文化相似的日本，受城市化、老龄化、少子化的影响，日本预制菜市场自20世纪70年代起逐渐走向成熟。2018年，日本速冻食品超3000个品种，仅烹饪调制食品就有2400余种，全日本速冻调理食品销售额达10.25万亿日元（约6000亿人民币）。

日本冷冻食品协会调研显示，2019年预制菜在日本市场渗透率已达60%，女性和老年群体是预制菜的主要消费人群，而便利、美味、实用、快捷的特点是日本消费者购买预制菜的主要动机。

"越来越多女性进入职场，但家庭的日常饮食依然默认是女性的任务。因此，烹饪简单方便、品类丰富的预制菜受到职场女性青睐。"日本冷冻食品协会会长大橱显也分析，"此外，预制菜为独居老人提供极大便利，给予他们更从容的生活。"

风靡全球，食品巨头菜里掘金

每天下午4点，西斯科（Sysco）公司位于圣地亚哥的仓库停止接单，开始分拣供应商送来的货品，为各大餐馆配送食材。这个占地面积4000平方米的生鲜仓库，正在服务2000多名活跃用户，每天货物进出量5万多单，物流辐射160多公里。

身穿蓝色制服的卡车司机弗兰克，通常在夜幕降临后开始上班。他熟练地驾驶着十几米长的冷链大卡车，穿梭在几个街区送货。按客户的预约时间和存放要求，将货品送达客户门店。在电动升降叉车的帮助下，弗兰克一个人就可以完成所有搬卸工作。

这样的冷链车，西斯科配送车队自有约1万辆。车上有常温、冷藏、冷冻3个温区，应对不同产品的需求。而蔬菜、水果等有专门的快速周转箱，确保食品全程冷链运输。西斯科规定，所有订单应在24小时内完成，给客户承诺的送货时间误差须控制在2个小时以内。

在美国，西斯科（Sysco）、美国食品（US Food）、泰森食品（Tyson Food）是排名前三的食品供应商，而西斯科凭借16%的市场份额，成为美国餐饮和食材供应的绝对龙头。它向餐厅、医院、学校、宾馆、酒店等B端客户提供食品，其中包括：全系列冷冻食品，如肉类、海鲜、甜点；罐装食品和干货；新鲜奶制品、农产品等。截至2021年7月，西斯科在全球设有343个分销点，为超过65万名客户提供食材供应链的解决方案，销售额超过510亿美元。

为了保证食品供应安全，西斯科不仅严格挑选供应商，也注资或收购多家农场和加工厂，运用集约化经营和先进种植技术实现源头质量控制，为后续流通环节省去诸多麻烦。

“在西斯科的中心仓库，全场看不见一片菜叶，全部食材从冷库运出，分堆放好，然后直接搬上冷链卡车。”曾前往西斯科加利福尼亚配送中心实地考察的罗先生说，“农产品在入场前，已经实现了产地标准化。从附近农场收割来，可以直接装箱检测，在1小时内运送到仓。”

相对于面向全球企业市场的西斯科，面向个人市场的日本预制菜第一企业神户物产显得更亲切。成立于1985年的神户物产，以业务超市的形式经营食材生产制造兼零售批发，从速冻饺子、肉制品，到切好的蔬菜、配菜以及各种配方的调味品一应俱全，不仅方便了小型餐饮业主，也为上班族、单身者和小家庭的日常生活提供极大便利。

受沃尔玛和麦当劳的启发，创始人沼田昭二将食品生产与销售集于一体，在日本和海外建立或并购农牧产品的生产加工企业，包揽从原材料生产加工到出售的整个食品产业链。“比如，业务超市卖的一个面包，牛奶可能来自北海道A牧场，面粉来自埃及的B工厂，在中国的C工厂加工，最后供应给东京的D饭店，而神户物产控股了业务超市和这A、B、C、D四家公司。”业内人士解释。

业务超市的自有品牌商品，是通过全球20家子公司、23家自有工厂和350家第三方工厂生产而成的。为了最大限度地降低成本，沼田昭二在很少发生病虫害的埃及红海沿岸种植3000公顷菠菜和花椰菜，以减少农药使用；在人工成本低廉的柬埔寨建立种植基地，同时享受当地农产品免税通关的政策。

2020年财报显示，神户物产在日本的业务超市已经增至922家。在新冠肺炎疫情的冲击下，神户物产产销一体的商业模式让其很好地控制成本，实现折合人民币约200亿元的销售收入，逆势增长13.8%。

“新鲜”悖论，营养理念众口怎“调”

“少吃外卖多做饭，新鲜食材最健康”是不少长辈的人生信条，也是对年轻人的忠告。经过工业化加工和冷冻的预制菜，总是难以摆脱不新鲜、不安全、没营养的印象。

“预制菜行业的保鲜方法就是科学包装、-18℃以下的急速冷冻技术和全程冷链运输。在不使用防腐剂和添加剂的情况下，保鲜离不开低温，低温是目前最大限度保存食物营养和抑制微生物繁殖的主要方式。”从事预制菜加工的孙先生表示。

为了满足消费者对新鲜的执念，国外企业在技术上下足功夫。日本速冻技术公司ABI发明了CAS细胞存活系统，以便能在细胞存活状态下速冻食材，而化冻后也容易恢复原始的新鲜度。某日企研发分子冻结专利技术，运用此技术速冻的鲟鱼手握寿司，解冻后和刚做好的寿司几乎没有区别。而某瑞典食品巨头开始尝试用微波巴氏杀菌法处理真空包装的食品，在保持美味的同时延长保质期，降低食品安全风险。

“从营养的角度看，食品的营养成分和原料来源、加工方式都有关系，不同食品、不同营养素的变化规律并不一致，不能简单地说现炒更营养。”广西大学教授、广西食品安全专家委员会专家刘小玲指出。

值得注意的是，消费者对预制菜新鲜度的认知其实蕴含着相对性。2021年4月，梁女士购买了某品牌的酸菜鱼产品，生产日期为1月，保质期为1年。由于产品味道不错，梁女士在9月又一次回购该产品，结果发现与4月买的产品是相同批次。“第一次购买，是生产了3个月的产品，感觉可以理解。但是第二次购买时还是相同的批次，鱼类肉类冰冻9个月，我无法接受。”梁女士说，“生产时标榜着-196℃急速锁鲜，冰冻了9个月后，还能称得上‘鲜’吗？”

有人认为，预制菜解决了中餐烹饪“盐少许”的困惑，成为去餐厅就餐、吃外卖以外的第三种选择。也有人担心，这样标准化批量生产的美食，千篇一律的味道，让城市少了几分烟火气。在凡事都讲标准化的今天，难道连吃饭都要标准化了吗？

汪曾祺曾说：“四方食事，不过一碗人间烟火。”在快节奏的当下社会，方便、简单又美味的预制菜，或许能成为年轻人走进厨房的动力之一。生活需要仪式感，下厨的珍贵不仅在于做出一顿可口的饭菜，更重要的是愿意在这一寸光阴一寸金的时代为对方付出宝贵的时间和精力。

预制美食，让我们在物产日益丰富的生活多了一个方便选择。在未来，也许重要的不是汗流浃背地在厨房颠勺炒菜的过程，而是端起饭碗与家人一同享受美味的时光。为君洗手做羹汤，将成为工业化时代下触手可及的别样浪漫。

（作者为南方农村报记者）

广东拼经济的春风中崛起又一“产业森林”

◎ 李思敏　阮定国　孙岁寒　黄俊杰　温志勇

马路上车水马龙，地铁里人潮如织，展馆前熙熙攘攘……2023年的春天，在凤城顺德，看着花开，能感受到经济醒来的喧嚣。

春节刚过，广东吹响拼经济的号角。春风拂过，酝酿了整个冬季的预制菜大会终于破土萌芽。2023中央一号文件公布，首次提出“培育发展预制菜产业”，行业振奋的同时，发展的决心也愈发笃定，步伐更加稳健。

首届中国国际（佛山）预制菜产业大会3月3日开幕，两天半展会，超800家全球预制菜企业，近千家知名采购商，十万人次线下观展，两千多万元现场交易额，超6亿元签约额……写满了后疫情时代经济复苏的勃勃雄心、市场消费力的萌动。

拥抱趋势：“追风者”迎来春天

预制菜产业异军突起的三年，恰好是疫情防控政策紧张，经济下行压力较大的三年，也是从疫情“宅经济”中，从餐饮业的应变举措中，广东看准了预制菜，从一开始就视其为“厨房变革、农业变革和生活变革”，哪怕有质疑与不解，迎风而行，果敢坚定。2020年兴起的预制菜，真的成了今时广东拼经济的重要抓手。

亲历一场“预制菜第一展”，如果你在现场，眼看着五湖四海慕名而来的数千名嘉宾如蜜蜂穿梭全场，不放过一刻交流时间；如果你在现场，遇到了在开幕式前一周就迫不及待飞到广东调研学习的新疆博湖县“考菜团”，连轴转了几天也不知疲倦；如果你在现场，碰见吉林省各市县政府部门和企业代表，还有不远万里打“飞的”从法国、希腊等国赶来的客商，以及受邀参加论坛后意犹未尽，久久不愿离去的专家和企业……这一切都表达出同一个信息，这场活动的价值不在此处，而在预制菜即将奔赴的广阔市场。

来自“最远的鱼”游进湾区顺德

有一组数据：2022年中国预制菜市场规模4196亿元，增速为21.3%，产值增加了1200亿元。而广东，2022年增速是31.3%。所以广东农业干部评价预制菜是“今天价值刚起步，明天价值会更大”的事业。

回望广东预制菜产业几年的发展，它与“12221”市场体系建设密不可分——市场挺在生产前，以需求促生产。正因为有了对市场的敏锐触觉，顺势而行，主动求变，才能赢得先机。

2020年，广东率先组织企业前往山东、江苏、上海等地调研预制菜产业，并举办“未来”食品研讨会。

2021年10月，第六届中国国际食品配料博览会上，广东正式发布农产品食品化工程中央厨房（预制菜）产业十大行动。

2021年11月，广东召开全省预制菜产业发展大会，发布广东预制菜18项关键技术成果。

2021年12月，广东组团参加中国预制菜产业大会。12月31日，广东预制菜首次登上广州塔，点亮羊城。

2022年1月，广东预制菜跨越千里到西安；小年夜及团年夜，两次点亮广州塔；2月上央视，3月进京推介。广东预制菜双节营销一炮而红。

2022年3月，广东省政府发布《加快推进广东预制菜产业高质量发展十条措施》，也就是被大众熟知的“菜十条”。至此，广东预制菜真正进入高位推进、蓬勃发展阶段。

2023年，中央一号文件首次提出“培育发展预制菜产业”，将预制菜产业发展推向高潮。广东接连召开全省高质量发展大会、省委农村工作会议，频频提及发展预制菜。

3月2日，广东省农业农村厅召开新闻发布会，明确将突出建设现代乡村产业体系作为加快建设农业强省的重要举措之一，发展现代设施农业和农产品精深加工，抓住“粮头食尾”“农头工尾”，打造一批百亿元级预制菜产业强县、十亿元预制菜生产强镇和预制菜原材料供应亿元村。

3月3—5日，首届中国国际（佛山）预制菜产业大会召开。

在扎实基础上谋新路，并非一时兴起，也不追求一蹴而就，层层推进、步步为营。广东在预制菜产业的探索和实践，也许能为预制菜产业的“追风者”提供一些思考。

首届中国国际（佛山）预制菜产业大会现场

引领前沿：“先行者”开疆拓土

起跑足够早，广东成为预制菜产业策源地，“敢饮头啖汤，敢为先行者”。

在这场预制菜国际盛会里，诞生了多个“第一”——这是2023年第一个省部级国际化预制菜产业大会，也是预制菜写入中央一号文件后的第一个产业大会；推动全国第一条专业街“预制菜一条街”落户河北保定；发布全国第一本预制菜产业观察类书籍《万亿预制菜》；发布首部中国预制菜产业发展白皮书；发布第一个胡润中国预制菜生产企业百强榜……

中国工程院院士吴清平说：“在全国率先抓预制菜产业，体现了广东的产业智慧、产业眼光；将近年来推广预制菜产业的实践和探索与全国各地共享，也体现了广东的产业胸怀与抱负。”

不积跬步，无以至千里。细数广东在预制菜产业勇辟新路的足迹，能看到广东探索创新的实践。

自2019年与预制菜结缘，广东在省委、省政府的指导引领下，以小切口撬动大变革，在全国迅速带火了预制菜这盘“民生菜”。短短四年，广东在全国率先组织化、系统化推广预制菜产业，创下了举办全国性产业峰会、成立首个省级产业联盟、推出首份名品目录、制定首套标准体系、创建首个集成推广平台、规划首个预制菜产业园、发布首套核心技术、出台首个支持政策、签发首批RCEP原产地预制菜

吴清平院士现场发布《万亿预制菜》

证书、开展首场集群营销活动等预制菜产业的十个“全国第一”。

起步便要勇进，持续领先，唯有永不止步的探索。

2022年，在广东预制菜创新打造“年鱼经济”，让预制菜成为中国人节庆、年俗的代表食品。文化赋能“年鱼经济”，作为“年鱼”的海鲈价格同比提升了50%以上，其中海鲈溢价直接带动珠海斗门农民收益超过两亿元。湛江金鲳鱼同样迎来养殖、加工的好收益，2021年售价12元/斤，2022年最高卖到24元/斤。

参加2023年这场预制菜领域的国际盛会，雪印集团有限公司新零售事业部总经理王振宇说，看到了地方政府和行业发展预制菜产业的决心和信心，“特别是广东，尤其是佛山”。

著名餐饮品牌顺峰山庄的门店总经理章琼分赞叹：“预制菜大会办得太好了！专家、同行的真知灼见，专业观众也给了我们很多中肯建议。”

仲恺农业工程学院轻工食品学院副院长肖乃玉高度肯定预制菜大会同期举办的8场全产业链论坛，认为大会为政产学研结合提供了沟通和合作平台，也为技术融合协同推动产业发展提供了整体解决方案的新思路。

广东佰顺冷链总经理王东更是希望，大会可以连年举办。

从0到1，搭建平台，聚合资源，引领方向，全方位的服务思维贯穿其中。这过程中的每一步，足够踏实；下的每一手棋，讲求实效；做的每一件事，各方受益。

立足民生：全产业链环环相扣

“一个预制菜展会，尽显美食之都魅力。”与会三天，预制菜产业涉及的科研、生产、加工、仓储、流通、营销等环节，以及金融保险、包材、调味品、专用设备等行业齐聚顺德，众联（中国）中央厨房研究院院长冯德和不由感慨：“广东这一仗，干得漂亮！”

很多人问，预制菜产业属于食品加工业，为什么广东农业部门抓得这么紧？

站在佛山顺德，纵观产业大会现场，透过“预制菜”三个字看到的，是广袤连片的农田、鱼塘，是分工有序的生产线，是熙熙攘攘的城市商超。这是一项关乎联农带农和食品安全的民生工程，它跳出传统的农业销售模式，一头连着农民增收，一头连着万家餐桌，贯穿了从种子到餐桌的全产业链。

在这条产业链上，农产品不再是人们从前认知中拖泥带水的样子。罗非鱼做成烤鱼，价格可以翻好多倍；丝苗米做成腊味饭，就可以实现从按斤卖到按份卖。放在以前，这样的增值空间，谁敢想？

广东不仅想了，不仅做了，还切切实实反馈到农民身上了。在湛江，恒兴集团以“公司+基地+农户+标准+服务”的产业化运作模式，延伸出200余款水产预制菜产品。在汕尾，嘎己喃食品科技有限公司以“生产基地—预制菜—餐饮终端”商业模式为核心，助力县域产业振兴。

联农带农，是广东农业部门发力预制菜产业的核心动力，发力预制菜全产业链，推进城乡融合发展。预制菜蕴含的民生价值，不仅在田间地头，更在广大消费者身边。《2022年中国预制菜行业发展趋势研究报告》显示，47.8%的消费者认为预制菜的食安问题需要改进。江苏省消保委2023年发布的《预制菜消费调查报告》也提到，消费者最关心预制菜的食品安全问题，占比接近三成。

这就是需求。预制菜大会同期举办了科技成果发布、深加工与物流、包材与装备、调味品、食品安全等8场高峰论坛，直面行业发展关键问题。全国各地的行业专家和企业认为，能否解决行业实际发展问题，直接关系到企业到底能在预制菜产业中走得多远。湖南工业大学先进包装材料研发技术国家工程中心教授袁志庆提出：“要通过对预制菜行业的管理，有效提高行业自律水平，为消费者提供更有保障的产品。”

面向世界：“粤味巨舰”再起航

预制菜大会闭幕了，余韵仍旧绕梁。

3月10日，预制菜出海高质量发展座谈会紧锣密鼓组织了海关、农业部门以及相关企业开了个内部会议，探讨预制菜出海的现实路径。

中国预制菜市场的巨大增量，必然在海外。

胡润现场发布中国预制菜生产企业百强榜单

首届中国国际（佛山）预制菜产业大会，国际化元素属实不少。除了全球客商以外，签订预制菜国际合作协议，成立预制菜出海产业联盟；举办预制菜出海论坛等。而最引人瞩目的，当是胡润研究院在开幕式上发布的《胡润中国预制菜生产业企业百强榜》。

“发布榜单的初衷是鼓励创业、鼓励价值创造。”胡润百富董事长兼首席调研官胡润说，希望可以通过榜单让更多人关注、参与预制菜赛道，培育农业行业的“苹果”。

早年新希望集团的刘永好兄弟上榜胡润百富榜的首富，堪称农业奇迹。如今，“新生”的预制菜产业产生了专属榜单，再度让行业震撼。这是让海外市场更多关注中国预制菜的吸睛点，也是中国预制菜大步“出海”的趋势性机会。

广东预制菜产业北美中心理事长林飞表示，“加拿大3800万人口消费能力很强，很多商品的价格就是中国的5倍。且加拿大提倡多元文化，华人占比多，饮食文化保存得很好。”此前他推动中国广东特色农产品（预制菜）品鉴交流活动落地加拿大多伦多，加拿大总理还特地为此发来贺信，海内外媒体积极报道。

以广东为例，在近两年主动融入RCEP“国际朋友圈”的实际行动中，广东农产品进出口规模再创历史新高，跃居全国第一。海关总署广东分署公布数据显示，2022年，广东进出口农产品3301.8亿元人民币，同比增长28.1%，出口1157.7亿元，增长69.1%。经广东口岸出口预制菜310.4亿元。

紧抓当前全球产业结构和布局调整过程中孕育的新机遇，抢滩出口，成为预制菜产业发展壮大的另一条光明路。

（作者为南方农村报记者）

广东“预制菜十条”公布

2021年11月19日，广东省预制菜产业发展大会暨现代农业与食品战略性支柱产业集群工作交流会上，广东省农业农村厅发布了推动广东预制菜产业发展的十条政策措施。

一、创建理论研究高地。搭建政企产学研合作平台，鼓励有条件的科研院所与企业深度合作，开展预制菜全产业链研究，加大对预制菜研发的支持力度，营造良好理论研究氛围，引领推动广东预制菜产业发展。

二、提升产品质量标准。严把预制菜产品质量安全关，鼓励权威认证机构开展自愿性认证，指导完善预制菜产业链标准体系、质量管理体系和知识产权管理体系，推广先进质量管理方法，提升预制菜产品整体质量水平。

三、创设预制菜产业园。坚持集约化、规模化发展预制菜产业，探索建设预制菜产业园，扶持一批预制菜先行先试企业，奖励预制菜发展先锋企业，发挥示范引领作用。

四、培育预制菜经营主体。建立激励考核机制，坚持省市联动，在全省现代农业产业园、一村一品示范基地、“菜篮子”基地、农产品出口示范基地、农业贸易高质量发展基地中遴选优秀经营主体，实施专项培育。

五、培育专业领军人才。鼓励有条件的地方在安家补助、租房补贴、科研配套经费、重大项目申报、科技成果转化、专业技术职称评定等方面，对预制菜产业领军人才给予多重保障。推动建设预制菜人才实训基地，支持各县市（区）培育预制菜产业专业人才。

六、扶持预制菜联盟发展。通过政策支持、信用管理、投融资优惠、平台推广等方式，多措并举降低联盟企业建设运营成本，提升服务质量。支持预制菜联盟开展吸纳优秀成员、统一行业标准、制定行业守则、引导行业良性发展等系列工作，激发市场主体创业创新活力。

七、强化金融保险服务。落实减费让利政策措施，提升企业金融服务能力，扩大首贷和信用贷款覆盖面，加强保险保障，推动金融保险与广东预制菜产业有机融合，为产业发展注入源头活水，提供保障支撑。

八、打响广东预制菜品牌。统筹用好相关资金，建立公共服务平台、品牌推介服务平台，培育广东预制菜知名品牌，推动预制菜产品走进千家万户。

九、评选行业先锋人物。探索典型先锋人物助推广东预制菜发展新路径，支持评选一批行业先锋人物。

十、建设预制菜线上家园。依托“保供稳价安心”数字平台，推动预制菜线上专区健康发展，探索执行专区准入退出机制，确保产品品质。

发展预制菜产业，抓住乡村振兴“牛鼻子”

◎ 戴弯弯　喻淑琴

湛江：充分对接国际国内两大市场

何嘉旻
湛江市副市长

湛江有发展中央厨房和预制菜产业的先发优势和产业基础，已初步形成了农产品从初级加工到精深加工发展的全产业链，农产品加工企业2000多家，年加工能力100万吨，农产品加工转化率达60%。湛江具备天然深水良港和完备的畜禽肉、水产品、蔬果冷链物流渠道和发展预制菜产业雄厚的科创能力和人力资源。

湛江预制菜正蓬勃发展，其中：正大集团在湛江实现农工商贸一体化发展；国联水产升级自动化智能化加工技术；恒兴集团加大对水产食品新菜式、预制菜、半成品菜及休闲食品的研发力度；金岭糖业开发的粤悦煲仔饭已经在京津和华东地区建立连锁店100多家，深受办公室一族的青睐。

湛江将全力支持在吴川、徐闻建设农产品食品化加工园区，在麻章建设对外开放合作试验区和麻章农海产品交易中心，在遂溪建设电商物流（粤西）配送中心；以龙头企业打造淡水渔业全产业链为基础，推动淡水养殖加工集群化、营销品牌化、产业数字化，努力打造广东农产品食品化工程的“吴川样板”；成立湛江农产品食品化工程—中央厨房（预制菜）联盟；开展预制菜产业“12221”市场体系建设，培育中央厨房（预制菜）十大百强品牌，将湛江特色预制菜销往全国各地甚至全球。

肇庆：全力创建省级预制菜产业园

杜敏琪
时任肇庆市委副书记

肇庆作为广东传统的农业大市，具有发展预制菜产业的良好基础和综合优势。肇庆创建了12个省级农业产业园，粮食、蔬菜、水果、畜禽、水产等产业规模和产量位居全省前列，预制菜上游原材料种类齐全、量大质优。拥有"中央厨房"各类预制菜企业26家，2021年前三季度实现营业收入17.98亿元。正在建设的粤港澳大湾区怀集绿色农副产品集散基地、广宁"菜篮子"配送分中心、肇庆水产品交易市场、省供销社天庆冷链物流产业园等重点项目，将于2022年全部建成投入使用。此外，肇庆还将建成农产品田头冷库容积8.9万立方米、产地冷藏保鲜设施78个，产地冷链网络进一步完善。

肇庆市已规划在高要区建设预制菜产业园，该项目紧邻广昆高速白土出入口，距肇庆市区约11公里，距珠三角枢纽（广州新）机场约17公里，现成交通条件便利。项目规划范围3300亩，可利用用地面积1600亩，其中600亩为已征收并有建设用地规模，拟建设预制菜加工区、配套产业区、休闲渔业区3个产业发展区，以及综合服务区、冷链物流区、能源供应区3个配套服务区，预计建成后总产值达80亿元，年税收达3.5亿元。当前，全面摸排在和肇庆洽谈中的相关企业，引导入园建设或增资扩产，全面梳理省内外预制菜产业链龙头企业，加快开展上下游企业招商。

潮州：打造大湾区国际"预膳房"

崔建军
潮州市委副书记

民以食为天，食以味为先。食在广州，味在潮州。潮州菜历史文化悠久，菜品种繁多，驰名海内外，被誉为"最好的中华料理"。

潮州市将抓住品牌机遇，紧跟消费者快捷生活方式和饮食习惯变化，适应新物流销售模式，构建优质周全的食材供应链、体系完备的产业价值链、高效便捷的物流服务链和蕴藏活力的市场需求链"四链"，推动潮州农产品食品化，食品工业化，潮州菜中央厨房潮流化"三化"，促进三产融合，建设完整的中央厨房（预制菜）产业链，打造大湾区国际“预膳房”，让最好的中华料理“潮”起来。

发展中央厨房（预制菜），万亿蓝海千帆竞发。潮州市拥有七大优势助力潮州预制菜跑赢央厨赛道：一是深厚的美食文化底蕴，潮菜烹饪技巧已被列入《国家级非物质文化遗产名录》；二是强大的原材料供给基础；三是良好的仓储保鲜冷链运输基础；四是成熟的科技支撑体系；五是食品生产加工产业集群优势，全市共有1000多家食品企业，庵埠镇更是被誉为“中国食品第一镇”；六是厨房设备加工制造产业集群优势，被誉为“中国不锈钢制品之乡”的彩塘镇，每年为全国乃至世界供给大量的抛光厨餐具，是央厨产业设备的重要硬件支撑；七是食品印刷包装产业集群优势。潮州市将充分利用这七大优势，释放潮菜中央厨房（预制菜）新动能，走一条具有潮州特色的央厨产业振兴道路。

潮州已有饶平县盐焗鸡产业园、饶平县水产产业园等7个省级现代农业产业园，正积极申报中国潮州菜中央厨房产业园等4个省级特色产业园和相关功能性产业园，同时也已有一批初具规模的潮州菜中央厨房企业。

潮州市将精耕“七个一”路径，当好潮菜央厨产业经纪人。包括组建一个项目专班，统筹潮州菜中央厨房（预制菜）产业全局规划和推进工作；成立一个产业联盟协会，聚集产业资源，做好对接协商，搭建交流平台；出台一个产业规划，高屋建瓴谋划产业全局；打造一个研发中心，让产业和科技紧密结合，让技术为“预膳房”保驾护航；搭建一个潮州菜产业互联网品牌平台，开拓销售渠道，创新营销手段；制定一系列产品标准，打响潮州菜品牌质量口碑，推动中央厨房（预制菜）产业高质量发展；扶持一批龙头企业上市，实现“抱团取暖”集群发展。

潮州：打造“最好的中华料理”

胡鹏
潮州市副市长

近年来，潮州市深入贯彻落实省委“1+1+9”重要部署，围绕打造“最好的中华料理”这一目标，抢抓大湾区加速发展有利契机，全力推动潮州菜中央厨房（预制菜）产业发展。坚持统筹要素有机整合，着力发挥潮州菜资源禀赋，拓宽发展模式和路径，大力发挥七大优势，包括美食文化底蕴优势、原材料供给基础优势、仓储保鲜冷链运输基础优势、科技支持体系优势、食品生产加工产业集群优势、设备加工制造业产业集群优势、食品印刷包装产业集群优势。

潮州市以广东农产品“12221”市场体系建设为抓手，搭建多元农产品销售平台，努力推动潮州“12221”市场体系建设不断向前发展。一是建立潮州菜中央厨房的大数据，以大数据指导生产和引领销售，推动仲恺农业工程学院、省农科院、众联中央厨房研究院相关食品企业开展数据库的构建研究；二是建设好两个市场，即在中国潮州菜中央厨房（预制菜）产业大会完善潮州产区市场，还要参加第六届中国国际食品及配料博览会，积极拓展大湾区销区市场；三是举办两场活动，即举办了潮州菜中央厨房推介会，潮州市农产品食品化工程中央厨房（预制菜）产业发展座谈会；四是产区产品走进大市场，潮州菜中央厨房产业代表企业海润集团、康乃金食品公司、波记食品公司等与媒体签订战略合作，为潮州菜（预制菜）产品进入大湾区销售和品牌建设增加新渠道。

广州市南沙区：致力打造大湾区预制菜产业发展高地

蒋志刚
广州南沙开发区管委会
一级调研员

南沙区作为广州市农业大区，现有种植面积近30万亩、水产面积超10万亩，是粤港澳大湾区重要的农产品供应基地。

南沙区从2010年就开始谋划发展预制菜产业，已成功培育预制菜生产企业和关联企业17家，现有真功夫、绿成、尚好菜等一批实力强、知名度高的预制菜企业，为超过6000家门店供应预制菜产品，预制菜产业年产值近30亿元。此外，凭借区位优势，阿根廷、乌拉圭和东南亚等国家和地区的牛肉、大米、水果等成为预制菜原料，全球大量优质农产品通过南沙辐射全国。

南沙区委、区政府正在完善政策扶持，制定“1+1+10”产业发展政策体系，吸纳和培育更多预制菜关联企业，强力推动预制菜产业链发展；打造高水平法治化营商环境，着力构建现代产业体系，积极发展战略性新兴产业，充分利用南沙“三区一中心”优势和预制菜产业发展基础，打造大湾区产业新高地；全面推进鱼菜共生4.0项目、立体化全产业链生猪养殖、育繁养现代渔业综合产业园、丝苗米产业园等一批重点项目建设；计划建设1个预制菜产业园（占地面积200亩），在保税港区建设农产品交易物流园区，积极为预制菜产业的集聚与发展提供配套服务和支撑。

汕头市澄海区：创建“澄海狮头鹅”特色优势中央厨房产业

张志军
汕头市澄海区副区长

按照“农+食”产业化发展思路，以狮头鹅为龙头创建特色优势中央厨房产业，澄海区中央厨房（预制菜）打造了知名卤味连锁品牌“物只卤鹅”，多点发力推动鹅品汇、恒源、海特、心瓷科技等中央厨房（预制菜）产业链企业融通创新，全面布局研发端、市场端、金融端和产业集聚发展端，加速抢滩国内外市场。

澄海区顺势而上，深耕预制菜市场。一是立足资源禀赋，高起点谋划产业布局，期待打造预制菜行业标杆。通过深入调查研究市场端的需求，澄海区先行开展农产品食品化工程，发挥澄海特色农产品澄海狮头鹅的优势，鼓励扶持龙头企业健全完善中央厨房模式，扩展预制菜全链条服务。二是织密产业园纽带，联动上下游发展。澄海区以现代化农业产业园为基石推动农产品食品化建设，积极创建省、市级现代农业产业园，培育、引导一批新型农业经营主体签约落户，立足区域，发挥聚合效应，共建中央厨房产业基地。三是强化“源头活水”，政企银媒“四手联弹”。

为推动中央厨房（预制菜）产业发展，澄海区出台了一系列产业扶持政策，营造良好营商环境，如《澄海区“政银保”合作农业贷款实施办法》，破解农业经营主体贷款难问题；创建农产品跨境电子商务综合试验区，为推动狮头鹅等农产品出口创造良好的条件，进一步开拓国际市场。

佛山市顺德区：擦亮“世界美食之都”金字招牌

吴楷钊
佛山市顺德区委常委

顺德区人民政府出台《顺德区实施产业链链长制工作方案》，实施产业“建链、强链、补链”行动，提出以“4+5”产业定位，在战略性新兴产业集群中专门提出发展现代农业与美食文旅产业。以“厨师之乡”为抓手，发展粤菜师傅工作室，支持龙头企业强强联合，加快形成引导产业发展的领军队伍。

顺德区水产养殖面积占15万亩，2020年淡水养殖年产量逾30万吨，产值近80亿元。顺德鱼畅销国内外市场，深受消费者欢迎，顺德鳗鱼更列入了国家级农产品地理标志。顺德正在打造顺德粤港澳（国际）食品智造园、中央厨房，逐步形成“现代农业+美食文旅”全产业链。在产业的带动下，品珍鲜活、顺德均健现代农业科技公司、新雨润食品公司等预制菜企业打响了顺德粤菜师傅名片，深度开发广东新农业产业链，创建预制菜行业的头部品牌，为乡村振兴和消费升级作出贡献。

顺德区要全力打造顺德粤港澳（国际）食品智造园，大力实施城市营销战略，推进顺德食品智造、预制菜餐品升级、农业高质量发展，打造现代养殖、加工、线上电商交易平台、跨境电商展贸平台集聚一体的顺德美食产业新链条，进一步擦亮顺德“世界美食之都”的金字招牌。

佛山市南海区：发展水产品预制菜独具优势

徐永强
佛山市南海区副区长

佛山市南海区2021年前三季度全渔业总产值33.41亿元，有农业龙头企业51家、农民专业合作社64家、省级现代农业产业园2个，规模农业蓬勃发展。作为传统水产养殖主产区，原材料丰富、流通网络发达、食品加工技术领先等因素让南海区发展水产品预制菜独具优势。

政府高度重视，结合南海水产资源优势，积极发展中央厨房水产品预制菜产业，延伸产业链，提升价值链，打造供应链。政府还立足市场发展态势，及时传达相关政策精神和行业信息，引导企业向农产品食品化方向发展，何氏水产蹦蹦鱼、勇记水产臭鳜鱼、鱼兴港水产一宵鲈鱼鲜等预制菜顺利推出市场。政府还出台《南海区农业龙头企业认定与管理办法》，并组织有关企业参与培训、研讨、展销活动超30场次，提升预制菜产品知名度、竞争力和影响力。

南海区聚焦质量标准提升，增强行业核心竞争发挥食品行业协会和食材配送协会专业职能，研究制定预制菜标准体系，强化科技和政策支撑，推动产学研对接合作聚焦特色品牌创建，拓宽市场宣传销售渠道，打造一批地方特色预制菜品牌。南海区还聚焦专业人才培育，强化人才队伍支撑，推进“广东技工”“粤菜师傅”等培训工程，鼓励院校与预制菜产业精准对接，提升从业人员生产、管理、销售技能。

云浮罗定市：力争两年内实现10亿以上流通体量

唐民应
罗定市副市长

近年来，罗定市委、市政府确立“农业立市、工业兴市”的施政方向，给农业产业插上了翅膀，全市农产品生产加工流通呈蓬勃发展趋势。罗定特色农产品如稻米、豆豉、黄鸡、鱼腐、鱼丸、豆制品、肉桂等，原料丰足，品质优良。以罗定金津食品有限公司为代表的企业，率先发起建设运营三产融合产业园，探索在新时期市场需求下的产品形态，充分发挥“粤菜师傅”工程的作用，把罗定市的优质农产品进行组合预制，为地方发展中央厨房预制菜产业创造了良好机遇和条件。罗定市力争在两年内实现10亿以上的流通体量，五年内打造百亿元集群产业链。

罗定市将大力鼓励农业企业发展预制菜产业，探索农产品食品化路径，全力推动新菜篮子工程、新食品安全工程、新生活和新厨房革命，加速地方三产融合，助力乡村振兴。一是促进农产品深度加工，提高附加值。通过对农产品种植和养殖、农产品深加工、物流配送、产品销售等关键环节有效打通，从而实现“从田间到餐桌”的全产业链贯通，大大提升产业的附加值，走出一条产业可持续发展、高质量发展之路。二是推动现代农业产业体系建设，带动农民增收。通过打造本地特色化产品及产业园区，建立品牌形象，除了提供中央厨房预制菜原料，还能吸引游客，打造丰富的乡村旅游产业融合发展路径，带动当地农业增效、农民增收。三是推动农业高质量发展，建设智慧可溯源体系。

罗定豆豉鸡产业园整合了从农田、车间到餐桌全流程的生产流通数据，产品流通清晰化，实现信息共享，形成闭环管理，是罗定豆豉鸡产业园中央厨房预制菜产业秉持的食安理念和实践。

吴川：将罗非烤鱼打造成湛江的“螺蛳粉”

庞晓冬
吴川市委书记

广西螺蛳粉实现百亿元产值，创造了火爆的“顶流神话”。吴川同样有条件、有基础、有潜力，将罗非烤鱼打造成为湛江的“螺蛳粉”。

吴川水域开阔、水质上乘，产出的罗非鱼肉质鲜美，为烤鱼产业提供了得天独厚的自然条件和广阔空间。吴川市有上规模的淡水养殖户610多户，2020年罗非鱼产量超10万吨，年产值超8亿元，为烤鱼产业提供了坚实的物质条件。

从20世纪初起，吴川淡水鱼产业已从单一养殖产业转变为深加工产业。以切片加工、冷藏等技术处理的吴川烤鱼，实现了从原始食材到预制菜品工业化量产，从“养殖”到“餐桌”的转变。吴川烤鱼已经深度布局国内餐饮、流通、商超、电商等市场，遍及全球40多个国家和地区。

吴川烤鱼产业基础扎实，市场潜力巨大，给罗非鱼打开了新的价值空间和市场空间。常态下，罗非鱼原料鱼塘头价为3—5元/斤，烤制加工后价格能提高6至7倍，开辟了农民致富增收的新路径。

农产品原料质量的好坏，直接影响到预制菜产品的优劣。为保证吴川烤鱼的优良品质，吴川市大力推广生态健康养殖，建立从池塘到餐桌的质量安全可追溯制度，提高养殖产能，为吴川烤鱼提供源源不断的优质原料。

近年来，吴川市全面落实产业化龙头企业扶持政策，大力培育淡水养殖产业化龙头企业，其中规模最大的世界级水产龙头企业是湛江国联水产。其坚持智能化、数字化改造，推出两大明星产品“麻辣风味烤鱼”和“蒜香风味烤鱼”，颇受市场欢迎。接下来，吴川烤鱼将以安全、优质、健康的产品理念，打造央厨精品，抢跑万亿赛道。

为进一步擦亮“吴川烤鱼”品牌，吴川烤鱼入驻广东农产品“保供稳价安心”数字平台中央厨房线上专区。同时还通过短视频平台打造创意话题传播，不断丰富“鱼”文化，讲好“鱼”故事，做好“鱼”文章，全方位、多层次、立体化推广吴川烤鱼，使之成为现象级区域公用品牌。

吴川市将继续强化统筹协调，构建吴川烤鱼“12221”市场体系及政策支持体系，打通上升通道，加快吴川烤鱼区域公用品牌建设。通过市场主体，扶持吴川烤鱼中小微企业发展和打造优质产销集群，让吴川烤鱼走出广东、走向世界，建设成为“粤字号”农业知名品牌。

依托广东百万农民线上培训工程，吴川市组织互联网市场人才培训班，培养起烤鱼产品电商人才。借助媒体平台更深、更广的传播价值，提升吴川烤鱼在粤港澳大湾区、全国乃至全世界的品牌知名度、美誉度。

（本文为南方农村报记者根据广东省预制菜产业发展大会发言整理）

预制菜产业赛道上的多方角力

◎ 喻淑琴　许俊仟

艾媒咨询发布的《2021年中国预制菜行业分析报告》显示，2019年，中国预制菜市场规模约2445亿元，其中企业市场为1956亿元，个人市场489亿元。2021年，中国预制菜行业规模预估为3459亿元，同比增长18.1%。预计未来中国预制菜市场保持20%左右的增长率高速增长，2023年预制菜市场规模将达5165亿元。

近年来预制菜赛道成为企业的必争之地。根据观研报告网发布的《2021年中国预制菜行业分析报告》，2011年，全国预制菜企业注册量为1796家；2020年，这个数字变为1.25万家，注册量达到十年之最。

看看广东，截至2021年4月底，广东在业存续的预制菜相关企业共有5369家。其中，以国联水产、恒兴水产、正大集团为代表的一批广东省龙头企业，也加入预制菜产业市场的“争夺大战”中。

餐饮与零售行业成“跨界玩家”

预制菜并非新鲜事物，中国在2000年左右就已经出现半成品菜的生产企业。近两年，预制菜企业爆发式增长并进入消费者视野，迎来发展新风口。据调查，这一赛道上的“选手”形形色色，主要包括专业预制菜生产企业、餐饮企业、电商平台、新零售企业、商超便利店等。

专业预制菜生产企业是赛道上的主力军，在地区分布上也呈现出一定特点。长三角地区经营模式以加盟连锁为主。如被称为“预制菜第一股”的味知香，是江苏苏州一家半成品菜肴供应商。数据显示，2018—2020年，味知香加盟店数量分别为440家、801家、1117家，同比分别增长658.6%、82%、39.5%。珠三角地区以批发流通为主，如厨卫、三煲等企业；而福建的绿进食品、亚明、易太等企业则在积极开拓企业餐饮客户，企图在赛道上分得一杯羹。

大型餐饮连锁品牌扩充渠道版图，“中央厨房+预制菜”成为不少餐饮连锁品牌不约而同的选择，预制菜以零售的形式送到个人消费者手中，迈入“餐饮零售化”的赛道。据中研网统计，连锁餐饮行业的中央厨房在2018年渗透就已达到72.4%。例如，海底捞推出的半成品菜“开饭了”系列产品，已在海底捞App等多个电商平台上推出；西贝筱面村的“贾国龙到家功夫菜”体验店相关业务也成为未来十年企业盈利增长的主力军。

各大电商、新零售、商超平台也开始“跑马圈地”。盒马鲜生旗下的品牌盒马工坊，主要销售熟食、半成品、面点、时令点心等，成立仅四年，月成交额已破亿，还与不少知名餐饮品牌玩起了“跨界合作”，联合开发预制菜；口味丰富的半成品食材汤也在各大“7-Eleven”商店货架上随处可见。凭借“最后一公里”的优势发展，也是预制菜销售的重要渠道。

预制菜的“全民关注点”

预制菜是否新鲜、安全，是最受消费者关注的问题。从加工到出售，预制菜成品时间较长，在生产和运输过程中涉及冷冻冷藏环节，在食品保鲜乃至安全等方面存在较多风险点，对冷链运输的要求也相对较高，需要完善的预制菜质量安全标准以及生产检测体系。

我国幅员辽阔，各地区饮食口味差异明显。特别是口味清淡的菜品，对食材新鲜度的要求更高。而预制菜企业大部分都是生产制造型企业，出于成本与便捷性的考量，集中化采购、集约化生产、标准化操作和管理是这类型企业的最大特点，因而难以满足消费者多样化、个性化的口味。此外预制菜的包装和加热形式也是卖点。

技术成为“破局”的关键。“狮头鹅从鹅苗、饲养，到卤制加工都有一套很成熟的产业链，通过液氮保鲜技术迅速地把食品的新鲜和营养锁住，使产品的质量口感大大地提高。”海润有限公司相关负责人表示，随着技术的不断提升，不少餐饮企业都会采用急速冷冻、液氮锁鲜技术处理食材，最大化保证食品健康安全。

广东省农业科学院聚焦于预制菜果蔬、粮油、畜禽、水产等原料和成品的加工，为广东100多家预制菜中小企业提供技术支撑服务。仲恺农业工程学院突破技术堡垒，重点加强预制菜产品重大共性关键技术创新，在教育、科技、产业、资源四个方面与企业达成战略合作协议。业内人士认为，构建完善供应链以及强大的冷链体系，加大相关技术培训，还原食材本味，都是产业发展的重点环节。

政策出台为预制菜“开路”

近年来，在国民收入水平总体上升的背景下，各地预制菜产业发展与居民消费水平息息相关。

国家统计局数据显示，近年来，在预制品行业的六大主要发展地区（上海、安徽、广东、江苏、河南、山东）中，社会消费品零售总额大体上呈逐渐增长的态势。广东省社会消费品零售总额稳居第一，浙江省和江苏省作为沿海地区也不甘落后，上海市虽然排在最后，但考虑到人口基数较小，再加之一线城市旺盛的消费力和购买力的加持，其实力依然不容小觑。

各地的餐饮收入近五年的表现也是劲头十足，尤其是广东，2019年，全省餐饮收入高达4307.23亿元。人均消费水平提高，饮食结构升级，餐饮开支增加，为预制菜消费提供了经济基础。

国家相关部门出台了一系列产业扶持政策。2021年12月，国务院办公厅发布《“十四五”冷链物流发展规划》，提出完善冷链物流基础设施网络，推动冷链运输技术装备升级，打造一批具有较强国际竞争力的综合性龙头企业；并明确到2025年，初步形成衔接产地销地、覆盖城市农村、联通国内国际的冷链物流网络。上海、浙江、福建、山东、江苏等多地政府对冷链物流相关政策意见的出台也非常密集，对冷链物流建设发展密切关注。

锅圈食汇是2017年成立于上海的一家预制菜企业，其主打的消费场景为“在家吃饭的家庭餐桌”，锅圈食汇不仅生产预制菜，还将对应的配料和锅具也纳入产品提供类别中，在社区餐饮中已建立其“在家吃饭，就锅圈”的消费认知。作为社区餐饮数字化零售的新物种，锅圈食汇已在全国拥有超8000家门店。

福建实施促进闽菜繁荣三年行动计划，提出了“做强闽菜大产业，畅通闽菜大物流，建设闽菜大市场，服务闽菜大民生，打造闽菜产业全链条”的“四大一全”总体要求。由于预制菜的生产和运输具有延伸产业链条、打破地域限制等优势，发展预制菜产业成为推动闽菜标准化、规模化、集约化发展的有效招数之一。

成立于2020年的家庭便利食材超市三餐有料成为福建省预制菜领域的后起之秀。三餐有料母公司为厦门禾苗优品科技有限公司，是“冻品在线”平台独立孵化的新零售公司，该集团被称为国内领先的冷链食材供应链B2B平台。三餐有料的受众定位于以“80后”“90后”“00后”为主的新家庭，主打“3分钟做大餐”的半成品方便菜。福建省内数十家社区连锁门店、写字楼、公寓的24小时无人自助智能柜已成为三餐有料的终端零售渠道。

奔着共同富裕的美好愿景，广东近半年来全力推进预制菜产业发展，推出了预制菜产业高质量发展模式的十条政策措施，希望推动当地预制菜的发展，鼓励企业构建集研、养、采、产、销一体化的产业链条，促进农产食品化工程建设，全面加速农产品食品化工程建设。在政府的大力推动下，广东各市县、企业、媒体平台干劲十足，在节庆期间推出一系列营销活动。其他省市也加快了预制菜推广的步伐，北京、上海举办国际预制菜产业展览会亦已在计划之中。

（作者为南方农村报记者）

第五章

识局

理性分析

农产品市场体系建设推动加快形成农业新发展格局

◎ 张玉香

习近平总书记在中共中央政治局会议上提出，加快构建以国内大循环为主体、国内国际双循环相互促进的新发展格局，农产品市场的循环畅通是国内国际大循环的重要组成部分，强化农产品市场体系建设对于搞活国内循环，推动国内国际双循环相互促进，以国内大循环引领国际循环，都具有重要意义。

广东省委、省政府高度重视“三农”工作，认真贯彻中央决策部署，立足“双循环”新发展格局，从新时代要求出发，创新打造了广东农产品“12221”市场体系，从优化产业结构、拓展流通渠道、打通加工链条、重塑品牌形象、加强应急体系建设等方面多管齐下，出台一系列措施，取得了突出成效，探索出了一套可复制、可推广的成功模式。广东农产品“12221”市场体系从市场端发力，构建出一套独特的农业生产、市场有效运行的系统解决方案，实现品牌打造、销量提升、市场引导、品种改良、农民致富等一揽子目标。内涵丰富，举措出新，推进广东农产品“12221”市场体系建设，有利于形成以国内大循环为主体，构建国内与国际农产品交互联系与沟通的新机制，是加快形成农业新发展格局的重要基础。

数字农业是促进农业现代化的有效途径，是我国由农业大国迈向农业强国的必经之路。广东率先提出数字农业农村建设，广东农产品“12221”市场体系通过建立一个以空间布局、数量规模、品种结构、质量级别等指标为核心，以集农业生产、加工、物流、市场、销售于一体的全产业链大数据服务平台，将大数据技术与农业生产、经营管理、服务有效融合，推动传统农业向数字化农业转型升级，以数字科技为主力，提升农业农村信息化水平。

产销精准对接，市场方能流通。立足双循环，广东推进农产品“12221”市场体系建设，有效帮助农户与企业搭建产销对接平台，打造规范统一的市场环境，解决“买难卖难”问题，建立高效便利、畅通有序的产品流通体系，拓宽农产品销售半径，开拓农产品销售渠道，助力农产品走出营销困局。

文运同国运相牵，文脉与国脉相连。立足双循环，广东推进农产品“12221”市场体系建设，大力开展特色优势农产品品牌宣传推介及品牌运营项目，引领多渠道整合资源，加速布局农业品牌阵列，赓续农业根脉，以文化为农产品品牌铸魂，让农产品既有品牌的面子，更有文化的里子。

广东农业资源丰富，产业特色突出，拥有诸多区域特色明显、国际竞争力强、文化底蕴深厚的农产品品牌。近年来，广东不断创新农业省际区域交流合作模式，深入开展粤陕合作、粤鄂合作等，不仅激发了市场升级活力，有效促进了合作省份农产品的产销衔接，更重要的是，促进合作省份越来越多农产品融入大流通、大循环互动联动，实现农产品在更大规模上进行小生产与大市场的有效对接，也是促进农业高质量发展、助力乡村振兴的又一个创新之举。

广东全省上下大力推动品牌打造提升，梅州柚、大埔蜜柚、徐闻菠萝、高州荔枝等一大批“粤字号”品牌享誉全国，驰名世界。广东省农产品“12221”市场体系建设，是广东农业着力抓好市场端，以市场倒逼产业发展的一大创新举措，也是广东菠萝、荔枝等一系列“粤字号”农产品成功“出圈”的密码。广东农产品“12221”市场体系建设是新时代农产品市场体系建设深入探索和实践的成功经验，在全国具有重要的引领和导向作用。

2021年是“十四五”开局之年，也是全面推进乡村振兴的关键之年，发展乡村产业是促进乡村振兴的根本所在，而建设现代农产品市场体系，是发展乡村产业、推动巩固拓展脱贫攻坚成果同乡村振兴有效衔接的重要途径。中央一号文件强调，要推进公益性农产品市场和农产品流通骨干网络的建设。按照中央要求，新时期市场体系建设深入探索实践，我们认为要在以下几个方面进一步下功夫。

整体提升市场体系建设水平。一是要发挥好市场导向作用，进一步提升农产品源头质量，要坚持农业高质量发展目标，推动品种培优、品质提升、品牌打造和标准化生产，推进全程质量安全追溯体系建设，提高农产品质量安全水平。二是要创新现代流通方式，进一步提高流通效率，加快推进智慧农批建设，推动农业产业链数字化升级，促进线上线下融合发展；完善消费末端配送基础设施，打造农产品流通新业态、新模式，进一步挖掘产业链新动能，培育农产品供应链新业态和新主体。三是要通过多种形式推进产销精准对接，进一步突出实效，充分利用各类展会、产销对接会、推介会等营销模式，并借助大数据、电商、移动互联网等现代传播途径，拓宽营销方式和渠道，进一步构建长期稳定的利益连结机制，推动市场流通主体同产区共建共创生产基地，共享共赢市场利益，实现融合互动发展。四是要强化品牌引领，进一步带动全产业链优化升级，强化科技支撑，打好种业翻身仗，以科技支撑品牌培育打造，共同讲好中国农业品牌故事，提高公众对品牌的认知度和美誉度。在这些方面，广东都有许多的新鲜经验。

2021年是建党一百周年，百年恰是风华正茂。在新的时期我们希望准确把握新发展阶段，深入贯彻新发展理念，加快构建新发展格局，立足特色农业资源禀赋，厚植传统文化精髓，融汇历史文化内涵，打造农业知名品牌。广东仍将进一步推进农产品“12221”市场体系建设，整体提升农业多种功能，健全农业营销体系，深入探索更多可供全国借鉴的新经验，在促进农产品大流通、大循环中发挥重要的引领作用，为全面推进乡村振兴、加快农业农村现代化作出新的积极贡献。

（作者为农业部原党组成员、国务院参事室特约研究员、中国农产品市场协会会长）

“12221”有利于破解“增产不增收”难题

◎ 王微

近些年，我国农业生产发生了一个重要的变化，就是从过去分散的一家一户式的生产方式，逐步走向集中化、规模化、组织化。广东农产品“12221”市场体系与我国农业生产、农产品市场的巨大变化有着密切的关系。

在冬春季，广东、海南、云南、广西等地区的果蔬成为销往北方地区的主力军，这就使得这些省份面对全国市场。广东是我国“南果北运”的重要省份，特别是广东的热带水果、蔬菜等鲜活农产品面临着市场考验。

在这种形势下，单靠小农户难以对接上大市场，也就很难稳定地提升农民的收入。广东农产品“12221”市场体系在市场销售方面的创新，有利于破解“增产不增收”这一长期性难题。

过去很多年里，中国老百姓对食品的需求主要是吃饱。如今，吃饱的问题已经基本解决。现在老百姓对食品的消费需求，已经从“有”转向“好”，除了要有质量、有营养、有保障，同时追求“新”，这种新在于新鲜程度，也在于新奇体验。

水果消费正是顺应这一需求，菠萝、荔枝、芒果等热带水果越来越成为全国热销的农产品。过去，水果保质期短，家庭小农户难以对接全国大市场，成为“南果”行销全国的最大制约。

如今，在广东农产品“12221”市场体系的助推之下，让规模化种植的高品质水果，在冷链、电商等因素的加持之下，畅销全国。这是进入新的发展阶段后，适应我国农业生产方式变化，以及人民群众对美好生活新要求的一个很重要的创新做法。

从市场角度出发，这一做法也有很强的创新意义。这一体系将生产、市场、创新、文化等诸多要素进行了整合，把农业生产推向现代化，也把地理品牌培育成有特色、有品质的现代化农产品。也就是说，在方式上和质量上，都进行了提升。

这一做法更好地用市场来配置资源，实现需求引导生产，生产促进需求，实现更高水平的产销动态平衡。具体来说，广东将市场信息、市场需求带入产区，产区可以按照要求来组织生产，促进了产区农产品标准化、品牌化的生产，更好地适应市场的变化。不光是输出了产品，也将地方特色、地方文化、地理品牌输入到大市场中。

广东长期以来引领改革开放风气，勇于创新、勇于探索。广东农产品“12221”市场体系的创新既需要这种创新的氛围，又需要有对市场变化的敏锐捕捉。这一探索是现代农业产业链打造过程中必不可少的环节，也是全国探索的新趋势。可以说，广东的做法得到了市场的极大肯定，给农民带来了获得感。

（作者为国务院发展研究中心市场经济研究所所长）

农业高质量发展需要打造地域农产品品牌

◎ 徐祥临

广东省推进农产品“12221”市场体系建设，取得了显著成绩。在这个过程中，农产品品牌创建活动在广东各地普遍受到重视，应给予高度评价。对这个问题，我一直比较关注，借此机会发表一点看法。我的核心观点是建议广东省高度重视打造好农产品地域品牌。

我们发展社会主义市场经济几十年了，商品供应过剩现象早已司空见惯。在这样的市场格局中，大家都明白品牌在市场经济竞争中的重要性，那就是有品牌的商品不愁卖，过剩的总是大路货。这是因为品牌这个概念主观性很强，它意味着某种商品或服务在消费者心目中的美誉度和信任度，消费者尤其是中高收入人群都愿意为品牌商品付钱。消费者讲究品牌，也是经济高质量发展的具体表现和动力。

农产品市场历史最悠久，也是非常讲究品牌的。皇帝皇后都曾经是消费名牌农产品的带头人，如“妃子笑”，据说就是唐朝杨贵妃帮广东打出来的名牌农产品。

农产品品牌有一个区别于其他商品的特点，就是与地域名称联系特别紧密，比如某某地方的茶叶、某某地方的大米，广东也有徐闻菠萝、清远鸡、遂溪沙虫、英红九号等。有些我亲口品尝过，味道好极了。农产品品牌是否响亮，从长期看，主要取决于口味。而同类农产品味道有差别，主要是由地理、气候等条件决定的。大家都知道，自古就有“橘生淮南则为橘，橘生淮北则为枳”的名句，说的就是这个道理。

地域农产品品牌响不响，最终取决于消费者的选择，但在打造和维护农产品品牌的过程中，政府的作用是非常重要的。这里所说的地域，就是指行政区划。大家看地图容易发现，行政区划边界都是曲里拐弯的，那正是山川河流等地理因素决定行政区划的结果，这说明行政区划与农产品生产环境高度契合。所以，打造和维护农产品地域品牌的第一责任方是地方政府。但现在国内农产品市场竞争中存在一个非常不好的现象，就是假冒某地名牌的农产品充斥市场，而出产名牌农产品的地方政府则听之任之，有些地方领导干部竟认为搞市场经济就只能这样。这是错误的。这些行为不仅明目张胆地损害了消费者的权益，败坏了市场风气，更损害了某地实际生产优质农产品的农业生产经营者的权益，让利润流入了奸商的口袋。

我建议广东省在打造本地农产品品牌的过程中，注意抓好以下几个环节：

一是从解决农业化学品残留超标的基础性工作做起。在传统农业时代没有化肥农药，不存在这个问题，但现在这已经成为打造农产品地域品牌首先要解决好的基本问题。关键是防止不合格农业化学品流入本地农资市场，并在此基础上，发挥农业科技人员作用，指导农业生产者尤其小农户，科学地、合理地使用农业化学品，从生产源头上控制好农产品质量，让人吃得放心。在这方面，我国农产品出口第一大县（级市）山东省安丘市创造了“农产品质量安全区域化建设”的好经验，可以相互借鉴。

二是建设好农产品销售物流系统。广东农产品“12221”市场体系建设已经在这方面做了大量工作，取得了很大成绩。围绕地域农产品品牌建设问题，我的建议是，经过物流系统销售的本地名牌农产品数量绝对不允许超过本地生产量，也就是绝对不允许外地农产品假冒本地名牌农产品进行销售。对于外地市场上假冒广东名牌的农产品，也要通过各种合法手段和渠道进行打击。

三是首先在本地消费者中培育本地农产品品牌信誉。广东省中高收入群体庞大，是打造本地农产品品牌得天独厚的市场条件。政府和农产品生产者、经营者首先要对得起本地消费者，也就是把本地优质农产品市场主动权牢牢抓在手里。

四是构建生产合作、供销合作、信用合作融为一体的“三位一体综合合作”体系。这是习近平总书记在浙江省工作时推动农村改革的重大举措，是对我国农民合作社体制的顶层设计，是市场经济体制下实现乡村组织振兴的制度保障。只有这样的农民合作社体制，才能保障农民尤其是小农户充分分享各个涉农经营环节的利润和附加值。具体来说，就是如果消费者花3元钱购买农产品，至少要让生产者获利2元钱的销售收入。只有这样，才能充分激发农业生产经营者打造并维护本地名牌农产品的内生动力。

【作者为中共中央党校（国家行政学院）经济学教研部教授】

“12221”提供了三个可供借鉴的经验

◎ 胡冰川

广东农产品“12221”市场体系，即推出“1”个农产品大数据平台，组建销区采购商和培育产区经纪人“2”支队伍，拓展销区和产区“2”大市场，策划采购商走进产区和农产品走进大市场“2”场活动，实现品牌打造、销量提升、市场引导、品种改良、农民致富等“1”揽子目标。2019年，广东省启动农产品“12221”市场体系建设。三年来，“12221”体系从1到N，逐渐向全省多个农业产业复制。

实际上，2018年徐闻菠萝出现大面积滞销现象，为了解决发展问题，广东省先后出台多个文件指导深化广东菠萝产业供给侧结构性改革，走产业高质量发展道路。为此，2019年启动了针对徐闻菠萝的“12221”行动，具体是指推出一个菠萝采购商数据，组建采购商和经纪人的两支队伍，策划采购商联盟走进徐闻及“徐闻菠萝”走出徐闻开展销区市场拓展的两场活动，建设产地和销区的两个市场平台，实现创品牌、扩销量、保质量、优品种、可追溯、促增收等“1”揽子成果。通过菠萝的“12221”行动，徐闻菠萝年产值从2018年的9.8亿元攀升至2021年的超18.3亿元，收获良好成效。

广东农产品“12221”市场体系通过三年的运行，从最初的系统化营销活动已经快速升级为高价值农产品的价值链体系。就政策自身发展而言，这与现代农业产业体系、生产体系、经营体系建设是高度吻合的。中国当前的农业价值体系大致可以分为两种，一种是以确保国家粮食安全为目标的政策价值体系，另一种是面向消费需要的市场价值体系。广东农产品“12221”市场体系在很大程度上实现了高价值农产品价值链的重构。

具体来看，广东农产品“12221”市场体系提供了三个可供借鉴的经验举措：

第一，大大拓宽了农产品的价值链，高价值农产品市场日益从区域价值链拓展到全域价值链。以前很多农产品可能更多地局限在本省或者某个短距离半径内销售，而在广东农产品“12221”市场体系的推动下，徐闻菠萝、高州荔枝等广东农产品已经远销到黑龙江、新疆、甘肃等全国各地，甚至出口到海外。

第二，在市场体系建设的同时，通过价值链对上游农业生产形成自发的质量约束，加之政府对农业生产的监督管理措施，从而形成农产品质量提升的双保险。例如，在上游通过让农户、合作社签订质量承诺书等方式提高农产品品质，中间通过使用大数据平台、组建采购商和经纪人队伍等各种方式，把产和销更有效率地对接起来。不仅如此，政府也通过广东农产品“12221”市场体系加强了相关产品的质量管控，与市场机制形成了良性互动。

第三，广东农产品“12221”市场体系自身发展路径从外部的政策建构走向内生的自然演化，不断根据实践需要吸纳新内容，使得市场体系建设实现市场价值与现代农业生产的融合。在现代农业发展方面，除了产业、市场、科技、文化的基础支撑，新技术、新品种、新装备、新模式、新营销、新农人“六新基地”和品牌示范基地建设也在不断丰富广东农产品“12221”市场体系，促进广东农业的高质量发展。

广东农产品“12221”市场体系三年的建设，很好地改善了产销对接不紧密、供需关系不平衡、利益联结不稳定等瓶颈问题；打响了一批“粤字号”农业品牌，使得如“徐闻菠萝”“广东荔枝”“梅州柚”“阳西生蚝”“惠来鲍鱼”“澄海狮头鹅”等一批“粤字号”农产品享誉全国，走出国门。显然，现有的广东农产品“12221”市场体系也不会止步于此。更为重要的是，我们希望通过现有农产品市场体系的不断升级，促进乡村产业振兴，带动农民共同富裕。

（作者为中国社会科学院农村发展研究所农产品贸易与政策研究室主任）

共同富裕背景下市场体系建设的价值

◎ 陈述

市场体系建设的核心在于有效市场和有为政府，政府管理应形成一种服务理念。当出现市场失效、农民组织松散、技术尚未配套等情况时，政府应挺身而出，这就是服务精神。广东农产品“12221”市场体系按照习近平总书记在庆祝中国共产党成立100周年大会上提出的“以史为鉴、开创未来，必须团结带领中国人民不断为美好生活而奋斗”要求，遵循人民至上的原则。

“从1到N”复制到多个农业产业，不仅在于从一个产品到多个产品，更在于从一个环节到多个环节。比如环节上的预制菜。预制菜从冷鲜到熟鲜，我们已经开始研究，但从熟鲜到热熟鲜，从热熟鲜到美味热熟鲜，将是我们下个阶段的研究方向。人们对美味的感受源自味蕾和情感的获取，预制菜发展为美味热熟鲜需要政府去牵头，联合相关专业人员共同研究。

一种美味和情感的感觉在一个情景里头呈现出来是完全不一样的。如果吃海鲜时播放海涛的声音，尤其是演奏世界著名萨克斯音乐《航行》的时候，整个美味过程用故事情节去呈现，会让人泪流满面。如同丹尼尔·平克在《全新思维》书中所言，在信息时代强调的是逻辑思维，在概念时代强调的是创新思维，创新思维有六大特点，就是设计感、娱乐感、意义感、故事力、交响力、共情力，即“三感三力”。也就是说，我们需要给人们享受美味的过程增添故事、赋予意义，比如辣椒炒肉菜式，如果配上河南的音乐，整个乡土的情节会跃然而上。把故事、情感、乡土、记忆带到城市地域当中，这是下阶段广东农产品“12221”市场体系建设从一个环节到多个环节转换的基本方向。

当前农产品的短板是规模、品质、集聚，推动农产品品牌建设，我认为要做好以下几个方面：一是要挖掘好故事，推动文化和旅游融合发展，让农产品更有价值；二是要通过研究院形式，推动农产品从美味到情感，到故事，到情景，到整个乡村振兴，将农民融入这个过程当中，实现农产品规模化、组织化；三是要对标国际标准，加强标准细化，推动农产品标准化进程；四是要抓好批发市场，重视娱乐属性，实现批发市场迪士尼化、公园化；五是要重视粤港澳大湾区中心市场，形成土地、人口、市场等要素的集聚，推动农产品高质量发展；六是要树立投行思维，用好涉农资金，实现工作项目化，广泛吸引社会资本，推动一二三产业的融合和农产品共享力的形成；七是要注重人才，聆听世界的声音，吸引全球人才助力农产品发展。

相信在下阶段，一个开放性、全球化、金融化的农产品“12221”市场体系将进一步助力我们全面推进乡村振兴，实现共同富裕的美好未来。

【作者为广东省委党校（广东行政学院）二级巡视员】

发挥农业品牌在乡村振兴中的引领作用

◎ 韩一军

如何发挥农业品牌在乡村振兴中的引领作用，应从以下几方面来看：

第一是深入认识乡村产业振兴。产业兴旺是我们乡村振兴五个总要求之首，产业振兴也是总书记说的五大全面振兴的一个基础。当前，我国农业农村面临多种变革，如老百姓消费升级、生物技术、信息技术、材料技术等，这些变革为乡村产业振兴提供了动力。我国已经解决了吃饱和吃好的问题，正在向一个营养健康的发展阶段转变。党的十九大提出了“实施健康中国战略”的号召，老百姓除了追求物质消费，也更加追求精神消费，农业由原来的生产功能增加了人文景观功能。农业产业拓展到乡村产业，比如现代种养业、加工流通业、休闲旅游农业，涵盖了乡土特色产业、乡村的新兴服务业、乡村的信息产业等，使得乡村产业的内涵和外延更加丰富。

第二是认识农业品牌发展。“品牌”一词来自古老的农业，古英语“Brand”，有烙印、灼烧的意思，为古代牧羊人区别牛羊之用，可见“品牌”本是为了区别，其大面积的使用可以追溯到16世纪欧洲手工业发展时期，在农业食品领域的运用是欧洲的葡萄酒，普通农产品的应用是在1893年的美国。从历史演变看，品牌是个复杂系统，需要工业思维的新鲜事物，过去品牌在工业、服务领域得到快速发展，而在农牧业领域发展相对缓慢。但不容忽视的趋势是，世界各国农产品包括食品领域的品牌作用也越来越大，我们国家过去四十多年来也是工业和服务业的品牌优先发展，农业品牌真正蓬勃发展其实是在过去三五年。2017年，我国将5月10日设为中国品牌日，并制定“品牌强农战略”，自此，农业品牌进入蓬勃发展期。

党的十八大以来，党中央、国务院高度重视农业品牌建设，总书记亲自指出要做好“特”字文章，加快培育优势特色农业，打造高品质、有口碑的农业金字招牌。近几年的一号文件连续关注农业品牌。2021年3月，农业农村部启动新“三品一标”提升行动，在国务院相关部委的领导下，农业品牌在全国出现全面开花的发展格局。广东在农业品牌打造方面有专门机构、专职人员、资金投入，更关键的是广东省委、省政府、省农业农村厅领导有着开放的胸怀，吸纳国内外农业品牌人才的加入。基于此，2021年，国家农业市场研究中心把广东省农业品牌建设作为全国一个典型，不仅在全国农业品牌建设研讨会上予以展示，还列入了中国农业品牌发展报告。

第三是加强品牌引领作用。中国农业品牌还存在很多误区，比如重评比、轻培育，重营销、轻管理，重创建、轻保护等。跟国际上相比，我们品牌基础底子薄，品牌建设主体薄弱，小农在品牌建设过程中发挥的作用远远不够。农业品牌可以说的产品多、品牌少，油、糖、肉、蛋、奶、蔬菜、水果、肉类、水产品等很多农产品都排在全球前列，但真正的国际农业品牌尚未形成。

第四是如何用品牌助力乡村振兴。首先要立足于我国国情和发展阶段，对标乡村产业的发展，逐渐丰富农产品品牌内涵，不仅要支持农产品区域公用品牌、企业品牌、产品品牌，也要关注农业服务品牌、区域综合形象品牌。树立农业品牌是培育出来的，不是宣传出来的意识，应加快农业品牌在理论、方法、人才、政策等方面的研究和创设。在乡村振兴战略推进下，农产品区域公用品牌是各级政府的重要抓手。其中，质量是品牌建设的前提，标准是品牌建设的基础，主体是品牌建设的关键，创新是品牌建设的动力，文化是品牌建设的灵魂，营销是品牌建设的抓手，监管是品牌建设的保障。品牌不是一日建成的，农业品牌建设仍然在路上，任重道远。

（作者为中国农业大学国家农业市场研究中心主任）

农产品品牌打造需媒体智力支撑

◎ 范以锦

乡村振兴是国家的重大战略，媒体有责任为此鼓与呼。其中，按照内容生产和传播的规律，介入农产品的创意传播，打造农产品的品牌，并使之产业化，使更多的农民富裕起来，是推动乡村振兴的题中应有之义。

过去，农民致富的瓶颈，一是交通不方便，具有地方特色的优质产品难以运出去。二是信息不对称，消费者不知道哪里有什么好产品，农民不知道哪些地方、哪些人喜欢他们的产品。如今，这种情况已经有了根本性改变，各地实现了村村通公路，采购车队可以直接进入果园、茶山、菜地，有些农民尤其是农村专业户也有了自己的交通工具。流通渠道也顺畅了，物流业的迅猛发展已将产地与全国各地的消费市场连接起来了。从信息来看，万物皆媒时代到来之后，随时随地可以通过各类平台、各种传播手段将信息传到产、供、销各方。乡村农产品走出“农门”，迈向全国、全球的道路越来越宽广。南方农村报社与相关部门策划的“广东喊全国人民吃荔枝”“广东喊全球吃荔枝”，就达到了产品出省门、跨国门的良好效果。

所以，现在农产品尤其是名优特产品的营销已具有非常好的基础条件。然而，要将这些条件转化为品牌产品畅通无阻的道路，仍需各相关部门、机构付出艰辛的努力，其中媒体负有重任。就广东而言，媒体要做好如下几方面的工作：

其一，将广东各地各具特色的名优农产品打造成优质品牌。名牌不等于品牌，品牌是名牌基础上的提升，消费者对其忠诚度极高，其信誉是持久的。而且，品牌还要通过巧妙的包装等方式，赋以文化内涵，提高产品的附加值。媒体现在不只是在做新闻内容，还在做智库，以新闻之外的泛内容连接项目、连接产业。媒体可以发挥这方面的优势，为名优产品提升到知名品牌提供创意支持。

其二，进行多平台、多形式的传播，强化流量，力促产、供、销渠道愈来愈畅通，让产品生产者与消费者的交流、互动越来越便利。流量与销量往往是成正比的，但我们还要强调有效流量，即能真正将相关的人员汇聚到流量的生产中，也就是形成精准用户群。

其三，媒体要打造农产品品牌，首先要营造出媒体自身的品牌。只有自身具有权威性、公信力，具有凝聚用户到相关平台的专业能力，才能获得相关方面的关注、认可，才有可能介入各类策划活动，成为打造农产品品牌的重要舆论力量。以南方农村报社为例，该报社原本就是办《南方农村报》的报社，但他们始终把"维护农民权益，服务农村农业工作"作为办报宗旨，在农字类纸媒中独树一帜。后来，该社又延伸出新的纸媒平台，并将服务理念延伸到涉农的产供销领域。随着全媒体时代的到来，及时打造自己的新媒体平台，并融入所在集团的"南方+"客户端中的强化传播力，同时通过入驻抖音等商业平台，借助他人的渠道形成广泛的传播力。南方农村报社不仅新闻内容做得好，还以产品经理人的理念做出一个个有创意的泛内容产品。原本只是一个涉农的行业报，但经努力被打造成涉农领域的主流媒体。南方农村报社成为响当当的品牌，政府涉农机构、各地农村农业工作部门、产供销相关单位，都经常找他们做项目策划和推介。如今，在协同相关部门营造广东六大水果为主的广东农产品品牌方面，南方农村报社正往纵深方向发力，影响力越来越大。

（作者为暨南大学新闻与传播学院名誉院长、教授、博士生导师）

农业全产业链提质发展的创新模式

◎ 陈明

小康不小康，关键看老乡；农业强不强，关键看品牌。品牌是农业市场化、现代化的重要标志。如果说中国农业是一项多条产业链杂糅、多种要素耦合的系统工程，那么品牌则是贯穿始终、从消费端倒逼生产端的一条主线，它引领着现代农业的转型升级。品牌代表着消费结构和供给体系的升级方向，推进品牌强农，有助于农业由增产导向转向提质导向，促进资本、技术、信息、人才等要素向农业农村流动，加快构建现代农业产业体系、生产体系、经营体系，提高农业全要素生产率，培育农业农村发展新动能，助力农村一二三产业融合发展。

我国农业产业化、市场化程度低的问题严重削弱着我国农业竞争力，而以市场化体系为核心的品牌农业的发展则有利于推动建立完整的农业标准体系，加速实现城乡一体化和农业现代化。新的“三品一标”强调，要坚持以品牌建设为引领，将其贯穿于农业供给侧结构性改革全过程、各环节，打通农业生产、加工、流通、销售全产业链，向品牌要市场、要质量、要效益。

一、以品牌价值承诺拉动农产品全产业链价值提升

广东省农业农村厅于2019年推行的广东农产品“12221”市场化体系建设行动，强调“聚焦品牌创建，着力实现品牌打造、销量提升、市场引导、品种改良、农民致富等‘1’揽子目标”，这正是一个基于农业全产业链的价值体系，从品牌到市场，从市场到产品，从产品到产业，从产业到资源，以品牌价值承诺为引擎，助推优质农产品生产与经营各个环节的优化提升，进一步推进农村产业结构改革，提高农产品的附加价值和市场溢价能力，真正实现产业振兴，建立带动农民致富奔康的创新理论模型。具体的体系

框架如下图所示。

推行两年多来，"12221"行动取得了非常好的效果，从品牌价值承诺的广东农业全产业链提质发展的创新模型和实现路径来看，笔者认为可以从以下四个方面总结所取得成绩与经验：

第一，创造认知差异，提升溢价能力。

旗帜鲜明地倡导"以品牌建设为抓手"，大力推动地方特色产业出名品出精品，卖得好也要卖得贵，这是"12221"行动的突出特点。有别于以往农业部门只注重种植养殖的品质管控与技术革新，这一行动跳出了一产的局限，打通一产、二产、三产，谋求农产品价值的整体提升。广东农产品的在地性特色为其创造品牌的独特差异奠定了坚实的基础。如广东荔枝、广东丝苗米、英德红茶、凤凰单丛、新会柑普茶、清远鸡、湛江菠萝、梅州柚、翁源兰花、德庆贡柑、茂名罗非鱼、湛江对虾、斗门白蕉海鲈等一批区域公用品牌都具有明显的特色优势，而这一个独特的差异完全可以通过独特的品牌承诺来体现。品牌承诺就是给消费者的一个保证，将产品的独特差异和真实信息传达给消费者，并全力提高产品和服务的全方位水平，减少信息不对称给消费者带来的疑虑，并通过基于功能价值、情感价值以及社会价值等多维度的品牌价值承诺，让消费者相信并主动、乐于购买企业的品牌产品，在带来消费偏好的同时也带来溢价。

为了提升品牌给农产品的附加值，也需要为消费者带来独特的利益价值。"12221"行动倡导品牌植入文化、特色等因素，从而提升品牌内涵。比如结合当地的历史文化、赋予品牌传奇色彩等，进而引领新的消费潮流。茂名荔枝素以"一骑红尘妃子笑"而闻名天下，使得茂名荔枝必须以绝对的新鲜属性来创造品牌独特的差异；新兴的香荔则因六祖手植的千年古树而被尊称为"佛荔"，扬名海内外。

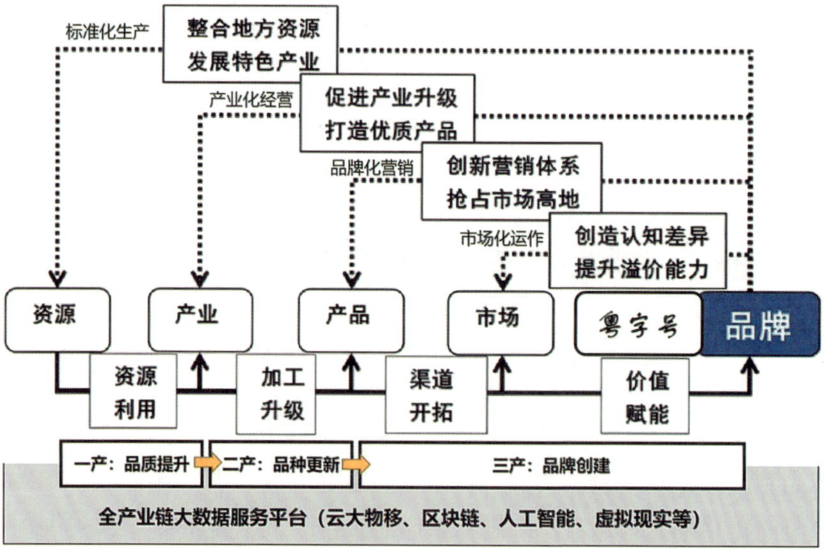

"12221"行动与农业全产业链提质发展的创新模式图

第二，创新营销体系，抢占市场高地。

没有市场，没有渠道，没有品牌溢价，乡村振兴、改善农村经济现状就是一句空话。必须打通农产品生产、加工、冷链、物流以及销售“从田地到餐桌”的每一个流通环节，让优质的农产品快捷便利地走向市场，这才是解决农业产业振兴的关键。比如茂名荔枝，为了凸显其品牌“一骑红尘”的新鲜承诺，当地政府和企业创造性地启动了“田头小站”模式，将预冷、保鲜、分拣、派送做到了田头，并通过大数据与全球的采购订单进行无缝对接，保证了新鲜荔枝的快速流转。

在这一方面，“12221”行动提出了“产销贯通做市场”的核心理念，不但深得市场营销的精髓，而且非常适合广东农业集群发展、资源互补的特色。从几个示范区的情况来看，大家实施起来都得心应手，比如“徐闻（菠萝）”“茂名（荔枝）”“梅州（柚）”“翁源（兰花）”“遂溪（火龙果）”等。一边在销区，他们寻找大型采购商，通过组建农产品采购商联盟、发布信息、联系货源、开展展销以及组织品牌品鉴和基地考察等活动，为农产品的出口找到稳定的客群。支持以区域公用品牌为号召，企业和合作社以及重点农户抱团在北京、上海、广州、深圳和其他发达地区中心城市建立销售渠道，开展直销配送、连锁经营、代理经销等经营方式，整合营销资源，提高省外市场份额。推动各地优势果蔬、特色水产、优质畜禽等品牌产品“走出去”，支持开展出口农产品国际标准认证和基地建设，完善冷链物流配套体系，进一步拓展境外市场。如2021年5月开展的“广东喊全球吃荔枝”活动不但开辟和完善了跨境电商渠道，而且使得广东荔枝的品牌享誉全球，为未来广东荔枝产品的销售奠定了全球市场的基础。

另一边在产区，他们培养本地经纪人队伍和升级产地市场。一方面，培养以农业农村系统干部、家庭农场、农民合作社以及龙头企业负责人为主体的本地经纪人队伍，切实当好销区采购商的助理。像茂名县级与镇级的荔枝采购商服务中心、徐闻的菠萝采购商联盟等，都为促进产地农产品快速外销作出了积极的贡献。另一方面，围绕规范交易秩序，优化交易环境，完善功能齐备，支持新建或改造一批产地农产品交易市场，如徐闻的“广东菠萝广场”、高州荔枝的“电商一条街”等。支持一批带动能力强、辐射城市销区的大型农产品批发市场，完善具备国际竞争优势农产品的冷链物流、检验检测等配套设施建设，带动本地优势农产品及其加工品外销。支持农业生产经营主体与知名品牌电商合作推进电子商务建设。鼓励知名平台企业建立产地直采直销模式，推进本地区特色农产品进景区、大型酒店、特色餐饮、高速公路服务站及加油站等场所。

除了产地、销两地分别发力，各地还采取了“请进来”与“走出去”方式，推进广东省农业小生产与大市场对接，有效缓解“卖难买贵”问题。徐闻、茂名以及德庆等地创新地推出“农产品+”展会、餐饮、节庆等多种营销方式和项目招商会等活动。组织全国采购商到农产品产区、田间地头，与生产主体进行对接，促进产销双方建立紧密、稳定、长期的合作关系。除此之外，还分品类地组团参加国内外大型农产品交易会、博览会，帮助建立长期稳定的供需关系。善用各种融媒体资源，推进“知名农业品牌+短视频直播+主播带货”等新业态营销模式，如茂名700名师生进荔枝园集体直播带货、高州市委书记为高州荔枝“打call”的短视频促销等。不但如此，各地政府还加大资金扶持，在国家级媒体及境外目标市场投放品牌宣传，为各地丰收的农产品拓宽国内外市场的营销传播渠道。

“12221”行动还有一个突出的成绩就是大力推进农业信息化。传统的农业讲究路通财通，现代的农业还要加上网通。徐闻建立的菠萝数据平台，一边是在全国销区设立数千个签约档口，每天更新市场行情，定期发布市场价格指数和采购商指数，有效指导了产区的生产与供给，真正做到以销定产；另一边是深入产区“一家一户”，采集前端产品的品质、数量以及时间等的数据，努力实现按需定制，保证从田间到餐桌的信息畅通。

第三，促进产业升级，打造优质产品。

基于品牌价值承诺拉动的农业全产业链提质发展模式，对上游生产和供应环节提出了更高的要求，不仅仅是保证基本的质量达标水平，还要实现对消费者所作的品牌承诺，突出特色，提升市场竞争力。所谓的高附加值，更多是体现在对特色的打造上。比如茂名荔枝的品牌承诺是“新鲜”，要守护好“荔枝尊严”，就必须做到即摘即送，田头就要实现仓储冷链物流，确保产供销一体化，建立全国乃至全省各大市场的销售行情和冷库物流大数据，以最快的速度实现流转。不但如此，在选品上，茂名荔农也颇费脑筋，他们选取了“白糖罂”“妃子笑”“白蜡”“黑叶”“桂味”等皮薄肉厚又子小味甜的品种进行优育培植，这些品种既符合绿色生态的标准，又受市场欢迎。还有颁布相关法规，对上市荔枝的规格、等级、包装数量以及果实形态特征提出明确要求，以保证品牌承诺的兑现和市场口碑的形成。除此之外，茂名荔枝还引进先进的加工制造技术，制干果、酿蜂蜜，大力发展二产，通过深加工和多品种开发，使消费者品尝到茂名荔枝的更多风味特产，提升品牌影响力。企业和合作社对荔枝进行品种开发、种养技术指导、生产加工技术以及机械设备升级，保证了新品种和新加工技术贴近消费者对优质特色农产品的需求，推动了科研与生产的日益融合。这样做的结果最终是推动第一、二、三产业的融合与产业升级，真正实现了农业高质量发展的目标。

第四，整合地方资源，发展特色产业。

开发地方特色自然资源，必须因地制宜，立足于地方特殊的地理环境。“12221”行动强调各村镇重视品类资源的农产品品牌打造，要充分挖掘农产品属区的自然资源和其他地方资源的差异，从产品外观如色泽、纹理、大小，从口感，从农产品相关的历史人文故事等挖掘资源的内在价值，将资源内在价值转化为品牌价值，实现区域公用品牌资源向企业主体资源转化，促进资源整合，由此拉动产业发展。

除了自然资源的开发和挖掘，产业发展还需要各方资源的整合，“12221”行动帮助引进多方社会资源和企业资源，政府搭台，企业唱戏，吸引更多外部企业、投资商以及渠道平台关注和深度介入，立足于地方特色优质农产品和生态农产品的研发、加工、流通与市场推广。非但如此，各地还利用特色农业，与休闲旅游、餐饮体验、电子商务和其他服务业交叉融合，形成产城融合更加紧密、更加协调的发展格局。

“地方特色品牌生活馆”是一个有益的尝试。各类涉农经济主体与农产品生鲜渠道密切合作，在其线下门店的基础上设立“品牌生活馆”，对地方的优质产品进行全方位的品牌包装和市场销售，客户到生活馆真实品尝原产地的农产品，可以直接在店下单，通过订单式定制消费直接把农产品从原产地通过冷链物流快速送到客户手中。比如“温鲜生”社区生鲜零售店，就尝试利用地区农产品品牌的地方性特征，在门店根据产品季节分别打造了新兴县的“禅意品牌生活体验馆”、阳江的“海陵海洋品牌生活体验馆”、清远的“吉韵品牌生活体验馆”等。不但有当地已经品牌化了的特色农产品的销售，还有现场的烹饪体验和社区家庭厨艺大赛，让真正的优质农产品走进社区的千家万户，也真正打响了“粤字号”品牌在全国的影响力。

二、未来：构建现代品牌农业示范园

要强化保障措施，着力推进广东农产品“12221”市场体系建设工作落地落实，笔者认为构建现代品牌农业示范园将是一项迫在眉睫的必然之举。

从广东的农业发展态势来看，还有些地区面临小、散、乱的困境，农业价值不高，农产品竞争力低下。没有品牌溢价，不能有效打通第一、二、三产业，优质的农产品的价值就得不到体现，农民安心做产业的信心也不足，最终导致产业发展严重受制约。

因此，中国农业品牌创新联盟提出，农业的高质量发展必须以品牌建设引领，将资源优势转化为产业优势和市场优势。《乡村振兴战略规划（2018—2022年）》更是旗帜鲜明地提出要大力开展农业品牌提升行动，形成以区域公用品牌、企业品牌、大宗农产品品牌、特色农产品品牌为核心的农业品牌格局。发展品牌农业成为大势所趋。

那么，何谓品牌农业？

品牌农业是以市场为导向，兼顾产业价值提升与消费认知及心理价值提升的农业，即有质量和安全健康保证的品质农业；按照量化标准生产和加工的、产品始终如一的标准化农业；通过恰当的筛选、包装和加工进行原料升值的价值农业；摒弃一家一户落后的生产经营状态，以规模获得高效益的规模农业；打通第一、二、三产业，甚至全产业链掌控，实现质量与安全可追溯的大食品业。

按照“12221”行动规划的要求，各地要统筹涉农资金，整合项目资源，科学设置省级农业产业园区和“一村一品、一镇一业”专项品牌建设资金用途。发展品牌农业需要一个良好的内外环境和优质的载体，最好的方式是建立现代品牌农业示范园。

现代品牌农业示范园不等于现代农业产业示范园。它基于品牌农业的发展理念，深入研究当地的资源禀赋、农产品的特色以及产业集聚发展的情况，从农产品市场价值转化的角度，对产业园区内的农产品、涉农企业以及特色产业确定清晰的品牌价值承诺，并以此承诺为引领，全面带动该园区农业全产业链的价值提升，从而实现最终农产品的消费偏好和市场溢价，真正做到将资源优势转化为产业优势和市场优势，达到乡村经济振兴的目的。

基于以上战略构想，规划和建设现代品牌农业示范园可以从以下几方面开展工作：

一、在产品价值提升方面，要从“消费端”倒推“生产端”，通过制定清晰的品牌承诺，促使农产品的品种选育、农资供给、产品开发、生产管理、质量体系以及风味特色的价值创造和等级提升，真正实现农产品的市场溢价和满足消费需求。

二、在企业价值提升方面，强调“三轮驱动，两翼齐飞”。“三轮”指的是企业品牌、产品品牌和服务品牌，“两翼”指的是商业品牌和责任品牌。责任品牌不同于商业品牌，它所表达的不是企业产品的质量、性能以及给顾客带来的情感性与社会性的利益，而是企业作为社会公民所应该承担的义务和责任。2018年，广东温氏集团联合华南理工大学“大农品盛”大学生公益创业团队倡导并支持在外务工农民回乡创业，从而从根本上解决了留守儿童和空巢老人的问题，并利用“产业兴农”的方式实实在在推动乡村经济振兴。这一公益活动叫作“让爸爸回家”，就是一个影响深远的企业责任品牌。该活动持续运作了四年，迄今已对接了4000多名农户回乡创业，真正实现了“家在哪里，事业就在哪里”的品牌承诺和创业理想。

三、在产业价值提升方面，以广东省300多个特色区域公用品牌所在的产业集群为基础，通过制定清晰的品牌价值承诺，倒推农业全产业链，并对各个环节提出具体要求，通过引进资源等方式，帮助实现第一产业向第二产业转型，第二产业向第三产业转型的目的，从而实现第一、二、三产业融合，最终盘活农村闲置资源，提升产业附加值，实现增收增效和可持续发展，带动该区域农村经济的振兴。

广东省要构建现代品牌农业示范园，不仅要聚焦农产品的生产和管理，还要更多地把资源和精力放在培育优质而有特色的农产品品牌、企业品牌和区域公用品牌上。最后呈现在市场上的不仅是园区的规模与产品的品质，更是响当当的品牌，并通过知名度、美誉度、联想度、忠诚度以及市场影响力等品牌资产的打造，创造区域级乃至国家级、世界级的知名品牌，为国家所倡导的“质量兴农、品牌强农”战略作出实实在在的贡献。

（作者为国家工信部品牌培育专家、华南理工大学工商管理学院教授）

“12221”从哪里来，向何处去？

◎ 张璐

市场经济可以说是改革开放以来中国社会形成的最大共识之一。广东农产品“12221”市场体系建设，以市场引领生产，以市场促进产业升级，也可看作这一共识之下的具体实践探索。需求和供给两条曲线，构成了微观经济学里一个最基本的分析框架。站在理论家的角度，市场主体的一切行为或有心或无意，都在寻找两条曲线交汇的平衡点。从这个意义上说，市场和生产犹如跷跷板的两端，互为条件，互相影响。

身处改革开放前沿的广东，市场意识浓厚，广东农产品“12221”市场体系建设发端于此，并不令人意外。但能三年实践都引起各地政府的高度关注和众多媒体竞相报道，一定是抓住了当下农业经济发展的痛点问题。广东农产品“12221”市场体系建设所反映的问题以及引发的诸多讨论，都值得我们深思。理清其中的深层逻辑，或许会成为下一步推进乡村产业振兴工作的宝贵财富。

“12221”是对经济学常识的回归

“12221”来自广东徐闻菠萝产销对接的实践探索。这看似偶然，实则必然。广东自2018年以来，三年投入75亿元，撬动社会资本300多亿元创建现代农业产业园，第二轮创建工作已然启动。翻看新建园区的建设规划，大体两个指向，一是扩产，生产规模不断扩大，向规模要效益。新一轮的建设指引中，跨县集群和特色产业园进一步明确了对种养规模的要求，思路更加清晰；二是补链，弥补各产业加工、流通短板，延伸现代农业产业链。跷跷板的生产一端持续发力，生产能力不断增强，供给量加大，要确保效益同步提升，与之相对应的必然是千方百计扩大总需求。

另一组数据也颇有意思：脱贫攻坚期间，我国产业扶贫取得显著成效，全国仅832个已摘帽贫困县就累计建成各类产业扶贫基地30多万个，每个脱贫县都形成了两到三个特色鲜明、带贫面广的主导产业。在各地调研时不难看到，原来诸如茶油、百香果、高山茶、食用菌这类特色小众产品，正逐渐成为不少欠发达地区的主导产业。如何帮助扶贫产品建立稳定、高效的销售渠道，成为巩固脱贫攻坚成果的重要课题。

乡村产业振兴如火如荼，各类资本下乡，农业生产的规模、能力大大提升。与之对应的，是2020年疫情和国际形势带来的不确定性和国内外整体消费态势低迷。即便是市场意识浓厚的广东，长期以来农业领域“重生产轻市场”也是常态。在此情况下，推动农业高质量发展，从农业增产到农民增收，实现共同富裕，单从生产端发力已然不够。这是一个牵扯到从产到销整条产业链的系统工程。这既是“12221”诞生的原因，也是其广受关注的宏大产业背景。

“12221”被当作农业生产管理服务方式的创新举措广泛传播，但跳出农业，如果站在社会经济发展的大局来看农业，与其说是创新，不如说是对经济学基本常识的回归更为恰当。它是应运而生，更是顺势而为。

“12221”是在市场缺位的环节补位

围绕广东农产品“12221”市场体系建设，另一个广为讨论的话题是：政府有形之手与市场无形之手的边界在哪里？不少干部群众认为，为农产品拓展销售渠道，是企业的市场行为。农业部门既无工作抓手，职能界定也不清晰。

问题的复杂性在于，中国之大，产业情况之多样，不同区域不同产业的发展水平堪称天壤之别，市场作用的机制更是千差万别。笼而统之，上帝的归上帝，恺撒的归恺撒，市场的统统依靠市场自发机制解决，未免过于武断。

从农业生产要素市场看，市场在资源配置中起决定性作用的前提是生产要素的自由流动。我国农村的市场化程度远远落后于城市，并没有形成城乡一体的劳动力、资金、信息、土地等市场体系，农业生产要素的配置不能完全通过供求双方的竞争来形成。正因如此，党的十八届三中全会明确政府与市场的关系，让市场在配置资源中起决定性作用的同时，要求更好地发挥政府作用。

理论是灰色的，生命之树常青。一线的调研让人对市场缺位的现状体会深刻：每年荔枝集中上市时，全国主要的荔枝销区批发市场都会停满销售荔枝的冷链车。记得2020年荔枝成熟季，通过调研全国批发市场，发现一个奇怪的现象：单从招牌上看，所有荔枝车绝少发现“广东荔枝”。细问批发商，原来他们对广东各个荔枝产区更是知之甚少。广东是占全国七成产量的最大荔枝产区，但销区的品牌影响力与此极不相称。虽说荔红无畏路途远，酒香不怕巷子深。仅仅依靠果农或者单个企业去销区拓展渠道，作用显然微乎其微。如果完全依靠市场配置资源，相信总有一天北方果商会发现藏在深山的广东荔枝林，但百万荔农恐怕还要在上市季继续担忧若干年。广东荔枝“12221”市场体系针对这一情况做了两件事：一是荔枝上市季在10个主销区批发市场，竖起“广东荔枝广场”的临时牌楼，让广东荔枝的产品和生产基地信息走出去；二是邀请全国各地水果采购商，走进各个主产区。

高州市政府创新成立采购商服务中心，吸引众多外省采购商前来。同为粤西的另一主产区果农心生羡慕，私下找到笔者，希望介绍外省采购商进产区。细问才知，当地多年来采购商结构固化，价格已被控制，果农没有话语权。外省市场眼下已被打开，亟须扩充采购商队伍，才能让果农获得更大收益。面对果农的诉求，是一股脑抛给市场的无形之手，还是启动政府的有形之手，发人深省。

谈及两者的边界，我想有两点需要格外指出：

其一，广东农产品“12221”市场体系建设不是政府兜底销售，而是其在市场缺位的环节补位。在三年的实践探索中，我们深切体会到至少有三方面的工作需要有形之手及时补位：第一，就是小农户与大市场的对接问题，特别是像荔枝、菠萝这类以散户为主的特色乡村产业，有形之手显得尤其重要；第二，区域公用品牌的管理与推广，这应被当作政府为农民群众提供的普惠式公共服务；第三，跨界资源的引入与整合，实现农产品食品化、工业化、农旅一体化，相关外部资源的引入需要有形之手的规划与主动作为。

其二，广东农产品“12221”市场体系建设不是政府亲自上场，而是政府搭台整合市场资源，通过市场手段拓宽销售渠道。为了可持续地推进市场体系和农产品品牌创建工作，广东在机制上不断探索创新，在全国率先创办第一个功能性产业园——广东省乡村振兴文化服务产业园，这也可看作全省推进广东农产品“12221”市场体系建设的总抓手。广东省乡村振兴文化服务产业园围绕文化赋能，搭建公共服务平台，集聚产品、人才、品牌和各类服务机构等要素资源，形成内伸外展的生态圈，通过为全省乡村产业振兴提供专业化社会化品牌服务，探索从产品到商品再到名品的可复制、可推广、可持续发展的农业品牌创建模式。

广东省乡村振兴文化服务产业园创建理念与广东农产品“12221”市场体系建设一脉相承，是有效市场与有为政府的有机结合。文化服务产业园在政府指导下，通过市场手段汇聚各种资源要素，聚力挖掘岭南农耕文化的内涵，围绕农业全产业链开展品牌强农行动，延长产业链，提升价值链，完善利益链，打通从生产到市场的绿色通道。

“12221”应打造两个“管理闭环”

广东农产品“12221”市场体系建设发端于徐闻，因有效解决徐闻菠萝的滞销难题而为人所熟知，这也成为媒体格外关注和反复报道的焦点。也正因如此，不少人把广东农产品“12221”市场体系建设简单看作解决农产品销路的应急之需。

但随着实践不断推进，“12221”的内涵日益丰富，从有效破解“最先一公里”保鲜难题的田头智慧小站，到旨在实现农业高质量发展的“六新”示范基地的创建，再到延伸农业产业链的农产品食品化工程，广东农产品“12221”市场体系建设“以市场引领生产，以市场提升生产”的创建逻辑逐步显露。

各地在具体探索中，思路也日益清晰。广东农产品“12221”市场体系建设的目标是实现优质优价，是通过大数据帮助农产品在恰当的时间以恰当的价格销售到恰当的点位，不能误解为替劣质滞销产品兜底销售。梅州出台了梅州柚的产品标准，庄严承诺“只卖好柚子”，不是所有产自梅州的柚子都叫“梅州柚”；茂名打响“茂名荔枝”区域公用品牌，对优质企业授权使用，目的就是引导和推动优质优价。

无论是自上而下的引导，还是自下而上的探索，都提醒我们：应站在产业链升级的角度全面审视“12221”未来的发展，这是一个需要长期坚持并不断积累提升的系统工程。一是把市场体系建设与区域公用品牌的管理相结合，逐步形成“区域公用品牌创建管理—市场营销渠道拓展—龙头企业培育”的管理小闭环；二是以市场为引领，反向引导产业升级，推进实现品种培优、品质提升、品牌打造和标准化生产的管理大闭环。

为进一步提升和夯实“12221”的实践成果，广东省乡村振兴文化服务产业园按照新“三品一标”要求，与各地产区政府携手，建立高州荔枝、德庆贡柑、遂溪圣女果、增城丝苗米品牌共建基地，努力探索可复制、可推广的农产品品牌创建和市场体系建设的模式。

抛开具体的实践做法，广东农产品“12221”市场体系建设在认识论上的最大价值是发展农业的外向型思维：走出产区发展产区，推进产销两地互动；跳出农业发展农业，积极推进农业食品化、工业化；眼下正在跳出市场做强市场，通过田头智慧小站推进供应链管理，“六新”基地创建提升产品品质等举措，向着更加系统化的方向发展。

（作者为广东南方农村报社经营有限公司总经理）

第六章

控局

思辨探索

三问“12221”
——广东农产品市场体系建设观察

◎ 麦倩明　黄帼蓉　张子煜　王猛　叶香玲　高永彬　马千里

“12221”，一串数字高度浓缩了广东农产品市场体系建设的经验做法：推出“1”个农产品大数据平台，组建销区采购商和培养产区经纪人“2”支队伍，拓展销区和产区“2”大市场，策划采购商走进产区和农产品走进大市场“2”场活动，实现品牌打造、销量提升、市场引导、品种改良、农民致富等“1”揽子目标。

三年来，在这套先行先试模式的指导下，广东打造了多品类特色产品营销实战的成功案例。“粤字号”农产品红遍五湖四海，八方农民增收致富，推动传统农业迈向品牌化、数字化、国际化，展现了一幅产业振兴推动乡村振兴的壮阔画卷。“12221”为何而生？为什么行？要往何处去？值得深入解读。

◎“12221”的实效性是什么？
一切工作以促进农民增收为目标

农业农村工作说一千道一万，必须以农民增收致富为目的。农业的普遍困境以农产品“卖难”滞销为外在表现。“12221”是在党委、政府主导下，由市场端发力，以销售促生产的产业链提升行动。

对于农业农村部门的广大干部来说，“将市场挺在生产前面，生产与市场两手抓、两手硬”，是从思想观念到工作方式的一次大变革。在广东的实践者看来，“12221”的必要性与合理性，通过工作过程的反复推导，认识得以逐步加深、不断提高。以结果导向来看，这套理念与做法在三年时间里留下了具有说服力的数据。

政府与市场

有为政府与有效市场如何更好发挥作用

“上帝的归上帝，恺撒的归恺撒”，这句话常常被引用来比喻市场的决定作用。但是促使政府出手的，依然是市场。曾经在一个研讨会上，专家向在场的领导干部发问：“作为分管农业的干部，遇到农产品‘卖难’，你会怎么做？”

2018年，徐闻菠萝与广东荔枝双双出现大面积滞销。徐闻县菠萝种植户有2万多，带动农民14.6万人；广东荔枝从业人员更是高达180万人。广东是工商业发达的经济大省，消费市场可观，依然不可避免地出现“果贱伤农”的情况。

政府要不要作为？华南农业大学荔枝龙眼产业资源平台于2021年3月公布的调查报告覆盖广东全省荔枝产业从业者。报告显示，47.4%的受访者认为“没有稳定客商”是销售过程面临的主要问题，61.7%的受访者希望“帮忙联系分销商”。“在市场主体发育不全、中小规模农户占大多数的情况下，政府抓市场是十分必要的，是保民生的工作。”茂名市委常委、高州市委书记王土瑞表示。

曾经有由地方政府部门推广种植的产品却卖不掉，也有职能部门以“市场的事归市场”为由对农产品“卖难”问题避而远之。以问卷形式随机调研产区85位政府工作人员，50%以上受访者表示，政府在农产品市场工作中缺乏抓手，没有形成体系和资源积累平台，缺乏农业大数据指导，采购商和经纪人队伍不足。

政府作用不足，表面上看是人员及资金不足，背后是职能定位不明、工作缺乏抓手等问题。

党的十九大报告指出，“使市场在资源配置中起决定性作用，更好发挥政府作用”，是对有效市场与有为政府关系的重要论述。中国农业大学原校长柯炳生指出，当前农产品想要卖得好，就需要处理好生产与销售、市场与政府的关系，这是推进农业供给侧结构性改革的着力点。

从市场端发力也有充分理由，种得好需要通过卖得好才能证明。针对“生产条件最好、生产份额最大的地区却增产不增收”的问题，“12221”从帮助徐闻菠萝打开销售渠道开始。

2019年3月，“12221”工作组点对点邀请采购商到徐闻，召开菠萝产销对接大会。市场专班成员黄海洋说“像高考一样紧张”。大会线上线下聚集上千名采购商，还打通一批出口渠道，有效解决了当年菠萝销路问题。抓住销区采购商、产区经纪人两支队伍，组织全国各地超过13个省（区、市）的采购队伍，成立了采购商联盟。

广东徐闻县诺香园农产品专业合作社社长陈如约生于“菠萝世家”，他说：“菠萝滞销靠爱心求购不能长久；现在，农民可以主动对接‘12221’体系中的采购商。”组织成立采购商联盟的做法被其他水果产区学习和效仿。

政府负责做好产区的采购服务，比如为采购商提供免费住宿。以徐闻为例，每年花百万元做采购服务相对22亿元的菠萝销售额，助农增收的这笔支出明显是“划算”的。

菠萝、荔枝、龙眼、香蕉、柑橘、柚子，广东六大水果种植广泛，相关从业者加起来超过500万人，水果种植业是实实在在的民生产业。广东省农业农村厅相关负责人表示，以小切口推动大变化，“12221”集中精力打造六大水果品牌，是出于产业规模、渠道互通、平台共享等方面的综合考虑。

生产与销售，产区与销区

做农产品推介活动如何撬动销售

解放思想还得措施跟上，最根本的是，要让产品在市场上有价值。“12221”的三个“2”是开拓市场、连接资源、促进销售的方法论。

第一个“2”是抓住两个市场：完善产区市场，拓展销区市场。产区市场要素包括供应、品质、服务、包装、冷链、物流；销区市场则包括采购、品牌、渠道、终端等。第二个“2”即完善两支队伍：组织销区采购商队伍，培养产区经纪人队伍，拉起两支队伍让产销互动更加紧密。第三个“2”，即采购商走进产地、产品走进大市场的两场活动，一方面引导采购商认识农产品，另一方面直接面向销区的企业与个人。

现代社会产品供给全面进入买方市场，国货品牌崛起趋势明显，正从以“价格”换市场向以“品质”赢未来转变；与工业化生产相比，农业生产主体普遍弱小，生产无序，信息不畅，农产品品牌营销大多数是小打小闹、不成气候。广东省农业农村厅有关负责人认为，要用工业的思维做农业，重构农业价值链。

营销活动应该怎么做？以前产区搞活动收效不佳的原因是，采购商组织不到位，对外传播不够，生产半径与市场半径高度重叠，变成了局限于产区周边的“自娱自乐”。如何抓采购商资源，“‘12221’市场工作专班”给出了“三个找到”作为建议：找到该品类十个最大的采购商，找到全国几大城市圈十个大型水果采购商，找到十个有影响力的电商。

在实践中，很多产区立足核心销区玩出了“2”场活动“2+”高配。广东菠萝广场、荔枝广场、柚子邮轮推介会、荔枝全球品鉴等，从珠三角到长三角，从中原到东北，渐次铺开。广东省农业对外经济与农民合作促进中心主任丘志勇表示，这两年在全国推介广东农产品数十场，他将三年的工作总结为“三通三动三同”：思想通，商路通，财富通；政府动，市场动，百姓动；同命运，同责任，同行动。

中山大学管理学院教授周延风建议，农产品上市前期开展销区活动，发出采购和尝鲜邀约，形成上市倒计时效应；上市期间开展产区活动，将销区采购商聚集起来，提供采购服务，传播产区文化。通过产区与销区活动的互补，产生市场培育、消费引导、品牌传播、销售带动等综合效应。

河北农兴智慧冷链物流公司总经理杨建飞多次参加产销活动，他表示："采购商在销区活动中了解产品，与供应商初步对接，再参加产区活动考察基地，达成采购。"随机调研73位采购商，53%认为"12221"中政府组织产区销区的"2"场活动最为有用；对相关政府人员的调研中，认为"12221"的作用是连接产区和销区，促进农产品销售的人数占比高达90%。

体系的三个"2"，有一个"2"很关键，就是培养采购商和经纪人两支队伍，通过他们之间的信息互通，再加上"1"个大数据引领，最终将信息反馈到产区，引导产区适价销售，调整品种结构，抓好品质管控，实现以质定价。

所谓市场引导生产，并不是简单地告诉农民怎么生产，更重要的是给予农民改变固有生产方式、销售方式的信心和动力。广东农垦农业发展有限公司正计划大规模改良品种，公司董事长蔡杰介绍："'金钻凤梨''金菠萝'等品种成本较高，没有信息引导和采购保证，以往连大农场都不敢轻易换种。"

随机调研106位农民或供应商，59%受访者表示已从"12221"中受益，并有34%受访者期望未来从中受益。其中，50%以上的受访者认为，"12221"中的大数据为销售提供量化数据，政府开展产销对接活动、组建采购商和经纪人联盟队伍、品牌宣传能促进农产品销售。80%以上受访者觉得"12221"能部分或完全解决农产品"卖难"问题，通过突出市场导向，推动农业高质量发展。

品牌打造与价值实现

农产品营销与农民增收有何关系

"12221"策动了一系列高举高打的品牌营销行动，广东六大水果轮番登陆央视，亮相广州塔，广东荔枝号南航专机起飞……品牌响彻云霄，刷新消费者对广东水果的价值认知，为"优品优价"提供底气。上海直浦农产品发展有限公司董事长林展辉表示，广东荔枝在上海高端市场的消费认可度明显提高，"越来越多消费者认可40元一斤的广东荔枝了"。

广东荔枝亮相全球十大城市中心大屏，联动千家媒体喊全球吃荔枝，举办全球品鉴活动，伴随品牌营销阵容的扩大，出口市场也得以扩大。广东泽丰园农产品有限公司2021年销季新增7个荔枝出口国家，公司董事长林波说，这在一定程度上归功于海外宣传工作。"越来越多的基地和海外渠道商加入我们的队伍。"中荔集团董事长陈耀华认为，品牌宣传、市场开拓、产品品控是一个闭环。从影响海外华人圈开始，再辐射更大的海外圈。

阿里巴巴研究院的《2021中国消费品牌发展报告》指出，供给侧结构性改革以来，中国消费品牌全面发力，新品牌快速崛起。2020年线上中国品牌市场中，食品的市场占有率达80%。生鲜农产品的营销与快销食品相比，其营销费用投入与宣传手段显然弱得多。

显然，打造农产品区域公用品牌，是政府必须承担的公共服务。“政府牵头，方向对了，各界人士就会跟上，从而形成一股推动力。”周延风说。在市场营销中，品质是硬基础，品牌是硬任务，盈利是硬道理，只要三者兼具，自然会吸引来一批前赴后继的参与者。

茂名市农业农村局局长曾春回想以往，茂名荔枝大年不赚钱，滞销也是常事。现在有了“12221”，一年年地夯实工作基础，产业形势持续向好。徐闻县委书记罗红霞介绍，2021年徐闻菠萝在销售价格、农户收入、出口数量、网络热度、储蓄金额等八方面创下了历年之最。根据徐闻邮政储蓄数据，菠萝种植主产镇储蓄金额2020年为23.8亿元，而2021年1—7月就达到了26.5亿元。惠来县农业农村局局长洪楚雄介绍，全国鲍鱼苗40%出自惠来，“网络节+云展会”之后，一个鲍鱼苗从3角钱提升到6角钱，一斤鲍鱼从30元提升到60元。2021年大年荔枝产量147.31万吨，产值140.8亿元，增产又增收。

“12221”为什么行？柯炳生指出，一是这让生产者认识到销售规律，从而倒逼生产端升级；二是这破除了产区与销区的距离，实现了农产品实时对外展示和销售；三是该市场体系作为政府为农民办实事的抓手，促进了市场发挥资源配置作用。在现阶段政府主要是在市场主体解决不了的要害问题上发力，完善基础设施，降低交易成本，激活市场动力源，促进市场机制自行“造血”，随着市场形势的变化，政府作为的方式与着力点也将发生动态改变。

◎“12221”的系统性如何？

探寻农业高质量发展一揽子解决方案

“大潮起珠江，敢为天下先。”这是广东改革开放的时代印记，历经四十余载风雨洗礼，最为宝贵的经验依然是改革与创新。

广东农业农村部门跳出仅从生产端看农业的传统视角，提出构建广东农产品“12221”市场体系，直面有产品无产业、有品种无品牌、有品牌无规模等问题，由初始“堵漏式、救急式”的营销活动，到形成完整且相对成熟的全产业链提升体系。它从一个环节发力，拉动一串链条，形成一种模式，构建一套机制，动员起广泛的社会力量，助力农产品跨过一个个“娄山关”“腊子口”，推动现代农业在高质量发展道路上阔步向前。

局部与整体

环环相扣的一揽子目标如何实现

“12221”只是一系列营销活动吗？显然不是。具体来看，该体系里有八项任务，这些看似并不重叠的工作，像齿轮一样啮合传动，构成一个相互协调、相互促进、相辅相成的有机整体。

通过“1”个大数据的传导，到三个“2”的落地，再到最后“1”组目标的达成，市场需求侧的信息以“赚钱效应”反馈到生产供给侧，形成有效共振，经济规律的作用便可贯穿始终。

市道好，产品就会好，二者本就互为因果。近年来，广东荔枝品种“仙进奉”成为风靡一时的市场新宠，广东省农业科学院果树研究所研究员向旭介绍：“它具有裂果率低、丰产稳产、成熟期迟、较耐贮运的特点，颇受市场欢迎。”“我们村有7000亩仙进奉荔枝树，未来将增加至3万亩，全村900多农户，每户只须投入60个工时，便可打理50棵树，保守估计每户每年可获得8万元收入。”仙村镇基岗村党支部书记陈浩潮说。

荔枝卖得好，预冷、分级、加工、包装及仓储等环节也动了起来。“中国果蔬产品在‘最先一公里’损耗率高达15%—25%，也就是说，在农民手里，没卖出去就烂掉了15%—25%。”农业农村部规划设计研究院原院长朱明表示。在茂名高州、广州从化，农产品仓储保鲜冷链物流建设取得积极进展。高州市根子镇美荔专业合作社社长何建和是田头小站最早的一批受益者，他说：“通过预冷保鲜的荔枝不仅货架期延长3—6天，售价也提高了20%—30%。”田头小站能实现自动控温，满足多种农产品冷藏需求，大部分果蔬都可通用。

解决农产品在流通中存在的“断链”“短链”问题，从中央到地方政策的支持力度也在加大。2021年《广东省农产品产地冷藏保鲜设施建设实施方案》中，大埔县、徐闻县、高州市、罗定市入选国家级试点县，南雄市、乐昌市、雷州市、德庆县入选省级试点县。

国家荔枝龙眼产业技术体系首席科学家、华南农业大学教授陈厚彬表示，从供给侧看，荔枝生产量和人均消费量相当有限，我国最高年产量300万吨，全国14亿人，每人可分配4.2斤，优质果品按200万吨计算，人均2.8斤。当前广东省荔枝加工量可达每年40万吨，加工在整个荔枝产业链中发挥着“压舱石”作用，可借鉴龙眼加工产业经验，鼓励更多家庭作坊开展荔枝加工。

面对产业风口，“品种结构调整必须确保全产业平稳过渡，既要持续推进，也不能操之过急”，广东省农业科学院蚕业与农产品加工研究所所长徐玉娟说，荔枝品种结构并不存在绝对的优劣势之分。“低质”品种通过合理利用，依然能够实现“高质”之效，比如“黑叶”荔枝在鲜果市场缺乏竞争力，却是生产荔枝酒的优质原料。王十瑞调研市场时发现，农产品若以统货出售，价格很难上去，但分级筛选后就都是“好货”。

显然，在广东农业产前、产中、产后过程中，各部门、组织机构及关联企业都通力配合，其中重要基础在于产业信心的确立。只有产业趋势向好，才能吸引社会资本加大投入力度，形成良性发展的产业格局。

八音合奏，终和且平。“12221”环环相扣，形成有机整体，最后回归到其孜孜以求的归宿与落脚点。在这套运行机制下，传统农业向现代农业转型升级的“一池春水”正被悄然激活。

特殊与普遍
菠萝荔枝的经验其他产业也适用吗

2021年徐闻菠萝频上热搜，广东荔枝声震寰宇，令人印象深刻。从寂寂无闻到声誉日隆，菠萝、荔枝相继“出圈”，背后究竟蕴藏着什么逻辑，这套“打法”在其他产业上是否适用？

打擂台、飞花令、说唱RAP……在第六届中国国际食品及配料博览会上，2021年“粤字号”农产品品牌设计大赛之百县百品打擂台活动现场好不热闹。综合前期网络投票、专家评审、现场投票等环节，广东本土20个优秀农产品品牌脱颖而出。其中包括平远脐橙、惠来鲍鱼、高州荔枝、澄海狮头鹅、饶平狮头鹅、化州化橘红、德庆贡柑、翁源兰花、丹霞贡柑、增城丝苗米、徐闻菠萝等，这些入选的特色品牌都参与了广东农产品“12221”市场体系建设。

广东的菠萝与荔枝，有着明显的地缘特征，在全国乃至世界水果份额中占有重要地位。菠萝产区分布相对集中，荔枝在全省则有13个10万吨以上的产区，粤东、粤西、珠三角地区都有。集中上市时，卖菠萝是场攻坚战，卖荔枝则是场运动战，广东荔枝销季更能够在时间维度上和空间维度上验证“12221”经验的可行性、协调性与普遍性。

资源禀赋不同，产品特色不同，营销措施各异，但万变不离其宗。各个地区应互相启发，以便不断丰富和发展“12221”的理论内涵。

“一花独放不是春，百花齐放春满园。”“12221”的普遍性寓于不同产业发展的特殊性之中，新业态、新模式、新技术植入传统农业，以新潮、好玩、有趣的面貌走向消费者。高州千年贡园慢直播开展了“追500年荔枝树果红”“我在阳西有棵荔枝树”“我在德庆有棵贡柑树”等活动，市民云游果园坐拥“田园梦”，线下农文旅产业也带动起来。惠来凭借“网络节+云展会”模式，促进鲍鱼、凤梨等优质农产品价升量增；通过“遂溪仙品荔线上拍卖”“南雄银杏古树采摘权拍卖”竞拍，提升品牌知名度；梅州推出吉祥物“客客”与“都都”，客都梅州“好山好水出好柚”，做强做大梅州柚品牌IP……

通过打通产区活动与销区活动的空间限制，提升产销对接效率，重构产业链、价值链，“12221”的实践地图与产品线都在不断扩大。

平台与机制

庞大的社会化扶农助农机制如何形成

“12221”持续推进的背后，有三种机制将工作延伸到农业农村系统以外，实现快速响应、广泛联动，这就是应急机制、社会机制与组织机制，三种机制协同配合，最终形成长效机制。

三年实践中，“12221”经历过数次严苛考验。

2021年春受疫情影响，多地取消线下花市。广东省农业农村厅迅速启用“保供稳价安心”数字平台，在政府号召下，供应商、采购商、经销商、互联网平台、物流快递以及媒体机构纷纷加入，将花市和广东特色农产品集中搬到网上，打造市民掌上的年货节、农民指尖的大卖场。据相关数据统计，平台在此期间累积产销对接近万次，销售额超30亿元。

“保供稳价安心”数字平台创建于2020年抗疫最为紧张的时期，成为疫情期间广东农产品“保供应、促销售”的一个重要阵地，并顺利完成驰援武汉任务。“采购商网络直通车”“采购商网络会客室”等新营销迅速推开，该平台还延伸出农民学习、培训等功能。截至2021年11月，平台已入驻农业企业3605家，开展各类直播200余场，推动粤黑、粤鄂、粤藏等5个省际农业合作，开展44次线上云展会活动，累计实现对接13 380次，推动对接销售农产品超46.5亿元。

有关专家认为，“保供稳价安心”数字平台是广东制度优势、市场导向、数字技术融合的成果，平台所体现的组织动员能力、统筹协调能力、贯彻执行能力与广东先行先试的“基因”有关。

事实表明，及时觉察、高位统筹是解决问题的关键。2021年6月，受疫情影响，由广州、深圳始发的航班取消过半，对广东荔枝空运产生较大影响。广东省农业农村厅加强统筹，协调财政、商务、海关、外办、金融、保险、航空、邮政等多部门力量：南航急调162架次航班护送荔枝出省，薛航物流、顺丰速运、德邦快递等及时增加运力，海关设立通关绿色通道，为新鲜荔枝出口争分夺秒，及时化解堵点。

社会化助农的力量一直都在。众力并，则万钧不足举也。“十万博主卖荔枝”“十万博主播荔枝”等自发的互联网社会化营销，经过整合，传播也成为农产品销售的得力推手。

成事之要，关键在人。“12221”诞生之初，就伴随着农产品市场专班的组建。2019年初，广东省农业农村厅组成徐闻菠萝专题调研组，这个被称为“市场工作专班”的团队，其成员来自政府农业农村系统、电商平台、媒体机构等。后来，专班形式逐渐成为推进“12221”的组织机制而沿用下来。

2021年9月29日，广东省委农村工作领导小组办公室、广东省农业农村厅、广东省乡村振兴局发布《关于进一步加强广东农产品“12221”市场体系建设工作的通知》，明确要求健全政策保障和工作协同机制，充分发挥各地党委、政府和农业农村部门的主体作用，在队伍建设、资金保障、任务落实跟踪评价机制等方面加强保障措施，确保广东农产品“12221”市场体系建设有序有效推进，促进农业增效、农民增收。

三年的“12221”建设以强农兴农为己任，壮大了一批“知农爱农懂市场”的队伍。这当中有全面推进乡村振兴的干部、助推产业兴旺的企业家、服务“三农”发展的媒体人，以及大批满怀豪情的“新农人”……他们凝聚成一股跨行业、跨区域的力量。他们中有的是出于工作职责，有的是社会责任使然，但更多是被“12221”带来的市场机遇吸引。高州市农业农村局局长龙国源感叹，“12221”不是单靠农业农村部门，而是需要多方联手打出一套“组合拳”才能达成的。

◎“12221”如何具有引领性？

在新发展格局下重构农业价值链

世界处于百年未有之大变局，农业也不例外。数字化浪潮滚滚而来，中国加入世界贸易组织二十年，国际国内市场竞争日趋激烈。第一产业是中国最基础的民生产业，而其中的传统农业如何与时代接轨，如何实现品牌化、数字化、国际化，现代农业实现联农带农的方向又在哪里？牢记“四个走在全国前列”重大嘱托的广东，正通过一系列探索实践去回答。

“12221”为什么好？其核心原因还是它对农业价值链重构的引领与推动作用，特别是它所代表的先进性与前沿性。

传统农业与数字农业

农业数字化如何落地，着力点在哪

只有与新的生产力对接，传统农业才有出路。广东是数字农业起步较早的省份，2019年提出“三个创建”“八个培育”着力构建一批数字农业应用场景，以数字化探索“提效率、降成本、增体验”的产业发展新模式，打造数字农业高地。

阿里巴巴发布的《2020农产品电商报告》（简称《报告》）显示，2020年广东农产品电商消费全国第一，农产品电商销售额排名全国第二。可见，广东人不仅爱吃，也会做买卖。《报告》也指明，未来五年将是中国数字农业发展的窗口期和机遇期。

农业数字化包括三个环节的内容：一是建立全产业链数据平台，二是广泛应用数字化营销，三是推进生产流程精准化、智能化、无人化。而“12221”的核心正是数字化。

据介绍，农产品流通大数据要突破三大痛点：一是重点在市场端发力，不只是关注产地这一端，还要关注农产品市场端的价格走势；二是大小屏要结合，把固定的大数据变成移动端的大数据，方便手机查看；三是要有实时动态，价格信息每日更新。某地曾流传过一个段子，过去一些地方设立大数据展示屏，“要么是领导来了才打开，要么领导来了打不开”，说明农业数字化应用上的“力有不逮”。农产品大数据开发需要梯度发展，系统性集约化利用需要高位统筹、多方参与、持续推进。

从2019年开始，徐闻县开展菠萝大数据平台建设，将生产、供应和销售信息上云，定期发布菠萝市场价格指数和采购商指数，洽谈全国水果批发市场档口客户10 516个，分析2300个菠萝大宗采购商、4650个电商平台商家等情况，产区和销区的数据“两手抓”。据统计，2020年疫情防控期间，徐闻菠萝大数据系统帮助当地售出5万余吨菠萝，拉动销售额近1亿元。

徐闻菠萝大数据示范成功，荔枝、柑橘、柚子大数据紧随其后：2021年5月20日，中国（广东）荔枝产业大数据中心上线；梅州大埔县“5G+农业大数据”服务项目入围“2021数字农业农村新技术新产品新模式优秀案例”；同年11月11日，中国（德庆）贡柑大数据平台上线……

从技术层面看，农场的智慧系统并不难实现。在广东茂名的“五化”果园里，手机扫一扫树上的二维码，荔枝生产过程一览无余；除草、施肥、打药一键搞定；农机调度、摘果运输，在手机上点一点，机械就自动运转起来……广东全面推动的“田头小站”，将冷链物流设施建设与信息化相结合，产生叠加效应。

据高州市副市长岑解明介绍，通过田头智慧小站的试点实施，试点小站荔枝产地直销比例由2018年的5%左右提升到2021年的19%。据茂名市高州根子镇党委书记袁海峰介绍，2021年根子镇元坝村荔枝销售八成走电商，全村2000多人中有超过300人从事电商。

“‘农产品大数据，田头小站’新基建、‘空天地一体化’智慧果园架构设计，‘12221’要继续用好数字资源。”中国社会科学院农村发展研究所农产品贸易与政策研究室主任胡冰川说，以贯通产业各个环节的“数据链”，推进数据生态赋能，进一步释放数据红利。

国内和国外

农产品出口的小切口意味着什么

农业是地缘属性强的产业，地缘差异提供差异化价值。“很多农产品出现滞销，并非真正过剩，而是供求信息封闭形成的局部过剩。”广东省农业农村厅相关负责人认为，要跨越“局部过剩”陷阱，就必须进入更为广阔的市场，跨区域交易恰恰是实现农产品价值最大化的必由之路。广东荔枝走向全国、远销全球，是广东立足新发展格局，从容应对国内、国际风险挑战，统筹利用国内、国际两个市场，促进农业贸易高质量发展，从上至下主动作为的结果。

华南农业大学经济管理学院教授庄丽娟认为，广东荔枝在国际市场要有持续竞争力，从价格到全产业链的竞争，“政府有关部门的重要作用之一在于完善链条，确保中途不掉链子”。“12221”是广东农产品迎接国际挑战的一个布局。广东荔枝实现了“逆势”的出口，印证了广东农产品国际市场的打造是有节奏、有思路、有路径、有资源、有前景的。

“近几年，广东荔枝产业从量的增长向质的提升转变，促进了荔枝对外贸易，也提升了广东农产品贸易和农业对外开放格局。”农业农村部对外经济合作中心主任张陆彪评价。通过政策机制、创新举措，广东助力一批领头企业、特色产品、生产基地“走出去”，中荔集团董事长陈耀华这样看待“出海”的深层次意义：“只有走到国外市场，我们才能看见国际的先进做法，才能参考学习，才能变大变强。”

区域全面经济伙伴关系协定（RCEP）于2022年1月1日生效，广东农业加速布局RCEP。2021年11月，德庆率先推动RCEP柑橘采购交易中心落地运营。早在2021年10月，广东省农业农村厅联合农业农村部农业贸易促进中心支持广东遂溪县（香蕉）、德庆县（柑橘）、高州市（荔枝、龙眼）、梅州市（柚子）、徐闻县（菠萝）等地创建农产品国际交易中心。以此为引领，一批有一定产品与品牌基础的产区积极谋划，传统农业地区走向世界并建立话语权迈出了重要一步，从生产集散地向贸易集散地、品牌集散地、信息集散地拓展，从卖产品到聚资源建平台，向全球产业的中高端迈进。

过去，劳动密集型小规模农业长期具有成本低的比较优势；如今，我国既要跟采用大规模农业模式的美国、欧盟等发达国家和地区竞争，又要跟劳动力成本低、特色农业资源丰富的一些发展中国家竞争。国际市场竞争不仅要比初级农产品，还要比加工农产品；不仅要比生产品质，还要比流通效率。而提高农业竞争力，关键在于重塑农业全产业链。

作为“海上丝路”的发源地，伴随着南海的悠悠汽笛，广东很早就与外界互通有无，开放的步伐从未停止。表面看来，农产品“走出去”让市场更大、利润更高；从更深层次来看，其带来的长期效益同样不可低估。毕竟在竞争激烈的国内外市场，如果不努力提升品质，不重整冷链物流和深加工链条，连“走出去”的资格都没有。广东省委党校（广东行政学院）二级巡视员陈述认为，在“双循环”新发展格局下，广东要建设更加具有开放性、全球性、金融性的“12221”。

产业振兴与全面振兴

如何以产业兴旺促进乡村振兴

产业振兴，是乡村振兴的重中之重。产业兴旺，是解决农村一切问题的前提。有了产业，农村才有人气，发展才有底气。乡村产业兴旺带来的是人才、资金、科技等优势资源要素的聚集，而这恰恰可以弥补乡村全面振兴的最大短板。

“12221”紧盯品牌打造、销量提升、市场引导、品种改良、农民致富等“1”揽子目标。广东的水果、蔬菜、畜禽、水产品等农产品产量位居全国前列，但当农民在产业链条中长期处于劣势时，如何实现一头助力乡村产业经济发展，另一头打造城市居民品质生活呢？“12221”从挑战中诞生，在实践中丰富，于开放中发展，承担着以产业振兴推动全面乡村振兴的使命。产业发展从来都不可能一蹴而就、毕其功于一役，必须咬定目标、久久为功。无论是徐闻菠萝、广东荔枝，还是其他地方的主导产业，立足特色资源精准发力，在全国甚至全球的市场格局中找定位，以市场需求为导向，从而建立起当地特色优势产业的“市场壁垒”。

“12221”改变过去“一条腿”走路的现象，强化生产、市场两端的作用，实现农业生产的组织化。市场的信号传导给生产端，实现生产和市场的动态平衡。汕头市潮南区雷岭镇大多农户都种有荔枝，2021年，荔枝季户均收入超过1万元。高州根子镇元坝村，家家户户种荔枝、制干果、酿蜂蜜，2021年荔枝产业年产值2.5亿元，年人均纯收入5.8万元。一栋栋拔地而起的“荔枝楼”，在向人们讲述着不变的市场规律：农产品市场有前景，产业各个链条的积极性就会被激发起来。

在城乡互动中寻找商机，研究消费者永无止境。城市与乡村的关系，在“12221”链接下愈发紧密。通过产区与销区联动，广东农产品与城市消费者的距离越来越近。“广东菠萝特快”推介活动开进北京腾讯希格玛大厦，一款“徐闻海盐金菠萝”冷饮受到都市白领热捧。现代人在都市生活久了，都有回归自然的向往，正好有农业可以寄情。2021年国庆节前，来自广州的刘满涛参与了“我在德庆有棵贡柑树”认养活动。“在认领果树后，基地的工作人员经常向我推送果树成长动态的照片或视频。亲眼看看它们的长势，浇水除草，感觉很有意义。”刘满涛道出了认养模式的情感价值。不仅如此，“果树认养”由“产供销”变成“销供产”，节省了中间环节，农民获得的利润显著提升，还给当地带来了农旅客流。

在国民消费开支中，食品是高频且固定的开支，城市对高品质农产品的需求非常旺盛。食品化就是广东农业农村部门调研市场需求后，明确“12221”升级的一大方向。广东省有关领导表示：“预制菜不只是一道菜，也不仅是一条产业链，它是乡村振兴的‘牛鼻子’。”据估计，当前国内预制菜年增长率将是6%—10%，

未来5—10年内，市场规模将会是6000亿—10 000亿元。从大湾区“菜篮子”工程，到食品战略性产业集群，一头把握消费端，一头把关生产端。“12221”的最新目标，就是通过推进食品化提升农产品价值链，带动农民增收致富。

2021年中央一号文件提出，要把乡村建设摆在社会主义现代化建设的重要位置，全面推进乡村产业、人才、文化、生态、组织振兴，充分发挥农业产品供给、生态屏障、文化传承等功能。乡村“五大振兴”与农业“三大功能”，无不与城乡融合紧密相连。

站在现时回望，可以真正理解“12221”的意义。珠江一路蜿蜒曲折辐射四方，最终在广东境内注入南海。下游的八个珠江入海口，恰好形成今日粤港澳大湾区的核心地带。这个由西江、北江、东江及珠江三角洲诸河汇聚而成的复合水系，源自云贵高原马雄山腰的两个洞口，两眼泉水潺潺而下，平静中蕴含了澎湃伟力。

（作者为南方农村报记者）

手记|谁回答了十二年前的提问?

◎ 麦倩明

《市场力》一书以《三问“12221”》作为结尾，围绕“12221”有过的疑问、争论、异议，文中一一展开了论述。

在编辑该书的过程中，回忆不时被触发。我想起了两件事，恰巧都发生在2009年，距今十二年，不算长也不算短，刚好一个轮回。雪泥鸿爪，依然可见过往与现实的关联。

2009年2月，南方农村报社组织举办了一场“柑橘产业危机与公共服务构建”的研讨会，为柑橘产业发声。事情的缘起，是2008年初的一场大寒潮令大批沙糖橘出现销售困难，彭进、高强以特稿记录了一起令人唏嘘的个案。产业急转直下，连续两个销季危情四起。此前广东沙糖橘产业快速扩张，持续红火了十六年，种植面积200万亩，年产量260万吨，是60万果农的收入来源。

一场会议召集了过百名政产学研人士，将“政府必须为农产品销售提供公共服务”“农产品区域品牌打造”等提上议程。

大会指出，作为全国柑橘产销大省，广东有条件先行一步，探索出一条解决大宗农产品生产、销售的社会服务合理机制，为农民长期稳定增收提供更多的便利。期待通过柑橘产业，为其他农产业、其他产区提供借鉴。大会结束后，报社草拟了一份报告，通过省人大代表、政协委员向上提交作为决策参考。

在21世纪头一个十年，广东发生过一轮砍伐荔枝树的风潮。荔枝是名贵木材，广东百年以上树龄的古木不少。因为荔枝行情从2002年起多年处于低迷期，导致荔枝园弃管、砍伐的现象发生。

2009年4月，李晓芬采写了《砍伐百年荔枝树打家具做根雕》的调查报道。她走访了大面积弃管多年的荔枝园，发现一个村几年来砍掉的老荔枝树有上千棵，两棵百年荔枝古树以2000多元卖出。因为愿意砍树的农户多，多家根雕加工作坊应运而生，以每平方米五六百元的价格收购荔枝木，以每条几百元到上千元不等收购树根。百年古木被贱卖，除了对荔枝产业的忧心，更加痛心的是对古树所代表的农业文化的摧残。

“人不能两次踏进同一条河流”，而经验却有迹可寻，且与当下的选择息息相关。以此解释写作团队努力突破局限，深究“12221”肌理脉络的动力，我想是说得过去的。尽管十二年前他们大多还没有入职，媒体基因在不知不觉中传承。与以往有所不同的是，他们不仅采访、报道，甚至已经深入地参与到一系列具体的工作当中。

伟大的事业必定有扎实的理论支撑，认识的深化，理念的认同，必将转化成为工作定力以及引领力。

“12221”对传统农产业出路的指向，带来一轮“破圈”与“出圈”的冲击波。在生产与市场、国内与国际、传统与现代、乡村与城市四大维度上破除屏障，这四组关系又在一套体系里实现积极有效的连接，由混沌而明晰。

在生产与市场的关系上，“12221”提供有为政府与有效市场相结合的依据，生产与市场两手抓两手硬的现实意义；在国内国际的关系上，立足双循环做大中国农产品的“朋友圈”，RCEP下抢抓机遇对标国际引领示范；在传统与现代的关系上，明确数字化对农业的赋能是全方位的，农产品加工业瞄准新消费打造新业态；在城市与乡村的关系上，普罗大众是农业文化传承的主体，农产品营销作为城乡互动的重要载体，探索农产品区域公用品牌打造的社会化机制。

十二年后的今天，当年柑橘研讨会议题中的提问，“如何通过机制创新促进农业升级”，广东农产品“12221”市场体系建设提供了答案。从做法到经验，从实验到推广，再从理论回归实践，体系初成。

十二年后的今天，全国首创的广东省乡村振兴文化服务产业园，为讲好中国“三农”故事，传承农业文化搭建了一个平台，形成一套机制。以广东荔枝为代表的特色农产品正回归到它应有的价值与地位。

十二年后的今天，一家即将迎来甲子之年的涉农媒体，打破了传播边界、区域边界、产业边界、城乡边界，这既是互联网效能的威力，更是全面推进乡村振兴政策效应使然。以“新农村推动力”为己任的南方农村报没有停止追问，锐气如初。

眼前的现实，回答着十二年前的提问，一切都在变得更好。正因如此，才值得大家团结起来继续努力。

（作者为南方农村报副主编、高级编辑）

手记|拿掉滤镜看“12221”

◎ 黄帼蓉

提笔是初秋，发稿已入冬。这是我新闻职业生涯中耗时最长的一稿，漫长的三个多月反复打磨，是对广东农产品“12221”市场体系建设三年探索工作的调研、回顾、分析、总结过程。

“这么做市场工作行不行”“推广农业大数据好不好”“资源聚集管理对不对”……在过去三年中，身边总是有这样那样的质疑。归根结底就是“12221”究竟行不行、能不能、好不好的问题。

大胆设问，小心求证。我们采访调研了数百位参与“12221”的实践者，包括政府官员、专家学者、种植户、加工企业、采购商、电商、媒体代表等，将更多人的经历和观点一一收集起来，答案就越来越清晰了。

不识庐山真面目，只缘身在此山中。一直在“12221”参与者中找答案的我们，不知不觉也成了“山中人”。研究问题要从不同角度切入，形成错位，研究结果才经得起推敲。能使整个结构更加牢固而不易散架的，我们称之为“互锁结构”。“12221”的三年实践，理论从无到有，范围从小到大，影响从弱到强，实践者们又何尝不是如此，身体力行，多方求证。这么想，我们又有了钻研的动力。

局外人看“12221”，就是我们欠缺的最后一步。我们找到了周其仁、柯炳生、周延风、李明等全国不同地方的权威专家学者，将“12221”三年实践案例整理发给他们参阅，并邀请一部分专家亲临“12221”策源地考察调研，与实践者、见证者、受益者面对面交流。拿掉开局中人看问题的“滤镜”以后，从这些专家学者的分析中，我们得到了更全面的答案，也看到了问题的正反两面。回想起策划“三问”系列报道的初衷，正是希望广东农产品“12221”市场体系建设实践经验为全国提供研究素材，并在更多有需要的地区得到普及。这也恰恰要求我们把问题的正反两面都展示出来，剖析利害关系，让采纳者综合判断是否适用。

农之所呼，他们所应；国之所需，他们所往。非凡者常常是孤独的，所幸，“12221”实践者们虽是第一批吃螃蟹的非凡者，却并不孤独。这三年，“12221”实践者前赴后继，汇聚成百万雄师。他们来自各行各业，有着不同的经历和身份，却互相理解和支持，始终朝着一个共同的目标前行。作为第一批吃螃蟹的人，他们也曾自我怀疑，在实践过程中，不仅怕做错，还怕做得太多或太少。但比起这些，他们更清楚，什么都不做才是最可怕的，他们选择了在坚持中获得力量，在执着中坚定前行。

致敬为“12221”奋斗过的他们和我们，期望“12221”与更多的人群、更大的世界建立更深刻的联结。

（作者为南方农村报记者）

手记|一次关于器量的试炼

◎ 张子煜

所谓笔耕不辍，想必就是一场关于器量的试炼，是心性，是襟怀，同样也是执念。“12221”的系统性如何？其实有过很多版本，从事件角度，到产业角度，到哲学角度，再到最后的理论提炼，一次次完成自我扬弃最终刊发，虽时间跨度较长，但也有了更多的沉淀。

人们常说，见字如面，大概是从遣词琢句中就可以体会作者的用意。无论版本更迭，时间推移，做铁肩辣手的初心依旧不变。“增产不增收”是农业的丰收悖论，这对于彼时的产区干部群众来说往往束手无策。无论是或主观或客观的因素，其带来的结果都是沉重的。变则通，通则久。当道路行不通时，选择适时改变，往往会伴有着凿破鸿蒙之感。

一串数字密码“12221”，我将之比作乐章，它的音符纵横产区与销区、田头与餐桌、传统与现代……让农产品市场体系建设在全产业链提档升级中迈出坚实一步。“八音合奏，终和且平”，可以说，“12221”不啻为农业领域的一次主动出击，它是思维模式的嬗变，机制模式的创新，产业形态的重塑。从0到1，再从1到N，农产品市场体系建设的内涵与外延不断拓展，产区农户重拾产业发展的自信，干部找到了一套促进产业兴旺的做法，形成了市场作用和政府作用有机统一、相互补充、相互协调、相互促进的动态平衡格局。

从百年党史中淬炼思想，“我为群众办实事”是马克思主义者的信念使然，助力农产品平稳渡过“波峰浪谷”，以崭新的姿态画出逆势上扬的微笑曲线，这与“12221”动员起声势浩大的社会化扶农助农机制不无相关。在交通受阻、疫情影响、外贸不畅等多重不利因素叠加影响下，农产品营销工作在市场的刀尖上跳出华尔兹，连续完成的惊险一跃，每每令人心潮澎湃。

看菠萝扬花，拾荔枝坠果。以文字记录点滴，用画面定格瞬间，行文至此，我不禁思绪万千，蓦地想起做视频时曾经敲击过的一段话："Chance favors the prepared mind，机会宠爱有心人。知识是基础，汗水要实践，所谓灵感就是思想火花，思想火花人人有，你不要放弃它。"这段文字来自喜欢飙英文的农人袁隆平。诚如他所言，火花兴许就存在于稍纵即逝的瞬间，抓住了那一闪而过的光芒，意味着的可能就是蜕变。

（作者为南方农村报记者）

手记|涉农报道如何才能有穿透力?

◎ 王猛

2021年11月30日，“三问‘12221’”系列报道的第三篇稿件在《南方农村报》发表，此时，距离“12221三问”微信群的建立已过去整整4个月。

广东农产品“12221”市场体系的初衷，无非就是打通商路，为各地农产品销售提供一个抓手。我们策划“三问‘12221’”系列报道的初衷，则是为了解答困惑：这个市场体系到底是如何运作的？它能在产销对接中发挥什么作用？

平时接触过不少关于“12221”的报道，对各地的做法与成效都比较熟悉，心想问题应该不大吧？一落笔才发现，这组策划真的有点难：且不说“12221”多么庞杂，牵涉政府、企业、农民、消费者等多个参与主体。与以前那些单打独斗的稿子相比，“三问”之间各自独立又相互关联，这就意味着，几个作者需要配合行动，既突出内在逻辑又不能重复叙事。

作为涉农报道，文章要接地气；作为产业报道，文章要有概括性；作为理论总结，文章要有思辨性。但自己的认知大多流于表象：对产业链条的参与者缺乏基本了解，对农产品的市场形态感受不深，对整个体系的逻辑层次理解不透。其实这也是很多新闻从业者的通病，动辄家国天下、人类命运，最终陷入凌空蹈虚、自我感动的泥淖。

战地摄影记者罗伯特·卡帕说过：如果你拍得不够好，是因为靠得不够近。这话对文字记者同样适用。从选题策划到文章见报，整个团队至少组织了10次会议。从报社会议室到线上会议室，再到出差地的酒店，处处都有我们争论的声音。但有个问题一开始就达成共识：离田间地头更近一步，报道就能更有穿透力。

为掌握产区情况，我于2021年9月初、10月底先后两次前往粤西，随广东省农业农村厅领导、经济学家和省委党校教授走访高州、遂溪、徐闻等农业产区。省厅领导与经济学家的争论，让我对农产品的特殊性和市场经济的重要性都有了更深理解；个别地方干部推诿卸责的事实则提醒我，资源禀赋较差的地方更要发挥人的主观能动性，否则任何理论都无用武之地。但当看到有些地方积极作为成效明显时，我又深受鼓舞，对“12221”的前景又充满了乐观。

“12221”是一个不断发展的开放体系，只有打破思想迷雾，才能更好前行。在不断“逼近现场”中，我开始逼近“12221”的本质：逐渐理解农业生产的不易、市场形态的复杂，理顺了市场体系作为政府工作抓手的逻辑。由于前期有了大量实地访谈的积累和对产业链条的把握，我们终于能够从容地解答“12221”的几个困惑，回应基层政策执行者以及公众的质疑。

三篇稿件经整合后发表在《南方日报》《农民日报》《南方周末》等主流大报，形成裂变式传播。尤其是经“南方周末”公众号转载全文后，阅读量迅速达到10万+。无论党政干部、涉农企业，还是种植户、普通读者，都有不少人对文章给予肯定。

对整个写作团队而言，这既是鼓励，也是鞭策。如果没有广东“敢为天下先”的市场体系探索，如果没有报社领导的不断敲打和几个作者的相互鼓励，本组文章就不可能以如今这种形式见报。写作路上，没有啃不下来的骨头，只缺锲而不舍的劲头。回想过去几个月的磨稿过程，我从起初的自信满满到后来的战战兢兢，经历过一次次痛苦的自我否定。《三问“12221”》稿件出炉前，仅我参与的推倒重来就有五次。世人皆知大文章须有大时代、大眼界、大格局，殊不知，“小切口微观察巧心思”很关键。通过本次写作，我还发现了自己的渺小和团队的伟大，这也是一大收获。

（作者为南方农村报记者）

“12221”大事记

2018年 11月

>> 广东农产品采购商联盟正式成立

2019年 1月

>> “12221”第一场销区活动走进上海

2019年 2月

>> 徐闻菠萝专项工作组成立

2019年 2月

>> 广东农业网红“菠萝妹妹”出道

2019年 3月

>> 徐闻菠萝产销对接大会举行

2019年 3月

>> 成功研发徐闻菠萝流通大数据系统

2019年 3月

>> 粤陕合作·2019陕西苹果粤港澳大湾区（广州）宣传推介活动举办

2019年 5月

>> “2019年广东荔枝丝路行”活动在东莞举行

2019年 5月

>> “广东荔枝520，就用荔枝表达爱”首次亮屏广州塔

2019年 12月

>> 广东中荔农业集团有限公司成立

索引号：	006939908/2020-00006	分类：	农业、林业、水利、通知
发布机构：	广东省农业农村厅	成文日期：	2020-01-02
名称：	关于扎实推进2020年全省“12221”农产品市场体系建设工作的通知		
文号：	粤农农〔2020〕1号	发布日期：	2020-01-03
主题词：	农产品、市场体系、建设		

【打印】【字体：大 中 小】 分享到：

关于扎实推进2020年全省“12221”农产品市场体系建设工作的通知

发布日期：2020-01-03 浏览次数：2680

粤农农〔2020〕1号

各地级以上市农业农村局，厅有关处室、事业单位：

2019年，在全省各地和各有关方面的有力支持下，“徐闻菠萝”“广东荔枝”“梅州柚”“翁源兰花”“遂溪火龙果”“德庆贡柑”“阳西程村蚝”等区域公用品牌农产品在“12221”市场营

2020年 **1月**

>> 发布《关于扎实推进2020年全省“12221”农产品市场体系建设工作的通知》

2020年 **1月**

>> 创建广东农产品“保供稳价安心”数字平台

2020年 **2月**

>> 广东省农业农村短视频制作推广中心成立

2020年 **4月**

>> “广东荔枝”Logo发布

2020年 **5月**

>> “广东荔枝号”专机首航

2020年 **5月**

>> 广东荔枝高铁专列首发

2020年 5月

>> 广东荔枝首次海外点亮大屏

2020年 6月

>> 荔农逆势增收，“荔枝尊严”成为热词

2020年 9月

>> “荔”挽狂澜，“柚”再出发，2020年广东荔枝“12221”市场营销工作总结暨全省秋冬季农产品促销专项行动启动

2020年 10月

>> “广东百万农民线上免费培训工程”在湛江市遂溪县界炮镇圣女果基地开课

2020年 10月

>> 食博会亮相东莞，“云会展”模式震撼上线

2020年 12月

>> 首届世界数字农业大会在广州召开

2020年
12月

>> 广东特色优势农业品牌（六大水果品类）宣传推介及品牌运营项目启动

2020年
12月

>> 农产品市场体系“12221”数字营销密码云论坛举行

2021年
2月

>> 首个“广东菠萝广场”落地河北新发地

2021年
3月

>> 广东菠萝的海蜜浪音乐节举行

2021年
3—5月

>> 广东菠萝、广东荔枝频频登上热搜榜

2021年
3月

>> 十大功能“田头小站”脱颖而出

2021年4月

>> “12221”市场体系2.0版本，探索农产品食品化

2021年4月

>> 2021年广东荔枝营销动员大会召开，提出“我为果农办实事”

2021年4月

>> 发起“十万电商卖荔枝”“十万博主播荔枝”大行动

2021年4月

>> “广东喊全球吃荔枝”系列活动启动

2021年5月

>> 中国（广东）荔枝产业大数据中心建成

2021年6月

>> 调派南航航班162架次为荔枝出省打开绿色通道

2021年
7月

>> 2021年广东荔枝“12221”市场体系建设总结暨龙眼、柚子、香蕉、柑橘营销动员大会召开

2021年
7月

>> 创建首批“六新”示范基地

2021年
8月

>> “市场体系 数字农业 国际合作”工作专班成立

2021年
9月

>> 发布《关于进一步加强广东农产品“12221”市场体系建设工作的通知》

2021年
10月

>> 举办“RCEP与农业贸易高质量发展”研讨会

2021年
10月

>> 举办广东农产品“12221”市场体系探索与实践研讨会

2021年11月

>> 广东德庆率先推动RCEP柑橘采购交易中心落地运营

2021年11月

>> 举办全省预制菜产业发展大会

2021年11月

>> 召开全省RCEP工作会议

2021年11月

>> 广东省农产品“12221”市场体系建设人才培训班陆续举办

2021年12月

>> 广东农业对接RCEP十大行动发布

2022年1月

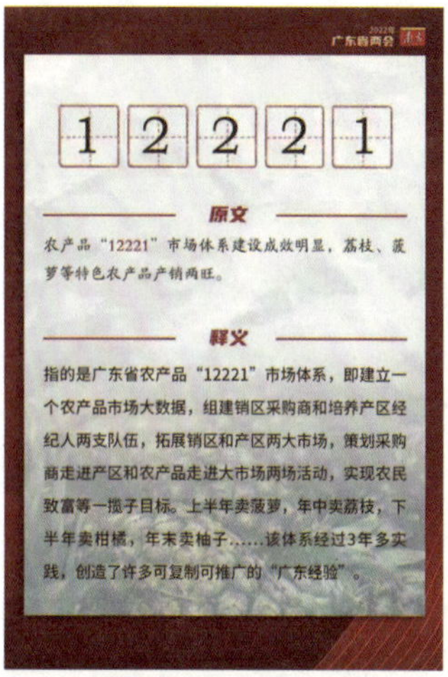

1 2 2 2 1

原文

农产品“12221”市场体系建设成效明显，荔枝、菠萝等特色农产品产销两旺。

释义

指的是广东省农产品“12221”市场体系，即建立一个农产品市场大数据，组建销区采购商和培养产区经纪人两支队伍，拓展销区和产区两大市场，策划采购商走进产区和农产品走进大市场两场活动，实现农民致富等一揽子目标。上半年卖菠萝，年中卖荔枝，下半年卖柑橘，年末卖柚子……该体系经过3年多实践，创造了许多可复制可推广的“广东经验”。

>> “12221”市场体系首次写入广东省政府工作报告

2022年5月

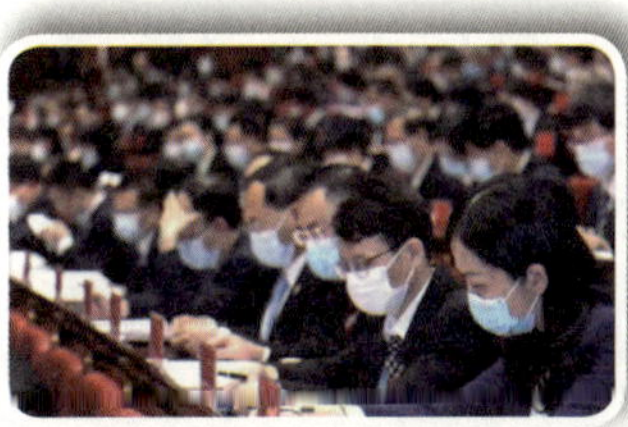

>> “12221”市场体系首次写进广东省党代会报告，成为全省乡村振兴工作的重要部署

后记

◎ 严亮

市场是动力源。《市场力》一书旨在传递一种力量，从理念到行动，从方法到实践。

本书以广东农产品“12221”市场体系建设为切入口，以推动农业产业大变化为导向，实现农业高质量发展的经验总结和规律提炼为目的。其中，对于有效市场与有为政府的关系，生产与市场两手抓两手硬的做法，以及传统农业品牌化、数字化、国际化的选择，本书均有实战经验及理论思考，并提供了六大水果等丰产丰收致富的实证。

该书由实践案例、深度报道、理论探索等内容组成。实践案例和深度报道是各类媒体对广东省探索、践行“12221”的记录与观察，理论探索则是专家学者对“12221”的精要评论。我们认为，要做一本可用的书，要提供一种方法，要可以作为农业农村工作的工具书、教科书。同时因为它的新闻属性，见事也见人，因而比学术专著更通俗、更接地气，不但有调查报告的深入翔实，而且更生动、更可读。

尊重市场、研究市场，改革创新、与时俱进，在“12221”的实践过程中，涌现一大批为群众办实事的党政干部，一群实践工作的记录者与思考者，还有一大批投身其中、以各种方式支持“三农”事业的人，他们都是这本书的撰写者。时代是出卷人，他们是答卷人，人民是阅卷人。正因如此，“12221”具有广泛的群众基础，为产业振兴全面推进乡村振兴提供了思路，是广东向全国“三农”研究领域贡献的智力成果。而本书的出版发行，将有利于继续扩大经验成果的影响力，提高广大干部群众工作的坚定性与自觉性。

面向第二个百年奋斗目标，要走向共同富裕，依然任重而道远。“12221”诞生于全面推进乡村振兴战略实施的伟大背景，崭新的理论只有面向未来，在工作实践中不断地进行深化、完善，才能获得长久的活力与生命力。

广东是怎样的？社会上比较一致的看法是：开放包容、改革创新、食在广东。这本书浓浓的“广东味”也在于此，广东特色农产品的风物与风情也是本书的看点之一。

我谨代表《市场力》编辑委员会向所有“12221”工作者致敬。书中受访者、发言嘉宾、作者均为时任职务，在此特别说明，对本书编辑过程提供帮助的朋友们一并致谢。

（作者为南方报业传媒集团编委，南方农村报社党委书记、主编）